Sonya Kraus
Mit Christiane Stella Bongertz

Baustelle Baby

Ein Aufklärungsreport

BASTEI
LÜBBE
TASCHENBUCH

BASTEI LÜBBE TASCHENBUCH
Band 60689

1. Auflage: Oktober 2012

Dieser Titel ist auch als Hörbuch und E-Book erschienen.

Originalausgabe

Copyright © 2012 by Bastei Lübbe GmbH & Co. KG, Köln
Foto: © Stephan Pick, Köln
Umschlaggestaltung: © Gisela Kullowatz
Satz und Innengestaltung: Guido Klütsch, Köln
Gesetzt aus The Antiqua
Druck und Verarbeitung: GGP Media GmbH, Pößneck
Printed in Germany
ISBN 978-3-404-60689-4

Sie finden uns im Internet unter
www. luebbe.de
Bitte beachten Sie auch: www.lesejury.de

Der Preis dieses Bandes versteht sich einschließlich
der gesetzlichen Mehrwertsteuer.

STATT EINES VORWORTS –
EINE WARNUNG

Meine Lieben!

Herzlich willkommen auf meiner »Baustelle Baby«.
Vielleicht stehen Sie ja gerade blätternd in einer Buchhandlung
und beabsichtigen eventuell sogar, mein neuestes Opus käuflich
zu erwerben. Das freut mich sehr, denn ich mag mein Buch. Wirklich! Ich habe es mit sehr viel Herzblut geschrieben. Trotzdem
möchte ich Sie warnen. Sie sollen wissen, worauf Sie sich einlassen.
Denn auch wenn im Titel das verdächtige Wort »Baby« vorkommt:

Dies ist KEIN Buch über Babys!

Wenn Sie nach einem zuckersüßen rosaroten Baby- und Mutti-
Ratgeber suchen und Tipps zu Aufzucht und Pflege eines neuen
Erdenbürgers brauchen, greifen Sie bitte zu anderen Werken.

Okay, ich gebe es zu, Babys kommen bei mir auch vor, denn
ohne diese zauberhaften kleinen Wesen würde dieses Buch kei-
nen Sinn ergeben. Nichtsdestotrotz liegt die Betonung in der
Überschrift auf dem Wort »Baustelle«. Denn mal Hand auf den
Bauch: Wer ist die Baustelle beim Kinderkriegen? Riiiichtig: die
Muddi.

Genauer gesagt: Die »Baustelle Baby« umfasst das ganze bisherige Leben der (werdenden) Mama. Ihren Körper, ihren Job,
ihre Familie, ihre Beziehung, ihre Finanzen, ihre Wohnung, ihre
Gesundheit, ihre Hobbys, ihre Essgewohnheiten, ihre Vorlieben
etc. Nach dem Bekanntwerden der Breaking News »Ui, ich bekomme ein Baby!« bleibt in so einem Frauenleben schließlich kaum

ein Stein auf dem anderen: Plötzlich wird überall strammstens um- und angebaut. Nicht selten wird auch rigoros die Abrissbirne geschwungen und ein dicker Strich durch bisherige Lebensbaupläne gemacht. Zumindest vorerst.

Egal, wie die speziellen Umstände der anderen Umstände sind: Schon bevor so ein neuer Mensch auf die Welt kommt, passiert eine ganze Menge, und damit müssen wir werdenden Mamis irgendwie klarkommen. Falls wir noch nicht schwanger sind, aber mit dem Gedanken spielen, das zu ändern, ist es keine dumme Idee, sich dessen bewusst zu sein, was im Fall der Fälle so in etwa auf uns zukommt.

Ergo :

Dieses Buch ist ein Buch für uns Mädels!

Ein Buch für Schwangere und frischgebackene Muttis, logisch. Aber eben auch für die Frauen, die noch dabei sind, sich die Frage aller Fragen zu stellen: Ein Baby? Ja/Nein/Vielleicht. Es gibt nämlich sowohl sehr gute Gründe dafür als auch sehr gute Gründe dagegen. Dieses Buch ist also eines für alle Frauen, die sich für die Beantwortung so wichtiger Fragen interessieren wie:

- Wie startet man auf der Festplatte des heißblütigen Lovers unbemerkt ein paralleles Dienstprogramm namens »liebevoller Daddy«?

- Wie halten wir den Bestäuber unseres Blümeleins zuverlässig vom Streunen auf fremden Blumenwiesen ab?

- Wie klappt das (apropos!) mit dem Bestäuben am besten? Und wie klappt es doch noch, wenn es erst mal gar nicht klappt?

- Wie verhalte ich mich korrekt, wenn Papa in spe ausgerechnet kurz vor der Geburt nach Mykonos abhaut?

- Wie fühlt man sich als Selbstbedienungs-Zapfsäule und 24/7-Servicekraft?

- Wie verhalte ich mich, wenn mein Busen-Balkon kurz vor der Eruption steht, während ich mich im Rahmen einer Live-sendung, bei der auch Kinder zuschauen, auf einem Zehn-Meter-Sprungturm befinde?

- Kann ich mich nach der Schlacht im Kreißsaal an den Gerichts-hof in Den Haag wenden?

- Wo liegt eigentlich der Beckenboden?

- Wieso tragen beim Sex in der Stillzeit am besten alle Beteilig-ten eine Sonnenbrille?

Und noch viele drängende Fragen mehr. Ich habe für dieses Buch recherchiert und gestöbert, aber vor allem auch die einzigartigen Erfahrungen verarbeitet, die ich in den vergangenen zweieinhalb Jahren machen durfte – seit der Schwangerschaftstest unmiss-verständlich zwei Streifen zeigte und ich wusste, bald bin ich nicht mehr allein. Damit begann das bisher größte Abenteuer meines Lebens. Aber Vorsicht, meine Damen: Hier wird nicht um den heißen Brei herumgeredet! Ich rede Tacheles.

Natürlich bekommen Sie von mir auch wieder handfeste und clevere Tipps, von denen Sie viele in garantiert keinem ande-ren Buch finden. Und last but not least serviere ich Ihnen über-raschende Hintergründe, die auch mich bei den Recherchen mit den Ohren schlackern ließen.

Na, neugierig geworden? Dann setzen Sie die Bauhelme auf und folgen Sie mir!

Ihre
Sonya Kraus

Teil 1

BAUPROJEKT-BERATUNG, ABTEILUNG NESTBAU: SOLL ICH – ODER SOLL ICH NICHT?

Gestatten, mein Name ist Kraus, Sonya, Ihre persönliche Nestbau-Beraterin. Nach mir vorliegenden Indizien kombiniere ich: Sie haben dieses Buch gekauft, weil Sie das Thema »Baby« irgendwie interessiert oder betrifft. Vielleicht haben Sie ja schon drei davon, oder aber Sie haben gerade erst Nachwuchs bekommen. Möglicherweise liegt auch eben jetzt ein Schwangerschaftstest neben Ihnen, der einen deutlichen Streifen im Ergebnisfeld aufweist. Oder Ihr Bäuchlein beginnt schon, sich zu wölben. Vielleicht stehen Sie sogar schon kurz vor dem Final Countdown. Egal, in welchem »Stadium« Sie sich befinden, falls Ihre Umstände kein »Unfall« waren, werden Sie sich irgendwann eine Frage gestellt haben:

Ja. Nein! Vielleicht? Will ich wirklich ein Baby?

Die Antwortmöglichkeiten sind die gleichen wie früher in der Schule, wenn uns von Guido (oder Michael oder Tom) aus der letzten Reihe ein »Willst du mit mir gehen?«-Zettelchen auf den Tisch flatterte:

☐ *Ja*
☐ *Nein*
☐ *Vielleicht …*

Aber Vorsicht! Im Fall von Guido (oder Michael oder Tom) war die Sache einfach: Den Typen kannten wir schließlich. In der Regel wussten wir auch, ob wir ihn mögen oder nicht. Und selbst, wenn wir unser spontanes »Ja« hinterher bereuten, es war von vornherein klar: Aus der Nummer kommen wir ganz einfach wieder raus. Im Notfall genügt ein Anruf oder eine SMS mit dem Hinweis »Es ist aus«. Bei der Bestellung »Baby« hingegen haben wir nicht nur keinen Schimmer, was uns da nach einer unverschämt langen Lieferzeit von gut neun Monaten ins Haus schneit (so was kann sich nur eine Monopolistin wie »Mutter Natur« leisten); wir unterschreiben auch noch einen Vertrag ohne Rückgaberecht, in dem dreist verschwiegen wird, dass das Produkt zwar ohne Zubehör geliefert wird, aber nicht ohne Zubehör auskommt. Vom Brei bis zur Windel müssen wir alles dazukaufen. So was gibt es sonst nur bei Billigfliegern, und da dauert die Reise bloß wenige Stunden.

Darum kann ich nur raten: Falls Sie Ihr Kreuzchen noch nicht bei »Ja« gemacht haben und sich noch nicht sicher sind: Überlegen Sie gut, solange Sie noch Gelegenheit dazu haben.

Denn rein rational gesehen ist ein Kind eine Entscheidung, von der Ihnen jeder logisch denkende Mensch dringend abraten muss. Es wäre arglistige Täuschung, Ihnen etwas anderes zu erzählen. Lassen Sie sich das von einer Mama gesagt sein!

Wo soll ich bloß anfangen? Ein Baby bedeutet (fürs Erste) eine endlose Liste von Bye-byes. Zur Einstimmung eine kleine Auswahl:

- **Bye-bye** kuschlige Sonntage im Bett
- **Bye-bye** hemmungslose Vögelnachmittage in der ganzen Wohnung
- **Bye-bye** ausschlafen und ausgeschlafen sein
- **Bye-bye** Spontantrips übers Wochenende
- **Bye-bye** Gorilla-Trekking in Ruanda
- **Bye-bye** aufregende Partys und romantische Candle-Light-Dinner
- **Bye-bye** unifarbene Etuikleider zu High Heels
- **Bye-bye** Intimsphäre, Duschorgien und ungestörte Klositzungen
- **Bye-bye** Nachtleben
- **Bye-bye** *Schöner-Wohnen*-tauglich eingerichtete Designerbutze
- **Bye-bye** Inselhopping mit nur ein, zwei Sommerkleidchen und Flip-Flops im Gepäck

Stattdessen begrüßen wir mit frenetischem Applaus:

- **Hello** Augenringe und schlaflose Nächte
- **Hello** eingeschissene Windeln, Bäuerchen und Babybrei
- **Hello** vollgestrulltes Babyschwimmbecken
- **Hello** Übergepäck und rausgesprungene Bandscheiben
- **Hello** fleckenkaschierende große Blumenmuster
- **Hello** größtmögliches Chaos in kürzestmöglicher Zeit
- **Hello** Kohlblätter im BH gegen Brustwarzenentzündungen

und als Special Guests:

- **Hello** liebe entfernte Verwandtschaft, die selbst aus entlegensten Winkeln wie Timbuktu oder Erwitte-Anröchte anreist, um in unserer wenigen freien Zeit (in der wir eigentlich endlich mal wieder schlafen wollten) das Kind zu besichtigen und mit ihrer Besserwisserei zielsicher unseren letzten noch intakten Nerv zu töten.

Das hat Sie noch nicht abgeschreckt? Keine Sorge, ich bin auch noch nicht fertig! Neben unserem bisherigen Leben lassen wir Mädels uns auch noch die Figur ruinieren – vom Model zur Matrone. Wir lassen uns aufschlitzen, abmelken, mit Schmerzen malträtieren, gegen die jede Wurzelbehandlung ohne Betäubung pillepalle ist. Und wofür? Um uns zur Leibeigenen eines zunächst nur etwa fünfzig Zentimeter großen Wesens zu machen. Selbstbestimmung? Vergessen Sie's!

Nicht vergessen sollten Sie dagegen: So ein Kind kostet. Uiuiui! Das Statistische Bundesamt hat Zahlen veröffentlicht, nach denen Eltern für ein Kind 550 Euro löhnen müssen. Natürlich nicht bei der Anschaffung – die kostet im Normalfall nix, von Sonderfällen wie künstlicher Befruchtung mal abgesehen –, aber im Unterhalt, pro Monat und im Durchschnitt. Das macht, hochgerechnet bis zum 18. Lebensjahr, 120.000 Euro. In Worten: einhundertzwanzigtausend!!! Gern auch mal deutlich mehr. Schließlich gibt sich so ein durchschnittlicher Pubertierender bzw. eine Pubertierende – und früher oder später kommen alle ehemaligen Babys dahin – heutzutage nicht mit No-Name-Jeans, Billo-Computer und gebrauchtem Handy zufrieden. Nein:

Die Jugend liebt heute den Luxus.
Sie hat schlechte Manieren, verachtet die Autorität,
hat keinen Respekt mehr vor älteren Leuten
und diskutiert, wo sie arbeiten sollte.
Sie widerspricht den Eltern und tyrannisiert die Lehrer.
(Sokrates zugeschrieben)

Versicherungen und Vorsorge wie Bausparverträge sind in der Rechnung des Statistischen Bundesamtes übrigens noch nicht mit berücksichtigt.

Überlegen wir doch mal kurz, was wir uns für 120.000 plus x Ocken alles Tolles leisten könnten, und sagen auch hierzu dann leise tschüss: eine Eigentumswohnung, exotische Reisen, einen Porsche, Schuhe – ach was, Tonnen an Schuhen, ja, ganze Schuhfabriken.

Die staatlichen Hilfen wie Kindergeld und Steuerfreibeträge decken die Kosten, die ein Kind verursacht, jedenfalls nur teilweise. Und von der nach wie vor desaströsen Lage in puncto Kinderbetreuungsplätze will ich hier (noch) gar nicht anfangen. Ein Freund hat es mal so ausgedrückt: »Eigentlich müsste man sich bereits bei der Zeugung auf die Kita-Warteliste setzen lassen, sonst ist das Kind schon in der dritten Klasse, wenn es einen Platz bekommt.«

Sie ahnen schon: Es gibt, bei rationaler Betrachtung, wirklich keinen guten Grund, Kinder in die Welt zu setzen, seit andere Möglichkeiten der Altersvorsorge existieren.

Drogenfahndung – aufgepasst!

Aber die allergrößte Gefahr lauert ganz woanders, denn eigentlich müssten Babys einen Spitzenplatz auf dem Drogen-Index einnehmen. (Ver)hüten Sie (sich), denn:

Babys machen süchtig!

Heroin ist nix dagegen. Sagen Sie also nicht, ich hätte Sie nicht gewarnt: Von der Droge kommen Sie nie wieder runter. Wenn das Mami-Programm einmal gestartet ist, kann es nicht mehr gestoppt werden. Das hat Frau Evolution, die alte Dealerin, nämlich ganz clever eingefädelt! Einmal drauf, ist auch sämtliche Vernunft verloren. Mütter denken völlig unsinnige Dinge wie:

- Pah, was will ich mit einem Shopping-Wochenende in Barcelona, wenn ich stattdessen mit diesem zauberhaften zahnlosen Lächeln voller Milchsabber belohnt werde?

- Ein neues Paar Manolo Blahniks? Nein danke! Ich kaufe lieber dieses sündhaft teure Jäckchen, in dem der Kleine so entzückend aussieht, und es ist mir ganz egal, dass es ihm in spätestens zwei Monaten zu klein sein wird.

- Sie hat gerade »Mama« gesagt! Ich habe es ganz deutlich gehört – die wissenschaftliche Literatur muss neu geschrieben werden: Babys können schon mit drei Monaten sprechen!

- Gott, wie süß! Hast du das gehört? Es hat gepupst!

- Haha, er hat mich im hohen Bogen angepinkelt. Ist das niedlich!

Sie sehen: Mit dem Verstand einer Mama ist es nicht mehr weit her. Und wie alle anderen Drogenabhängigen ruinieren sich die Süchtigen körperlich und finanziell, ohne mit der Wimper zu zucken, nur um an ihren Stoff zu kommen. Der wird in verschiedenen Darreichungsformen angeboten, aber bereits am Objekt der mütterlichen Begierde zu schnüffeln macht high – und ich sag's Ihnen: GEILES ZEUG! Okay, gut, es sei denn, die Windel ist gerade voll.

A baby changes your dinner party conversation
from politics to poops.
(Maurice Johnstone)

Ständig auf Droge bereut natürlich auch niemand, ein Kind bekommen zu haben. Und ich verrate Ihnen was: ich auch nicht! Nicht eine Sekunde würde ich die Uhr zurückdrehen und meinen kleinen Schatz wieder hergeben wollen. Darum habe ich vollstes Verständnis für jeden Kinderwunsch. Ich gehe sogar noch weiter: Trotz aller eben aufgezählten Nachteile überwiegen die Vorteile. Nein, nicht die Vorteile – zugegebenermaßen ist es eigentlich nur ein einziger Vorteil, aber der ist gigantisch: Kinder machen glücklich wie sonst gar nix!

Darum hier mein völlig irrationaler und hochgradig gefühlter Rat:
Vernunft wird überbewertet. Vergessen Sie alles, was ich eben gesagt habe. Machen Sie einfach ein Kind!

Ah, ich höre da Protest! Riiiichtig, Sie können natürlich nicht einfach einer Frau glauben, die öffentlich bekennt, »drauf« zu sein. Wie praktisch, dass ich Schützenhilfe von der Wissenschaft bekomme! Gar nicht irrational und kein bisschen »gefühlt« ist nämlich eine Untersuchung des Max-Planck-Instituts für demographische Entwicklung in Zusammenarbeit mit der University of Pennsylvania. Die leugnen die ganzen Nachteile des Kinderkriegens natürlich nicht, haben aber mehr als 200.000 Frauen und Männer aus 86 Ländern zu ihrem Glücksgefühl befragt. Dabei kam heraus, dass junge Eltern unter 30 zwar ziemlich unter Schlafentzug, finanziellen Problemen und all den anderen gemeinen Einschränkungen durch den Nachwuchs leiden, die ich eben aufgezählt habe. Aber ab 30, wenn die Kleinen immer selbständiger werden und auch die Finanzen sich langsam stabilisieren, sind sie schon genauso happy wie die kinderlosen Gleichaltrigen. Ab 40 geht es für Eltern dann erst recht bergauf: Je mehr Kinder sie in diesem Alter haben, umso glücklicher fühlen sich die Befragten. Und ab 50 sind Kinder dann die absolute Glücksgarantie, vollkommen unabhängig vom Einkommen, dem Geschlecht – des Elternteils, aber auch des Kindes – und, ganz wichtig: total unabhängig davon, ob Mutti und Vati immer noch glücklich verheiratet oder inzwischen geschieden sind oder eine neue Beziehung eingegangen sind. So gesehen sind Kinder die Altersvorsorge schlechthin – auf alle Fälle für unsere Glücksversorgung im fortgeschrittenen Alter. Das sind doch bombige News, finden Sie nicht?

Ergo: Trotz aller Einschränkungen sind Kinder die beste verfügbare Glücksinvestition in die Zukunft – wissenschaftlich verbrieft.

*Ein Kind macht
das Haus glücklicher,
die Liebe stärker,
die Geduld größer,
die Hände geschäftiger,
die Nächte länger,
die Tage kürzer
und die Zukunft heller.*
(Quelle unbekannt)

Trotzdem gebe ich es lieber gleich zu: Auch die fundierteste Studie hätte mich noch vor zehn Jahren nicht ansatzweise vom Kinderkriegen überzeugt. Ich war einfach noch nicht so weit – nein, mein ganzes Leben war noch nicht so weit.

Denn auch wenn es den idealen Zeitpunkt für ein Baby nie geben wird, so gibt es trotzdem günstigere und ungünstigere Momente im Leben, um unter die Eltern zu gehen.

BABY-BAUSTELLE ODER DOCH LIEBER (NOCH) BRACHLAND – DAS ULTIMATIVE KRAUS'SCHE GRUNDSTÜCKSGUTACHTEN

Wenn ein paar Bedingungen erfüllt sind, macht das die ganze Angelegenheit einfach leichter. Allerdings sind das möglicherweise andere als Sie denken. Klopfen wir darum mal die wichtigsten Baustellen-Bereiche der Reihe nach ab:

FUNDAMENT-CHECK, TEIL 1: VIVA LA MAMMA ODER: SIND WIR BEREIT?

Es soll ja Mädels unter uns geben, die schon seit ihrer ersten Puppe mit vier, die »Maaa-maaaa« krächzen und Pipi machen konnte, wenn man oben Wasser reinfüllte, immer von einem Leben als Gattin, Hausfrau und Mutter geträumt haben und seitdem nie von diesem Plan auch nur einen Millimeter abgewichen sind. Falls Sie dazu gehören: Gratulation! Dann dürfen Sie diesen Abschnitt getrost überspringen.

Aber es gibt eben auch die Sorte Frau, die als kleines Mädchen weniger von Pipi-Puppen begeistert war als von Pippi Langstrumpf und die die ganze Welt als Abenteuerspielplatz sah. Mutter, das wurde man später. Wenn überhaupt.

Mit Mitte zwanzig war *ich* jedenfalls noch der festen Überzeugung, fürs Dasein als Mutter nicht geschaffen zu sein. Hey, was sollte ich mit undichten Kleinteilen? Sven Väths *Guuuude Launeeee* war mein Motto! Ich war doch eine wie Cameron Diaz: abenteuerlustig, partyfreudig und immer auf dem Sprung. Meine TV-Karriere ging gerade los, und das Modeln lief auch noch bombe. Ich fand es großartig, finanziell und auch sonst unabhängig zu sein, zu reisen und die Welt zu sehen. Klar, ich hatte gerade so einen heißen Typen kennengelernt, aber: Hallo? Ich würde uns doch jetzt nicht sofort ein Kind ans Bein binden! Üben ja, gerne auch ausdauernd und nächtelang – aber bitte mit Verhütung.

Und so blieb das dann erst mal. Auch als nach einer Weile das Konstrukt »Beziehung« bombensicher stand und der heiße Typ bei mir einzog. Nach und nach bekam ich eine Ahnung, dass mein Kerl – im Fall der Fälle – wahrscheinlich einen ganz passablen Papa abgeben würde, so hingebungsvoll, wie er sich um mein Hundsvolk kümmerte und seine Nichten und Neffen bespaßte. Manchmal hörte ich zwar von Freunden: »Mensch, ihr seid doch schon so lange zusammen, was ist denn mal mit …«, zwinker, zwinker, »… was Kleinem?« Aber das fiel ja schon beinahe unter Smalltalk. Ich nahm das kaum zur Kenntnis. Na und?

Doch kurz nach meinem 33. Geburtstag (oder war es der 34.?) hatte ich zum ersten Mal diesen Traum:

... stehe ich auf der Terrasse meiner Villa am Meer. Ich gebe eine Party. Die Gäste strömen herbei, ich empfange sie mit offenen Armen. Hollywoodstars. Freunde. Da kommt George Clooney auf mich zu. Er spricht Deutsch mit bayrischem Akzent: »Grüß Gott, Sonya, Herrschaftszeiten, siehst fabelhaft aus, und des i deim Older!« Alter? Was für ein Alter? Ich bin alterslos! Und kinderlos! Gertenschlank, dank Botox völlig faltenfrei, gesund wie eine Zuchtstute, drop dead sexy und beruflich mit meiner eigenen Homeshopping-Kollektion von Hunde-Accessoires unglaublich erfolgreich. Mein Bankkonto quillt über. Auch privat gleicht mein Leben einer Homestory in der InStyle: Vier Hunde und mein 20 Jahre jüngerer Lover, in genau dieser Reihenfolge, vergöttern mich. Mama, mittlerweile Mitte 70, hat sich gerade für den New-York-Marathon angemeldet. Mein Leben ist fantastisch! Mein Anwesen selbstverständlich Schöner-Wohnen-tauglich. Warum daran irgendetwas ändern? Kinder? Ja, früher hatte ich mal dran gedacht. Aber jetzt? Eine Babypause auf dem Hoch meiner Karriere? Unmöglich! Das Blöken eines Balgs in den Weiten meiner Villa? Unvorstellbar! Bekackte Windeln wechseln statt Schuh-Shopping? Völlig ausgeschlossen! Schwangerschaftsstreifen riskieren? Gelobt sei meine Bikinifigur! Wer braucht schon Blagen – ist doch alles wunderbar. Vielleicht nur ein bisschen hot, die untergehende Sonne dreht noch mal richtig auf am Temperaturregler. Und dreht. Und dreht. Sie wird größer. Heißer. Was für eine verdammte Hitze! Wie eine Hexe auf dem Scheiterhaufen fühle ich mich. Kommt man denn sofort in die Hölle, wenn man keine Kinder will? Ich brenne, verbrenne, bin klatschnass geschwitzt. Dabei fühle ich mich normalerweise erst ab 25 Grad so richtig wohl. Mein Temperaturregler ist völlig neben der Spur und, ehrlich gesagt, ich auch. Irgendwas stimmt nicht mit mir, irgendwas funktioniert nicht richtig.

Ah, kein Fegefeuer. Ich sitze beim Gynäkologen. Nein, ich liege aufgebahrt auf dem berühmten Stuhl, und der Mann, den ich noch nie zuvor gesehen habe, rührt mir mit dem eingegelten Ultraschall-Pimmel im Unterleib herum, als wollte er Pudding kochen.

»Frau Kraus, Sie wollen ja eh keine Kinder. Oder haben Sie sich Eizellen einfrieren lassen?«

Eizellen einfrieren? Irgendwo hatte ich doch da etwas über eine Hollywood-Diva gelesen ... Es will mir nur gerade partout nicht einfallen, wo.

»Herr Doktor ...« Ich stutze. Ist dieser Typ wirklich Arzt? Er sieht aus wie Bud Spencer und besitzt die Vertrauen erweckende Ausstrahlung von Hannibal Lecter. »Herr Doktor, was habe ich denn?«

»Schon mal was von Hitzewallungen gehört? Die Pille können Sie sich sparen, Tampons wegschmeißen. Game over! Oder, wie wir Muschi-Doktoren sagen: Periode ade – Scheide tut nicht mehr weh. Ha ha ha ha ...« Er wirft den Kopf zurück und lacht über seinen Witz. Kurzzeitig sieht er aus wie ein Werwolf. Ich kann Männer mit Vollbart nicht ausstehen. Jetzt kommt er mir ganz nah und schaut mir tief in die Augen. Sein Atem riecht nach Zigaretten, altem Mann, und sein Gesicht wird plötzlich ganz grau, nur die irren Augen leuchten gelb. Er grinst mich an und blökt wie ein Bock: »Herzlich willkommen in der MENOPAUSE, Frau Krause!!!«

Schweißgebadet schreckte ich hoch. Mein Herz raste. Es dauerte einige Sekunden, dann spürte ich, wie mein Freund sich im Tiefschlaf räkelte. Mit weit aufgerissenen Augen lag ich in meinem Bett und starrte ins Dunkel der Nacht, das nur ansatzweise von den Lichtfetzen der Straßenlaternen erhellt wurde. Fein, ich befand mich nicht auf dem heißen Stuhl ... Dann hörte ich ein vertrautes schmatzendes Geräusch, meine Zehen sandten Kitzelalarm aus. Dabei wurde mein Geruchssinn vom wohlbekannten und »unwiderstehlichen« Aroma vertilgten Pansens derart umnebelt, dass mir fast die Luft wegblieb. Ich blinzelte in die Dunkelheit, meine Augen gewöhnten sich langsam an die Lichtverhältnisse. Ich erspähte Romeo, der mir fürsorglich schlabbernd die Zehen leckte. Franky hechelte mit bebender Zunge neben mir am Kopfende und beäugte mich mit schräggelegtem Kopf. Beide fingen begeistert an, mit ihren Schwänzchen zu wedeln, als ich mich im Bett aufsetzte. Mein Blick fiel auf die Digitalanzeige des Radioweckers: 12. August 2008, 2 Uhr 42. Kurz mal nachgerechnet: Ich war vor ein paar Wochen 35 geworden. Puh! Glück gehabt. Und Hitzewallungen hatte ich auch noch nicht: Es war einfach verdammt heiß in diesem Spätsommer. Ich entspannte mich etwas, denn trotz Frankys gnadenloser Pansenattacke auf meinen Riechkolben durchströmte mich ein wohlbekanntes Glücksgefühl. Hey, ich war doch schon längst Mama – Hundemama!

Auch meine riesigen Köter konnte man nicht mal eben so jemandem in die Hand drücken – oder gar ins Handtäschchen packen wie die Tinkerbells dieser Welt. Trotzdem bekam ich alles immer irgendwie organisiert. Ich musste mit den Jungs täglich zwei Mal raus und regelmäßig zum Tierarzt. Ich wusste, was Bindung und Verantwortung bedeutet. Und ich hatte erlebt, wie man die eigenen Wünsche zugunsten einer maßlosen Liebe einfach so »opfern« kann. Oft bin ich statt nach Ibiza übers Wochenende »spontan« und hundefreundlich in den Taunus gefahren – und war darüber nicht enttäuscht, sondern total happy bei meinem ausgiebigen Stöckchenwerf-Workout.

Und plötzlich dachte ich: Würde ich nicht eigentlich auch eine wunderbare Mutti abgeben? Gegenfrage: Musste ich denn? Meine Hundis waren schließlich die beste Psycho-Anti-Babypille, denn sämtliche Gutschi-Gutschi-, Kümmer- und Kuschelbedürfnisse waren durch die beiden schwarzen Riesenbabys top befriedigt. Falls es also mit eigenen Kindern tatsächlich nix wurde, bevor meine hauseigene Legebatterie geschlossen wurde, konnte ich mir immer noch ein paar Hunde zusätzlich anschaffen. Der Gedanke beruhigte mich. Ich kuschelte mich an meinen Freund und schlief wieder ein ...

Doch irgendetwas war ab sofort anders. Ich tat plötzlich Dinge, die mir nie zuvor eingefallen wären. Bei Google gab ich zum Beispiel »Wechseljahre Beginn« ein. Bei medizinischen Themen im Internet zu recherchieren war doch sonst immer ein Fest. Sie wollen das Ergebnis wissen, kurz zusammengefasst? Gerne: Sie leiden an Schlaflosigkeit, gepaart mit Übermüdung, Gereiztheit, fliegender Hitze und einem unregelmäßigen Zyklus? Bingo! Die Vorboten des Klimateriums klopfen an. Meistens so um die 40. Plus minus. Wenige Jahre später heißt es dann endgültig »over and out« für die Familienplanung – auf alle Fälle für die auf natürlichem Wege. Hmm!

Früher war die Idee »Baby« für mich eine abstrakte Möglichkeit gewesen wie die, dass man theoretisch irgendwann mal Machu Picchu besichtigen oder mit Yoga anfangen konnte – eben eine Option, über die man meistens nicht weiter nachdachte. Doch jetzt war dieser Gedanke auf einmal in meinem Unterbewusstsein implantiert. Das zarte Pflänzlein wurde immer dann gedüngt und gewässert, wenn coole und grundsätzlich sehr emanzipierte selbstbestimmte Frauen in meiner Umgebung plötzlich ein Plädoyer pro Kind hielten. Frauen, mit denen ich mich identifizieren konnte. Keine weichgespülten Liebchen, sondern echte Powergeschosse.

Etwa meine Kollegin Janine Kunze. Die meinte eines Tages – nachdem sie gerade schon ihr zweites Kind bekommen hatte – ohne jede Vorwarnung: »Mensch, Sonya, das würde dir auch so Spaß machen, das weiß ich! Du wärst bestimmt 'ne Supermami –

verpass es nicht.« Ich sagte bei solchen Gelegenheiten immer reflexartig was von: »Aber was ist dann mit meiner Arbeit? Dann bin ich doch in null Komma nix weg vom Fenster.« Ein Argument, das Janine nicht gelten ließ, und sie musste es eigentlich wissen, wir arbeiteten ja in derselben Branche: »Papperlapapp! Ein Baby heißt doch nicht, dass du nicht mehr arbeiten kannst. Es wäre echt schade, wenn eine wie du nicht Mama werden würde.« Das ging runter wie Öl: Eine wie du. Also ich. Eine wie ich sollte ein Kind kriegen. Ja? Sollte sie? Wirklich?

Auch meine Gassigeh-Freundin Radost Bokel tutete plötzlich ins selbe Horn. Beim Spazierengehen mit unserer kleinen Hundeherde – ihre Jungs stehen meinen an Größe in nichts nach – und ihrem einjährigen Sohnemann sagte sie: »Du würdest ein Baby nicht bereuen, Sonya!« Merkwürdig: Sie sagte das einfach so, ich hatte nicht etwa gefragt, was ich tun soll. Nur gedacht. (Und, ich gebe es zu, vielleicht hatte ich gerade ein bisschen mit ihrem zuckersüßen Knirps geflirtet.)

Janine und Radost waren nur zwei von immer mehr Frauen um mich rum, die plötzlich aus dem Nichts anfingen, vom Mamadasein zu schwärmen. Und langsam geriet ich wirklich ins Grübeln: Was will mir diese Werbesendung sagen?

Irgendwie schienen sich jedenfalls alle verschworen zu haben. Und nicht nur in meinem direkten Umfeld, eigentlich die ganze Welt:

Plötzlich lauerten überall nur noch niedlich glucksende Babys und zuckersüße Kleinkinder, wo früher in meiner Wahrnehmung immer nur sabbernde und fußstampfende Terrorzwerge gehaust hatten. Außerdem wahre Invasionen von Schwangeren, die alle sensationell gesund und glücklich aussahen. Es gab kein Entkommen, überall waren sie: in der Fußgängerzone, in der Bahn, im Aufzug, sogar bei der Arbeit. Babys, Mütter und Schwangere. Dazu Männer, die begeistert von ihren Vaterfreuden berichteten. In den

Läden lauerten niedlichste Babyklamotten, Design-Schnuller im Sonderangebot ...

Kommt Ihnen das gerade alles unheimlich bekannt vor? Haben Sie sich schon mal gefragt, ob das ein Wink des Schicksals oder ähnlich Bedeutsames sein könnte? Ein kosmischer Fingerzeig? Eine Botschaft aus dem vierten Haus des Steinbocks oder gleich des ganzen Universums? Oder so ähnlich? Ladys, ich muss Euch enttäuschen, ich als Astrologie-Ungläubige halte das für wenig wahrscheinlich. Stattdessen bin ich der Meinung, dass wir es hier mit dem bekannten psychischen Phänomen der sogenannten »selektiven Wahrnehmung« zu tun haben. Und die lässt in Koope-ration mit Ihrem Unterbewusstsein ausrichten:

Sie sind reif – das Thema »Baby« ist dran.

Keine Panik: Das bedeutet nicht, dass wir uns jetzt sofort und unter allen Umständen reproduzieren sollten. Aber so eine Häu-fung von »Baby-Content« in unserem Blickfeld bedeutet ganz sicher, dass uns die Kinderfrage nicht kalt lässt, auch wenn das vielleicht unserem taffen Selbstbild widerspricht. Selbst wenn Sie bisher immer gedacht haben, Sie wären eine eingeschworene Nicht-Mami – irgendwas in Ihnen will die Thematik nun zumin-dest abklopfen, um nicht versehentlich mit 50 aufzuwachen, wie ich in meinem bösen Traum. Insbesondere, wenn wir uns eventu-ell schon gaaaanz langsam, aber sicher auf die Menopause zube-wegen, also eben leider ab Mitte 30, rate ich dazu, Abstand vom Helmut-Kohl-Prinzip des »Einfach-Aussitzens« zu nehmen. Machen Sie lieber den Was-wäre-wenn-Test. In meinem Buch *Wenn das Leben dir eine Zitrone gibt, frag nach Salz und Tequila* empfehle ich bei wichtigen Entscheidungen als Hilfe das »Bauch-orakel«. Daran glaube ich nach wie vor. Das hat zwar eigentlich nix mit Babybäuchen zu tun, sondern mit dem berühmten Bauchgefühl, aber passt hier wirklich sehr gut.

DAS BAUCHORAKEL UND DIE BABYBAUCHFRAGE

Der New Yorker Neurologe Michael Gershon hat in unserem Verdauungssystem eine Art echtes Bauchhirn verortet – und damit die wissenschaftliche Grundlage für das berühmte »Bauchgefühl« geliefert. Im Verdauungstrakt gibt es mehr als 100 Millionen Nervenzellen, hier starten etliche Nervenstränge, von denen 90 Prozent in Richtung Birne feuern! Hannoveraner Wissenschaftler haben wiederum herausgefunden, dass dieses »zweite Gehirn« das »echte Gehirn« spiegelt und dabei genau die gleichen Neuronen, Rezeptoren und Botenstoffe benutzt. Kaum zu glauben, aber in unserem Bäuchlein werden vom Kleinkindalter an Erfahrungen gespeichert. Diese Erinnerungen werden später bei gewissen Erlebnissen automatisch aktiviert, und auf der Festplatte zwischen den Ohren wird verglichen und ausgewertet. Das steckt hinter unserer Intuition. Die Weisheit der Innereien können wir also durchaus nutzen. Immer dann, wenn wir (noch) nicht wissen, ob eine Entscheidung für uns die richtige ist. Zum Beispiel können wir auch die Babyfrage stellen:

1. Entspannen Sie sich. Wie, das ist erst mal schnuppe. Die Methode kann ein langer Spaziergang sein, ein auspowerndes Badminton-Match, ein Saunabesuch, ein Schaumbad. Profi-Relax-Maßnahmen wie Autogenes Training, Meditation oder Progressive Muskelentspannung funktionieren selbstverständlich auch. Ziel ist: Sie sollten ganz entspannt sein und ruhig atmen. Vollkommen entspannt ist es nämlich unmöglich, Angst zu empfinden, und die ist so eine Art Störsender für die Botschaft des Bauches. Leider tarnt sie sich in nicht so entspannten Situationen gerne als »Vernunft« und bringt uns dementsprechend durcheinander. Also alle: Ommmm!

2. Film ab fürs Kopfkino. Ihre Aufgabe: Stellen Sie sich zwei Varianten Ihres Lebens in fünf Jahren vor. Einmal haben Sie sich für ein Kind entschieden, einmal dagegen. Dabei überspringen Sie bitte alles, was Ihnen zu Anfang Angst macht – etwa die blutigen Details einer Geburt oder Nächte ohne Schlaf. Das ist zum Zeitpunkt Ihres Films alles schon passé, Ihr niedliches Filmkind braucht nicht einmal mehr Windeln. Und? Wie fühlt sich das im Bauch an? Bei welcher Variante fühlen Sie sich gut, bei welcher kriegen Sie Panik? Wenn wir 25 sind, fühlen wir uns möglicherweise mit der »Ohne Balg«-Variante besser. Da fallen uns vielleicht die Afrika-Rundreise ein und die Karriere, die wir machen wollen. Wenn wir um die 40 sind, zaubert uns möglicherweise die »Ohne Nachwuchs«-Version Schweißperlen auf die Stirn – weil uns gerade so richtig bewusst wird, dass der Zug in fünf Jahren möglicherweise abgefahren ist.

Nach dieser kleinen Übung wissen Sie garantiert mehr über Ihr Innenleben!

FUNDAMENT-CHECK, TEIL 2:
DAS GRUNDSTÜCK UND DER BAUSTOFFLIEFERANT –
UNSERE BEZIEHUNG UND DER MANN, DER'S BRINGT

Nehmen wir an, Sie haben ihn endlich gefunden, den Mann Ihrer Träume. Er sieht spitzenmäßig aus und vögelt Sie regelmäßig ins Nirwana. Außerdem – mein Gott! – wechselt er offenbar täglich Unterhose und Socken, hat Ihnen sogar schon mal die Tür aufgehalten, verdient eigenes Geld und liebt wie Sie selbst Spaghetti Arrabbiata, extra scharf. Keine Frage: ein Seelenverwandter. Sie können sich vorstellen, mit diesem Lottogewinn von Kerl ein Leben lang zusammenzubleiben, ein hübsches Einfamilienhaus zu beziehen und jede Menge niedliche Babys zu haben. Mindestens zwei. Lieber drei, ach was: vier! Allein bei dem Gedanken platzt Ihnen beinahe das Herz vor lauter Romantik und rosaroten Gefühlen. Sicher, Sie sind erst sechs Wochen und zwei Tage zusammen, aber auf Ihr Bauchgefühl ist Verlass, das hat Sie noch nie betro...

STOPP!! MACHEN SIE JETZT KEINEN FEHLER!

Bevor Sie nämlich auch nur im Traum daran denken, das Thema »kleine niedliche Babys« vor Ihrem Lover aufs Tapet zu bringen, sollte die Beziehung eine gewisse Probezeit überstanden haben. Sagen wir, so drei, vier oder sieben Jahre. Gerne auch mehr. Außerdem gilt die Faustregel: Je jünger der Mann, umso behutsamer muss das Nachwuchs-Thema angepackt werden. Während Jungs ab etwa Mitte 30 schon mal eher mit dem Gedanken gespielt haben, eine Familie zu gründen, klingt die Vokabel »Baby« in den Ohren eines durchschnittlichen Mittzwanzigers in etwa so sexy wie »Knast auf Lebenszeit«. Ausnahmen bestätigen natürlich die Regel – sollte Ihr Jungmännlein zu den geborenen Familienmenschen gehören, wird er das Thema vermutlich von ganz allein anschneiden. Wenn er's nicht tut: Lassen Sie's auch sein! Jedenfalls dann, wenn Ihnen an dem Kerl irgendwas liegt.

Noch ein Problem: Zu Beginn einer Beziehung vernebeln uns die Pheromone – Sexuallockstoffe – unseres Supermanns die Birne, weil sie zur Ausschüttung von amphetaminähnlichen Substanzen im Hirn führen. Folge: Wir sind vollkommen unzurechnungsfähig (ähnlich übrigens wie frischgebackene Mütter) und sowieso nicht in der Lage, zu beurteilen, ob der Typ, mit dem wir da gerade nächtelang rumrammeln, langfristig gesehen ein guter Vater wäre. Im Verliebtheitszustand würden wir selbst in Typen wie Massenmörder Charles Manson oder notorischen Frauenhelden wie Tiger Woods den Ideal-Papa sehen. Und wer ist an diesem Irrsinn schuld? Sie ahnen es: Die übliche Drahtzieherin hinter all den mafiösen Machenschaften, mit denen wir es hier zu tun haben: Mutter Natur! Die macht uns nämlich extra leichtsinnig: Sie will, dass wir uns einen Braten in die Röhre schieben lassen – ganz egal, wer sich später drum kümmert. Dieses Programm datiert mutmaßlich noch aus einer Zeit von vor ein paar zehntausend Jahren, als Stammesgemeinschaften noch zusammen alle Sprösslinge der Gemeinschaft großzogen – jedes Dorf eine einzige Kita – und es ein furchteinflößendes Wort wie »alleinerziehend« noch nicht gab.

Doch zurück in die Jetztzeit: So nach und nach lichtet sich der Nebel, und die Rauschsubstanzen der Verliebtheit werden von etwas weniger zappeligen Hormonen ersetzt. Die machen eher zufrieden als high. Nach einem halben Jahr setzt dieser Prozess ein, spätestens nach vier Jahren ist er abgeschlossen. Und jetzt kommt der spannende Moment:

Wenn unsere Liebe auch nach vier Jahren noch nicht über den Jordan gegangen ist, sondern sich stattdessen irgendwie »gefestigt« und »stabil« anfühlt, ist das schon mal eine Spitzenbasis fürs Bauprojekt »Baby«!

Achtung, Achtung, hier lauert Verwechslungsgefahr! »Stabil« bzw. »gefestigt« ist nicht das Gleiche wie »sterbenslangweilig« oder »eingeschlafen«. Und wenn es im Konstrukt »Paar« knirscht und knackt, ist ein Baby die garantierte Abrissbirne.

EIN BABY – KLEBSTOFF FÜR DIE LIEBE?

Kloppen Sie den Gedanken, einen Mann per Baby an sich »zu binden« oder Ihre eingeschlummerte Liebe dadurch wieder in Schwung zu bringen, lieber gleich in die Tonne – funktioniert nicht.

Denn wer sich vom Nachwuchs das große Glück verspricht, der wird sehr wahrscheinlich nicht nur das arme Kindelein mit dieser tonnenschweren Erwartung überfordern, sondern auch eine derbe Enttäuschung erleben. Und eine bröckelnde Liebe kitten Kinder schon mal gar nicht –

ganz im Gegenteil! Eine Studie der Uni in Denver kam zu dem Ergebnis: Kinder schaden der Paarbeziehung. Jedenfalls zunächst, bis sich das Paar auf die neue Situation eingestellt hat. Die Wissenschaftler räumten zwar ein, dass das neue Elternglück hier zum Teil ausgleichen kann. Aber um das Beziehungs-Erdbeben zu überstehen, darf es sich bei der Liebe zwischen den beiden Elternteilen nicht bereits nur noch um eine schlecht gepflegte Bruchbude handeln – sondern sie muss stabil und flexibel genug sein, um die Erschütterungen abzufedern.

Für zu frische oder nicht funktionierende Beziehungen ist ein Kind also die ultimative Zerreißprobe. Das gilt sogar, wenn der männliche Proband grundsätzlich die wichtigste Papa-Bedingung überhaupt erfüllt:

Er ist kinderlieb!

Manchmal ist das dem Kandidaten übrigens gar nicht bewusst, weil er bisher wenig Berührungspunkte mit den mehr oder weniger lieben Kleinen hatte – vielleicht ist er ja selbst ein Einzelkind? Wer wissen will, wie es in Sachen Kinderliebe um seinen Herzbuben bestellt ist, muss den Herrn nur zu Familienfeiern oder ähnlichen Gelegenheiten mitnehmen, bei denen Kleinkinder anwesend sind: Das beste Assessment-Center für potenzielle Papas! Zur Not laden wir selber alle Freundinnen mit Kids ein – übrigens auch ein guter Selbsttest.

Nun begeben wir uns in Observationsposition: Wie verhält sich der Proband? Hält er größtmöglichen Abstand? Beäugt er die Minis misstrauisch? Reagiert er genervt, wenn die Kids laut herumtoben? Was tut er, wenn Bananen-Joghurt auf sein Smartphone kleckert, Kakao seine Designer-Hose benetzt oder er mit Keksen bombardiert wird? Haut er vielleicht sogar ab (»Du, mir fällt ein, ich muss ganz dringend ins Büro.« »Am Samstag um 18 Uhr?« »Ja, die Präsentation für Montagmorgen, sorry ...«)?

Noch viel wichtiger ist jedoch: Wie verhält sich die Kinderschar? Manche Männer inszenieren sich nämlich vorsichtshalber gern als »Kinderfeind« und verstecken sich dann hinter dieser Fassade wie hinter einem Schutzschild. Aber die Kiddies haben trotzdem ein untrügliches Gespür dafür, ob jemand ein prima Kumpel für sie ist. Selbst wenn unserem Papa-Kandidaten selbst also gar nicht bewusst ist, dass er einen Spitzen-Kindergarten-Cop abgeben würde: Die Zwerge wissen's und stürzen sich auf ihn mit Gebrüll.

Und noch ein sehr gutes Zeichen: Ihr Herzblatt mag Tiere, und die Tiere mögen ihn (damit sind allerdings nicht die Mücken gemeint, die ihn im Ferienhaus umschwirren). Vor allem Hunde und Katzen haben in der Regel eine ganz hervorragende und intuitive »Menschenkenntnis«. Wird er also von sämtlichem Fellgetier sofort begeistert »bestiegen« – das dürfen Sie als gutes Omen werten.

> *Einem Menschen,*
> *den Kinder und Tiere nicht leiden können,*
> *ist nicht zu trauen.*
> (Carl Hilty)

Sie können natürlich auch einfach – unter Einhaltung genannter Vorsichtsmaßnahmen – fragen, was er von Vaterfreuden hält. Aber ich warne Sie: Erwarten Sie nicht zu viel. Am besten gar nichts. Ich spreche aus Erfahrung, denn ungefähr ein Jahr, bevor ich tatsächlich schwanger wurde, und schlappe zwölf Jahre nach unserer Beziehungspremiere spielte sich in der Badewanne im Hause Kraus folgende denkwürdige Szene ab:

💬 DIE WANNE DER WAHRHEIT

Leise knisterte das Schaumbad vor sich hin, und ich überlegte, wie ich am besten mein kleines Quiz anfangen sollte. Hm, ja, vielleicht so …

»Du, äh, sag mal, wie geht's denn eigentlich deiner Schwester mit den Kleinen?«, fragte ich mit an Genialität grenzender Beiläufigkeit.

»Ach, die ist ziemlich fertig. Zwei kleine Kinder sind nun mal stressig.«

Perfekt! Er hatte das Stichwort geliefert, jetzt kam's drauf an. Betont uninteressiert bohrte ich weiter: »Willste eigentlich auch mal Kinder?«

Ich hielt die Luft an. Mein Herzblatt döste währenddessen mit geschlossenen Augen in der Wanne und popelte sich in den Ohren rum: »Mhm.«

Mhm? Was um Himmels willen bedeutete *Mhm?* Auf alle Fälle war das nicht die Antwort meiner Träume.

Ah, Moment, er öffnete wieder den Mund. Richtig, ja, da kam noch was: »Ja, schon.«

Halleluja! *Ja, schon?* Immer noch kein Blickkontakt.

Vielleicht musste ich etwas deutlicher werden: »Also, ich meine mit mir?«

Mir gegenüber ging erst ein Auge auf, dann das andere. Ich wurde skeptisch gemustert. Stille.

Klar, nachdem »Mann« zwölf Jahre mit einer Frau zusammen ist, muss man bei so einer Frage logischerweise erst eine Weile überlegen ...

Es war ja nicht so, dass ich ihm hier gerade die Pistole auf die Brust setzte, mich auf den Rücken warf und schrie: »Schwängere mich, sofort!« Ich wollte einfach eine ganz grundsätzliche Frage geklärt haben. Das konnte man doch wohl selbst von einem Mann verlangen. Dachte ich wenigstens.

Cool bleiben, Frau Kraus, ermahnte ich mich selbst! Trotzdem hatte ich den Eindruck, dass das Wasser um mich herum langsam anfing zu brodeln. Bevor ich ihn gar kochen konnte, rang sich mein Wannengast zu einer unerwarteten Antwort durch.

»Na ja ... ich könnte mir eigentlich keine bessere Mutter als dich vorstellen.«

Aha. Danke. War das jetzt als Kompliment gemeint? Ich war also für meinen Kerl ein optimales Muttertier. Außerdem war da dieses »eigentlich« im Satz, das nur auf ein »aber« lauerte. Was zum Henker sollte ich also jetzt mit dieser Antwort anfangen?

War das überhaupt eine Antwort?

Ich griff zum Schwamm, fing an, mir den Hals zu schrubben, und versuchte so nebensächlich und gelassen wie möglich für Klartext zu sorgen: »Heißt das JA?«

Meine Knie hatten meine ganze gespielte Aufmerksamkeit. Doch bevor ich lange Desinteresse heucheln musste, kam endlich die erlösende Antwort, kurz und simpel: »Ja.« Kurz darauf noch: »Was soll das denn sonst heißen?«

Das war doch mal eine Aussage! Ich freute mich heimlich, war jedoch darauf bedacht, mein Pokerface zu wahren und jetzt bloß nicht breit zu grinsen. Und dann kam von gegenüber: »Aber meinst du denn, jetzt wäre der richtige Zeitpunkt?«

Sofort stand ich wieder kurz vor der Eruption. Nein, Schatz, wir warten noch dreißig Jahre, bis wir in Rente sind. Dann haben wir Zeit. Ich lass mir einfach ein paar Eizellen einfrieren, und du düngst die Dinger dann mit deinen letzten Tropfen. Wenn das nicht klappt, gehen wir – à la Madonna – in Malawi ein Baby shoppen. Und unser Kind kann dann Omi und Opi zu uns sagen. Fein?

Mein Freund musterte mich sehr interessiert und auf Antwort lauernd. Ich beschloss, ihm eine Kostprobe seiner eigenen Redseligkeit zu geben. Ich lehnte mich weit zurück, schloss die Augen und grunzte: »Na ja ... mhm!« Das war für meinen Wannenpartner anscheinend eine eindeutige Ansage und reichte zu diesem Thema vollkommen, denn schweigsame fünf Minuten später schwang er sich aus dem warmen Nass. Sensationell!

Ich nutzte den gewonnenen Platz, hielt die Luft an, rutschte mit dem Poppes tiefer in die Wanne – und tauchte unter. Unter Wasser, so ganz mit meinem Herzschlag allein, entschied ich, dass mein Freund zu wollen hatte, wenn ich wollte. Ob ich allerdings wollte, war mir noch gänzlich unklar ...

Kleiner Nachtrag:
Im Nachhinein bin ich meinem Kerl sehr dankbar für seine kryptische Ausdrucksweise. Im weisen Bewusstsein, dass die Babyfrage nun mal vor allem eine weibliche ist, wollte er mich zu nichts drängen. Nur dazu, diese Frage zuerst einmal mit mir selbst zu klären.

Babys brauchen keine Väter –
aber Mütter brauchen sie.
Jemand, der sich um ein Baby kümmert,
muss umsorgt werden.
(Amy Heckerling)

Zwar tickte zum Zeitpunkt des Wannen-Intermezzos meine Bio-Uhr bereits leise, aber fünf vor zwölf zeigte sie nun auch noch nicht an. Vertagen war für mich immer noch eine Option, und das machte ich dann auch. Ein paar Jährchen später hätte das wohl anders ausgesehen, denn es ist leider eine überhaupt nicht faire Tatsache: Während mit Viagra gedopte O-papas mit dem letzten Tropfen noch mühelos in drei Minuten für Nachwuchs sorgen, müssen wir uns mit unserem eingebauten gnadenlosen Timer arrangieren. Darum folgt hier die berühmte Ausnahme von der Regel (bevor die Regel zur Ausnahme wird – ich bitte um Nachsicht, den Kalauer konnte ich mir nicht verkneifen):

> Wenn wir erst mit 40 oder noch später unserem Supermann über den Weg laufen, ist tatsächlich nicht unbedingt noch so viel Zeit, um der Beziehung die Gelegenheit zu geben, sich erst einmal zu festigen.

Hier heißt es (bei grundsätzlich vorhandenem Kinderwunsch aller Parteien): Mut zum Risiko und scharf geschossen, bevor es zu spät ist! Glücklicherweise sind etwas ältere Männer, deren Bedarf an aufregenden Abenteuern schon einigermaßen gesättigt ist, meistens mit Blick auf die Kinderfrage auch ein bisschen entspannter und rennen nicht gleich panisch weg.

Oder aber sie stellen sofort klar, dass für sie die Sache durch ist, weil sie vielleicht mit ihrer Ex-Frau schon Kinder haben. Dumm gelaufen! In so einem Fall stehen wir vor der schwierigen Frage: Kind oder Kerl? Die stellt sich allerdings nicht nur bei Oldie-Lovern, sondern unabhängig vom Alter des Probanden auch oft in Langzeitbeziehungen, in denen der Mann »Halbsingle« ist. Falls Sie nicht wissen, was ein »Halbsingle« ist: Die Bezeichnung habe ich kürzlich gelesen und fand sie für einige Männer-Exemplare ziemlich passend. Sie bezeichnet einen Typen, der zwar seine Beziehung schon irgendwie bequem findet, aber sich auf nix Ernsteres einlassen will. Das Motto des Halbsingles: Beziehung ja, Poppen ja, lecker bekocht werden ja, aber bitte ohne Verpflichtungen und Folgen. Insgeheim denkt der Halbsingle: »Kinder kann ich auch noch später kriegen.« Wenn er überhaupt so weit denkt. Woran er aber garantiert nicht denkt: dass das Brutpotenzial seiner Süßen begrenzt ist. Oder, noch schlimmer: Es ist ihm egal. Darum ist folgende Frage eine sehr wichtige:

Was tun, wenn ich ein Kind will, aber mein Freund will keins?

Mädels, ich bin wirklich der Meinung: Ein Kinderwunsch ist viel zu wichtig, um ihn sich ausreden zu lassen. Wenn wir wirklich aus tiefstem Herzen ein Baby wollen und der Mann an unserer Seite nicht, dann ist oft ein »Und tschüss!« in Richtung Kerl die bessere Entscheidung. Und zwar rechtzeitig. Bevor Monsieur vielleicht von sich aus die Reißleine zieht, sich trennt – und mit einer jüngeren Frau plötzlich doch noch eine Familie gründet. Dann hieße es nämlich: Gratulation, Sie haben gerade die Doppel-Arschkarte gezogen! Ein unwahrscheinliches Worst Case Scenario? Leider nein. Interessanterweise kommt das ziemlich oft vor. Allein in meinem Bekanntenkreis fallen mir spontan drei Fälle ein. Daraus kann man jetzt schließen, dass viele Männer Arschlöcher sind. Ich würde da aber gar keine Böswilligkeit unterstellen, sondern tippe eher: Einige Kerle unterdrücken ihren latent irgendwo im Hintergrund herumdümpelnden Kinderwunsch, bis ein Baby mit ihrer Freundin nicht mehr zur Debatte steht. Wenn sie das plötzlich kapieren, kriegen sie einen Riesenschreck. Und siehe da: Nach diesem Wake-up Call gehorchen die Typen dann doch noch dem Ruf der Natur und machen Babys. Denn die Jungs können ja noch, das ist leider die gemeine Realität.

> *Das Wichtigste,*
> *das ein Vater für seine Kinder tun kann,*
> *ist, ihre Mutter zu lieben.*
> (Henry Ward Beecher)

Da ist es vielleicht schlauer, sich beizeiten einen neuen Mann zu besorgen.

Sie wollen den Typen aber gar nicht verlassen? Er ist Ihre große Liebe? Das ist natürlich kompliziert! Meine Moderatoren-Kollegin Lisa Ortgies hat bei Harald Schmidt für einen solchen Fall den umstrittenen Tipp gegeben: »... dann vielleicht doch einfach auch mal die Pille weglassen und es ihm nicht sagen.« Ich lasse das hier jetzt einfach mal so stehen.

Bei einer Freundin in ähnlicher Lage hat sich die Sache zum Glück aller Beteiligten vor dem Hintergrund natürlicher Verhütung von selbst »gelöst«. Ihr sonst so verlässlicher Zyklus hatte ausnahmsweise mal gesponnen (ein bisschen Stress im Job reichte dafür aus), und ihre Kalender-Methode nach Knaus-Ogino ging – so ein Pech aber auch! – nicht ganz auf.

Und was passierte? Der werdende Papa hat sich wie Bolle gefreut. Die Kleine heißt Fee, ist inzwischen vier, Papas erklärte Prinzessin. Hurra, hurra, ein Happy End! Und eins, das nicht mal besonders selten ist, denn viele Jungs sind gar nicht wirklich anti Kinder eingestellt – sie haben nur die Hosen voll, sobald sie eine bewusste Entscheidung treffen sollen, zumindest, wenn die Konsequenzen Spielfilmlänge überschreiten.

Mal grundsätzlich: Wenn eine Frau *heimlich* die Pille absetzt und ihr Stecher sich darauf verlässt, dass sie wie bisher die Hormonkeule schluckt, kann man das durchaus unter dem Tatbestand eines Täuschungsmanövers verbuchen. Fair ist das nicht. Die Pille abzusetzen ist an sich aber völlig legitim, wäre ja noch schöner! Wenn eine Frau stattdessen auf eine gesündere, dabei aber weniger sichere Verhütungsmethode ausweicht (gesünder und weniger sicher als die Pille scheint nach meinen Recherchen so gut wie alles zu sein), ist das ihr gutes Recht. Ebenso, wie gar nicht zu verhüten. Wenn ihr Lover das weiß und trotzdem fröhlich ohne Gummi drauflospimpert, muss er einfach damit rechnen – alles andere ist naiv oder ignorant oder beides.

> ***Ich finde: Wenn ein Mann tatsächlich
> auf gar keinen Fall Kinder will, dann soll er sich auch
> gefälligst um die Verhütung kümmern!***

Ansonsten kann ich nur sagen: Sorry, in Bio damals wohl nicht richtig aufgepasst – die Beschwörung: »Ich will aber ja gar kein Kind« reicht als alleinige Verhütungsmaßnahme nicht aus! Auch nicht bei wiederholter Anwendung. Aber Männer sind ja traditionell bequem: Die Vorsorge überlassen sie dann doch lieber uns.

EXKURS: GIBT'S DIE PILLE FÜR DEN MANN? JEIN.

Jepp, es gibt das Wunderding. Und auch wieder nicht. Die »Pille« für den Mann ist auch gar keine Pille, sondern eine Spritze. Seit 40 (in Worten vierzig) Jahren kennen Wissenschaftler das Wirkprinzip bereits. Seitdem ist klar: Es funktioniert. Und seit Jahrzehnten ist die Spritze quasi fertig entwickelt und getestet. Und sie ist im Vergleich zu »unserem« Pillchen total bequem, denn sie müsste nur alle zwei Monate in den Poppes gespritzt werden. Nach drei Monaten ist die Verhütung zu 100 Prozent sicher, und die Spritze hat auch wesentlich weniger Nebenwirkungen als die Pille für uns Mädels, weil die Hormone viel gezielter wirken. Während wir Ladys durch die künstliche Hormonbombe zum Beispiel oft weniger Lust haben, hätte die Spritze für den Mann keine Auswirkungen auf die Potenz, im Gegenteil: Der Wirkstoff ist nämlich das männliche Lusthormon Testosteron. Wenn der Körper davon genügend von außen zugeführt bekommt, stellt er die Eigenproduktion ein und fährt als Nebeneffekt die Spermienproduktion auf null – bei uneingeschränkter Männlichkeit, denn der Testosteron-Level ist genauso hoch wie vorher.

Und wieso ist dieses Wunderspritzchen immer noch nicht auf den Markt gekommen? Dreimal dürfen Sie raten! Geeeenau: Weil Tests gezeigt haben, dass unsere starken Jungs sie sich wahrscheinlich nicht geben lassen würden – aus Angst vor Hormonen, aber vor allem aus Angst vor der Spritze. Ist das nicht niedlich? Das macht ja mal kurz »pik«, das kann man einem echten Mann natürlich nicht zumuten. Andererseits würde sich auch wohl keine Frau beim One-Night-Stand drauf verlassen, wenn ihr rattenscharfer Aufriss ihr ins Ohr raunt: »Süße, mach dir keine Sorgen, ich nehm die Pille.« Schon allein, weil es hier ja nicht allein darum geht, Babys zu verhüten.

Sehen wir die Angelegenheit positiv:
Kein Mann kann klammheimlich die Pille nehmen,
obwohl wir uns ein Baby wünschen ...

Aber es bleibt spannend: Im Augenblick läuft eine WHO-Studie an der Uni Münster: Die Hormonspritze für den Mann wird als Verhütungsmaßnahme für feste Paare getestet. Stay tuned!

Kein Mann kann in unserem Land eine Frau dazu zwingen, ein einmal gezeugtes Kind nicht zu bekommen. Was er aber leider tun kann: das Weite suchen. Das zeugt zwar nicht gerade von charakterlicher Stärke, aber shit happens. Dass wir plötzlich unbemannt dastehen, kann leider passieren. Übrigens theoretisch jeder werdenden Mama. Darum müsste man eigentlich folgenden Satz mit zehn Ausrufezeichen versehen (ich setze trotzdem nur eins, weil sonst meine Lektorin in Ohnmacht fällt):

Es ist immer möglich, dass wir unser Kind früher oder
später allein großziehen müssen!

Bitte nicht missverstehen: Ich will hier nicht unnötig Panik verbreiten. »Think Pink« ist schließlich mein Lebensmotto! Das ist allerdings nicht zu verwechseln mit Weltfremdheit. Eine gesunde Dosis Realismus, Skepsis und vor allem Vorsorge schadet bei wichtigen Entscheidungen nicht. Natürlich muss es nicht so kommen. Wahrscheinlich wird es das sogar nicht. Es kann aber. Mein Papa hat sich umgebracht, als ich elf war – und dann musste meine Mama uns durchboxen. Da konnte sie auch nicht sagen: »Oh, das war aber ja ganz anders geplant, könnte ich mein Leben noch mal auf ›vor der Schwangerschaft‹ zurückspulen?« (Nicht, dass sie das gewollt hätte übrigens.) Im Nachhinein kapiere ich aber, warum meine Mama ihren Job als Lehrerin nie ganz aufgegeben hat, obwohl mein Papa gut verdiente. Zuhause zu bleiben wäre in den Siebzigern, als ich klein war, das Allernormalste der Welt gewesen. Mütter, die nicht arbeiten mussten, machten das so. Nicht aber Mama Marlene! Ihr war intuitiv immer klar: Zur Not müssen Sonya und ich eben allein klarkommen. Und so lernte ich schon früh: Es gibt keine Garantie auf Papa.

Traurig? Nö. Realistisch. Und damit sind wir bei unserem Knackpunkt angelangt: Es ist einfach wichtig, dass wir uns bei unserer Entscheidung für oder gegen ein Kind nicht allein vom Herrn der Schöpfung und unserer Beziehung zu ihm abhängig machen. Oder es möglicherweise nur bekommen, weil er doch so gern ein Kind will, wir aber nicht (auch das gibt's!). Merke:

> Wenn wir ein Kind wollen,
> sollten wir es auch – zur Not – alleine wollen.

FUNDAMENT-CHECK, TEIL 3: PROJEKTFINANZIERUNG UND POTENZIELLE BAUSTELLEN-AUFSICHT

Ist das Bauprojekt einmal grundsätzlich abgenickt, können wir langsam anfangen, uns ein paar Gedanken über praktische Aspekte des Kinderkriegens zu machen. Solange es noch so was wie »ruhige Nachmittage« und das wunderbare Gefühl »Heute bin ich so richtig ausgeschlafen« in unserem Leben gibt, ist das nämlich deutlich einfacher.

Als da wäre zum Beispiel:

- Wie lange will ich Babypause machen?
- Woher kommt die Kohle nach der Geburt? (Und: Reicht das, was zu erwarten ist?)
- Wer nimmt wann und wie lange Elternzeit?
- Wie wird mein Sprössling betreut, während ich arbeite?

Solche Fragen klären wir am allerbesten sogar schon, bevor wir unser nächstes Ei zur Befruchtung freigeben. Das ist leider hochgradig unromantisch, kann aber viel Stress und unschöne Überraschungen vermeiden. Denn vielleicht stellt sich plötzlich raus, dass unser potenzieller Kindsvater zwar generös zur Samenspende bereit ist, aber zu wenig mehr, weil er insgeheim glühender Eva-Herman-Fan ist und die Auffassung vertritt, dass Mutti in den ersten drei Jahren ganz allein für Kind, Küche und Kartoffelsalat zuständig ist. Da müssten wir dann entscheiden, ob das okay ist für uns. Für mich und meine gesamte Mädels-Gang wäre es das nicht, aber das ist natürlich Geschmackssache. Jedoch, liebe Mamas in spe, bei allem, was Ihr beschließt, denkt dran, was ich eben gesagt habe – es gibt keine Langzeit-Garantie auf den Erzeuger.

Das führt mich zum nächsten wichtigen Punkt:

Geld oder (Mutter-)Liebe?
Falsch: Geld PLUS Liebe ist die Formel!

Ja, es gibt sie: Hardcore-Karrierefrauen, die eine Bilderbuch-Laufbahn hinlegen, unglaublich viel Geld verdienen und plötzlich eine 180-Grad-Wende aufs Parkett legen, nachdem sie Mutter geworden sind. Sie brechen alle Brücken zum früheren Job ab und sind nur noch Mutter. Früher habe ich da immer ungläubig den Kopf geschüttelt, heute kann ich diese Frauen plötzlich verstehen. Denn eins ist sicher: Ein Kind gibt dem Leben Sinn. Wenn man keinen Beruf hat, den man liebt, ist die Aufzucht eines kleinen Erdenbürgers eine Aufgabe, in der man total aufgehen kann. Idealerweise hat man meiner Meinung nach allerdings beides: ein niedliches, sinnstiftendes Kind und einen schönen, sinnvollen Job – und zwar aus ganz handfesten Gründen.

In meinem Vorgänger-Buch ging es unter anderem um einen Aspekt, der in meiner Sicht fürs Glücklichsein unverzichtbar ist: die Freiheit, unabhängig von einem Partner entscheiden zu können, wie man das eigene Leben gestaltet. Und da gehört finanzielle Unabhängigkeit ganz einfach dazu!

Auf unserer Baustelle Baby bedeutet das zum Beispiel, den Wiedereinstieg in den Job nie ganz aus den Augen zu verlieren und am besten von vornherein gleich mit einzuplanen – egal, wie lange wir zuhause bleiben wollen, ob vier Monate oder vier Jahre.

Bitte nicht missverstehen: Wer sich dauerhaft für den Job als Hausfrau und Mutter entscheidet, hat dafür meinen vollsten Respekt! Aber solange dieser Beruf so gut wie nicht entlohnt (die »Herdprämie« von 100 Flocken fällt für mich nicht unter Entlohnung, sondern unter »gespielter Witz«) und stattdessen von der Gesellschaft als von der Frau zu leistender Fast-Gratis-Dienst angesehen wird, sollten sich gerade Vollzeitmamis darüber im Klaren sein, dass sie sich freiwillig in eine Abhängigkeit begeben.

In psychologischer Hinsicht kann das am Selbstwertgefühl nagen, auch wenn wir unseren Mama-Job lieben. Finanziell droht angesichts von Zeiten ohne eigenes Einkommen später eine Versorgungslücke: Rentnerinnen müssen deswegen heute schon im Schnitt mit gut 500 Euro auskommen (!), die Herren der Schöpfung bekommen das Doppelte. Auch lange Teilzeitarbeit kann sich später fies mit Altersarmut rächen. Wenn wir Mädels für die Familie beruflich zurückstecken, raten Finanzexpertinnen darum zu einem Deal:

***Big Daddy muss im Gegenzug für
unsere Familienarbeit eine eigene Extra-Altersvorsorge
für uns finanzieren, die unseren Lebensstandard
im Alter sichert.***

Das kann eine Lebensversicherung sein, in die er einzahlt – auf alle Fälle jedoch auf unseren Namen, das Geld ist ganz allein für uns! Besonders unverheiratete Mamis sollten auf so einen Ausgleich bestehen. Lassen Sie sich von einem Vorsorgeberater auf Basis Ihres letzten Gehalts ausrechnen, wie hoch ein gerechter Ausgleich ausfallen sollte.

Ach, Monsieur sieht das nicht ein? Kein Problem, dann muss *er* eben zuhause bleiben und auf die Zwirnis aufpassen!

Die drei Ks: Kleinkind, Karriere, Kinderbetreuung

Okay! Wenn wir nun irgendwann in unseren alten Job zurückwollen und unser Papi-Anwärter nicht davon schwärmt, sich als Vollzeit-Hausmann zu verwirklichen (nein, der Vollzeit-Hausmann ist keine Legende wie die vom Yeti. Diese Spezies gibt es! Sie ist selten, aber ihr Bestand nimmt zu!), müssen wir uns in jedem Fall über das leidige Thema Kinderbetreuung Gedanken machen. Auch hier empfehle ich: am besten schon vor der Zeugung! Übertrieben? Lesen Sie erst weiter, vielleicht kommen Sie gleich sogar zu dem Schluss, dass Sie lieber erst mal auswandern und Ihr Kind woanders als in Deutschland produzieren wollen ...

In einer großen Frauenzeitschrift habe ich vor ein paar Jahren einen Artikel gelesen, dessen Hauptaussage war: Mädels, kriegt Kinder! Grundsätzlich ist das eine Bombenaussage. Kann ich voll unterschreiben. Als die Verfasserin des Artikels dann allerdings bei den staatlichen Kinderbetreuungsmöglichkeiten in Deutschland angelangt war, wurde sie etwas kleinlaut. Ihr »Tipp« lautete dann allen Ernstes ungefähr so: Ach, irgendwie kriegt man ja am Ende doch alles hin.

Ja, nee, is klar ... Besser hätte es meine Oma auch nicht sagen können, selbst wenn die vermutlich noch »wenn man muss, wie wir damals nach dem Krieg« drangehängt hätte. Die fehlenden Tipps kann man nun aber blöderweise nicht auf die mangelhafte Rechercheleistung der Journalistin zurückführen. Denn leider gibt es da nicht so viel zu recherchieren.

Mädels, sehen wir den Tatsachen ins Auge: Kinderbetreuung in Deutschland ist trotz der mit viel Tamtam beschlossenen Kitaplatz-Garantie für unter Dreijährige ab 2013 ein Trauerspiel. Die tolle »Garantie« greift nämlich nur, wenn es auch genügend Plätze gibt. Die Pointe bei diesem Scherz: Selbst wenn alle Ausbaupläne umgesetzt sind, gibt es immer noch gerade mal bloß Betreuungsplätze für ein gutes Drittel der Kinder ab zwei Jahren, und die auch nur für halbe Tage.

Sobald dann die Kapazität erschöpft ist, heißt es: Tja, sorry, Pech gehabt, Muddi. Musste wohl zuhause bleiben bei deinem Kind.

Auch in der *New York Times* bin ich kürzlich über einen Riesenartikel zu diesem Thema gestolpert. Überschrift: »Women Nudged out of German Workforce« – Frauen in Deutschland aus der Berufstätigkeit geschubst. Im Artikel der Korrespondentin Katrin Bennhold stand unter anderem:

»Deutschland ist ein Ort, an dem die Stereotypen der Geschlechter nicht nur in den Köpfen vorhanden sind, sondern auch in den betreffenden gesellschaftlichen Institutionen verankert sind. Nur 14 Prozent der deutschen Mütter mit einem Kind kehren zur Vollzeitarbeit zurück und nur 6 Prozent der Mütter mit zwei Kindern.«

Falls Sie das spontan ganz normal finden, lohnt es sich, einen Blick über die Bundesgrenzen hinaus zu riskieren. In Schweden arbeiten über 80 Prozent der Mütter zwischen 25 und 54 Jahren in Teil- und Vollzeit, selbst mit zwei oder mehr Kindern. Dort gab es allerdings erste Kitas bereits Ende der Dreißigerjahre. Und seit Anfang der Siebzigerjahre war im Land der Elche eine flächendeckende Ganztagesbetreuung für alle Kinder eines der politischen Ziele – um Gleichberechtigung zu ermöglichen. Schon ein paar Jahre später gingen die meisten Kids in eine *dagis*. Und seit 1995, also seit über fünfzehn Jahren, haben tatsächlich *alle* Kinder ab 18 Monaten einen ganztägigen (!) Betreuungsplatz sicher. In Worten: EINHUNDERT Prozent der Kinder. Traumhaft? Exakt: Von solchen Zahlen können wir nur träumen. Bis das bei uns möglich ist, können locker noch ein paar Jahrzehntchen ins Land ziehen. Wo wir heute sind, standen die Nordlichter vor 45 Jahren.

Der Traditionalisierungseffekt

Theoretisch könnte natürlich auch Daddy die Kinderbetreuung zur Hälfte übernehmen. Leider verdienen Frauen bei uns für die gleiche Arbeit im Schnitt immer noch 20 Prozent weniger als die Herren der Schöpfung. Außerdem gibt es vorsintflutliche Regelungen wie das vor etwas mehr als schlappen fünfzig Jahren eingeführte Ehegatten-Splitting, als dessen Folge sich das Arbeiten für den geringer Verdienenden sowieso kaum lohnt. Wir erinnern uns: geringer Verdienender = meistens die Frau. Ergibt: Die Kinderbetreuung bleibt dann doch an den Mädels hängen. Im Jahr 2008 nahmen in Deutschland zum Beispiel nicht mal 7.000 Väter für ein ganzes Jahr Elternzeit. (Zur Erinnerung: Wir leben in einem Land mit etwa 80 Millionen Einwohnern.) All das führt wiederum dazu, dass die Einstellung von weiblichen Mitarbeitern ein höheres Risiko für Arbeitgeber ist und die Löhne weiter auf niedrigem Niveau vor sich hin dümpeln – und so geht der Teufelskreis wieder von vorn los ...

Und plötzlich – Hilfääää! – lebt man wie damals Omi und Opi in den Fünfzigern. Familiensoziologen sagen, dass die Geburt eines Kindes viele Paare im Turbotempo in uralte Rollenklischees presst, auch wenn die Beteiligten das gar nicht wollen. Das hat soziologisch sogar einen Namen: Traditionalisierungseffekt.

Ich denke mal, ich darf also relativ neutral festhalten:

In Deutschland ist es nicht ganz einfach,
Mama zu werden UND nach absehbarer Zeit
wieder in den Job einzusteigen.

Nicht ganz einfach bedeutet zum Glück nicht »unmöglich«. Umso wichtiger ist es aber, die Sache vorzubereiten. Und natürlich gibt es neben staatlichen Kitas auch noch andere Betreuungs-Lösungen: fitte Omas und Opas, Elterninitiativen, private Kitas, Tagesmütter, Au-pairs, Kinderfrauen, Betriebskindergärten, Leih-Omis, nette Nachbarn ... Egal, um welche Kiddie-Betreuung es geht: Es ist schlau, sich so früh wie möglich um die Organisation zu kümmern und auch den potenziellen Betreuer genau unter die Lupe zu nehmen. Einen Kita-Platz sollte man zum Beispiel direkt nach der Geburt beantragen – damit man ihn dann hoffentlich ein Jahr später hat. Kann aber auch länger dauern.

> *Ein Baby zu haben verändert die Perspektive*
> *auf die Schwiegereltern.*
> *Ich liebe es, wenn sie zu Besuch kommen!*
> *Sie können sich ums Baby kümmern,*
> *ich kann ausgehen.*
> (Matthew Broderick)

Niemand verbietet es uns, uns vollkommen unbefruchtet ganz unverbindlich umzusehen, was es an Betreuungsmöglichkeiten in der Nähe gibt. Und falls das Ergebnis ernüchternd ausfällt und es in einem anderen Stadtteil oder im Vorort viel besser aussieht, bitte dran denken: Umziehen mit Kind ist deutlich komplizierter als ohne. Man kann sich auch schon sehr früh mit potenziellen Tagesmüttern zum Kaffee treffen. Und Oma und Opa, Tanten und Onkel oder Freunde mit Kindern ruhig bereits in der Baby-Planungsphase fragen, ob sie sich einen Dienst am Kinde vorstellen könnten.

Problem dabei: Viele deutsche Mamis
fragen niemanden um Hilfe (oder nur mit unglaublich
schlechtem Gewissen).
Nicht vor der Geburt und auch nicht danach.

Und warum? Weil sie Angst haben, die böse, böse Rabenmutti zu sein und einem hilflosen und unschuldigen Wesen schwersten Schaden zuzufügen, wenn sie es zu früh »im Stich« lassen und von »Fremden« betreuen lassen und ganz »egoistisch« wieder arbeiten gehen, bevor das Kind die magische Marke von drei Jahren erreicht hat.

Würde das tatsächlich stimmen, hätten allerdings die meisten Bewohner Skandinaviens ordentlich einen an der Klatsche. Und natürlich alle Bewohner, die bis 1989 in der ehemaligen DDR aufgewachsen sind, da waren Kinderkrippen und arbeitende Mamas auch normal. In Belgien und Frankreich werden Kinder oft sogar schon nach sechs Monaten in der *Crèche* (Kinderkrippe) abgegeben. Alles Psychopathen?

Im *New-York-Times*-Artikel stellte die Autorin jedenfalls fest, dass in Deutschland seit langer Zeit ein »Mutter-Mythos« existiert. Dieser Mythos wurde besonders enthusiastisch von den Nazis kultiviert, auch wenn sie ihn nicht erfunden haben. Für Anhänger des im Laufe des 19. Jahrhunderts entstandenen deutschen Mutti-Kults weiß eben nur Mutti instinktiv, was gut für ihren Nachwuchs ist, und auch nur sie kann in den ersten drei Lebensjahren gut für ihre Kinder sorgen. Aufopfernd, selbstlos und selbstverständlich gratis. Genau diese Meinung vertreten jede Menge Leute immer noch. Einige ganz subtil, andere ziemlich militant – man muss dazu nur ein beliebiges Mütter-Internet-Forum anklicken und kann manchmal den Eindruck kriegen, man ist in eine Zeitmaschine mit Ziel »Dreißigerjahre« gestiegen.

»Wir Deutschen haben versucht, uns in jedem Punkt von der Nazi-Ära zu distanzieren, nur nicht in diesem«, erklärt die Historikerin Ute Frevert vom Max-Planck-Institut für Bildungsforschung in Berlin der Autorin des *New-York-Times*-Artikels. Vielleicht sollte man darüber mal kurz nachdenken ...

Das alte Märchen von der Rabenmutter

Leider ist man als Mama so furchtbar leicht zu verunsichern. Auch ich! Wer weiß, vielleicht ist ja trotz böser Nazis doch was dran am Mama-Mama-über-alles. Vielleicht hat die Herman, Eva, doch recht. Und bevor dem armen Kinde durch unsere Schuld Böses zugefügt wird, hackt man sich als Mama ja lieber einen Zeh ab. Oder alle.

Weil ich an meinen Zehen hänge – worauf soll ich sonst meinen tollen roten Nagellack im Sommer spazieren führen? –, habe ich mal ein bisschen gestöbert und bin auf eine gigantische Studie des National Institute of Child Health and Human Development (NICHD) in den USA gestoßen, in deren Rahmen man 1.364 US-amerikanische Familien und ihre Kinder seit 1991 untersucht hat. Die Kinder wurden zum Teil schon sehr früh in die Obhut von Kitas gegeben, die meisten allerdings im Alter zwischen eins und zwei.

Das überraschende Ergebnis: Die Kleinen, die in einer guten Kita betreut wurden (gut heißt: in kleinen Gruppen und unter Aufsicht pädagogisch ausgebildeter Betreuer), entwickelten schneller bessere sprachliche Fähigkeiten und zeigten auch ganz allgemein eine bessere Auffassungsgabe als die Mami-Rockzipfel-Fraktion. Ex-Kita-Kinder waren später in der Grundschule besser in Mathe und hatten ein besseres Gedächtnis. Auf der anderen Seite gerieten sie (nach Auskunft ihrer Lehrer) ein bisschen öfter in Konflikt mit Erwachsenen (also den Lehrern).

Letzteres picken sich dann gern die »Kinder-gehören-in-die-Obhut-der-Mama«-Befürworter raus: Seht her, ohne 24/7-Tüdelei der Vollzeit-Übermutti werden Kinder zu Hooligans! Man könnte es natürlich aber auch so sehen: Die Kita-Kids haben vielleicht einfach einen stärkeren Willen. »Brave« Mama-Kinder hingegen sind vielleicht besser in eine bestimmte Richtung zu lenken (jaja, die Nazis wussten schon, was sie tun). Übrigens auch für den bösen Onkel, der vor der Schule lauert und ihnen »was ganz Spannendes« zeigen will ...

Ganz ehrlich: Ich habe auf Dauer lieber ein selbstbewusstes Querköpfchen als ein weichgespültes Mama-Kind.

Übrigens: Kinder mit sensiblen und
in der Kinderbetreuung engagierten Vätern (!!!)
waren laut der Studie später in der Schule kompetenter
und weniger problematisch als andere Kinder.

Wenn das kein Argument ist, auch Papa in die Pflicht zu nehmen! Insgesamt gesehen waren die Unterschiede zwischen den Kita- und den Mama-Kindern allerdings doch so gering, dass das Institut in einem Eltern-Booklet zur Studie festhält:

»Kinder, die ausschließlich von ihren Müttern betreut wurden, haben sich nicht anders entwickelt als Kinder, die auch von anderen betreut wurden.«

Die allerwichtigste Grundvoraussetzung dafür scheint allerdings zu sein, dass die Kinder ein liebevolles Zuhause mit einfühlsamen und glücklichen Eltern haben – oder auch mit nur einem glücklichen alleinerziehenden Elternteil und anderen festen Bezugspersonen, wobei das genauso gut die Oma wie auch ein neuer Partner sein kann. In diesem Punkt sind sich die Fachleute einig. In einem »happy home« werden Kinder mit und ohne Kita psychisch ziemlich robust und entwickeln auch keine Bindungsprobleme.

Und was sagt uns das jetzt alles?

Genau:

1. Liebe Muttis und Bald-Muttis, die Ihr an Eurem Job hängt: Lasst Euch nix erzählen: Kinder mit einem liebevollen Zuhause verkraften es, wenn sich auch andere Menschen als Ihr um sie kümmern.

2. Kinder von glücklichen Eltern werden eher glücklich, Kinder von unglücklichen eher unglücklich. Und wenn wir nun mal happy sind, wenn wir (auch) arbeiten können, dann hat die Kinderbetreuung schon allein deswegen einen sehr positiven Effekt.

*Eine glückliche Mutter ist für die Kinder segensreicher
als 100 Lehrbücher über die Erziehung.*
(Johann Heinrich Pestalozzi)

Trotzdem Achtung: Wenn die Minis woanders als zuhause betreut werden, sollte die Qualität jedoch wirklich top sein. Auch dafür lohnt es sich, frühzeitig vor der Niederkunft ein bisschen Detektivin zu spielen. Wie man gute Kindertagesstätten und andere Betreuungsmöglichkeiten von nicht so guten unterscheidet, dazu gibt zum Beispiel die Professorin und Entwicklungspsychologin Lieselotte Ahnert in *Wieviel Mutter braucht ein Kind?* Hilfestellung. Ohne ideologischen Firlefanz, dafür mit handfesten wissenschaftlichen Untersuchungen.

Auweia – wahrscheinlich werde ich jetzt mit Drohbriefen von der militanten Müttermafia bombardiert. Aber ich finde, es ist wichtig, dass man sich nicht gegen ein Baby entscheidet, weil man den Quatsch glaubt, sich zwischen Kind und Job entscheiden zu müssen, wenn man eine »gute Mutter« sein will. Wie so oft zählt die Qualität der gemeinsam verbrachten Zeit viel mehr als die Quantität!

Allerdings sollte man sich, siehe oben, zumindest hier in Deutschland auf einen gewissen Gegenwind gefasst machen, wenn man – wie ich – bald wieder in den Job will. Und worauf wir uns in diesem Zusammenhang ebenfalls schon mal rechtzeitig gefasst machen können: Ein schlechtes Gewissen werden wir auf alle Fälle haben. Es fühlt sich zwar wie ein echtes Privileg an, dass man arbeiten und trotzdem gleichzeitig Mama sein darf. Allerdings ist es, wie alle sagen: Man hat oft das Gefühl, beides nicht hundertprozentig zu machen. Wenn ich vom Flow ausgehe, dem Glücksflash, den man erlebt, wenn man sich komplett auf etwas einlässt, kann ich in diesem Fall nur sagen: vorübergehend schwierig. Im Sinne des Flow hat es darum wirklich etwas für sich, sich ganz bewusst auf die Elternzeit einzulassen und die Babypause – wie lang oder kurz sie auch immer sein mag – mit dem Kind einfach total »unverschämt« zu genießen und diese einzigartige Zeit voll auszukosten. Das geht umso besser, wenn man vor der Geburt den Wiedereinstieg minutiös geplant hat – und wenn man weiß, dass der Sprössling später in guten Händen ist. Dabei sollte man sich allerdings schon ganz sicher sein:

💬 MISS & MAMA PERFEKT ODER: DIE ERLÖSUNG

»Frau Kraus, wie gut, dass ich Sie treffe! Wie geht's denn mit dem Kleinen?« Meine Nachbarin, Isabella von Füssen, hatte mich mal wieder abgefangen. Ich hatte keine Ahnung, wie sie das schaffte, aber es gelang ihr immer wieder, mich auf offener Straße stets dann zu stellen, wenn ich gerade besonders verranzt Gassi ging, im Schlabberlook den Müll rausbrachte oder morgens früh verquollen in ein Taxi zum Flughafen stieg. Ob sie mich mit einem Peilsender verwanzt hatte? Oder war eine ihrer Überwachungskameras auf meine Haustür gerichtet? Der Dame war alles zuzutrauen.

Frau von Füssen sah, im Gegensatz zu mir, grundsätzlich aus wie aus dem Ei gepellt. Die Prinzessin-Di-Frisur war immer frisch gesträhnt und perfekt geföhnt, der beige Kaschmir-Rollkragenpulli ohne einen Fussel, der Lodenblazer saß perfekt, Perlenohrringe, Hermès-Halstuch und Gürtel rundeten das elegante Outfit ab. Mir war vollkommen schleierhaft, wie sie das bewerkstelligte. Die Frau hatte vier Kinder, wohlgemerkt: perfekte Kinder! Wie die Orgelpfeifen verließen morgens die Mini-von-Füssens das Haus und wurden von einem Fahrer in einen privaten Kindergarten und die Französische Schule verfrachtet. Man erzog den Nachwuchs selbstverständlich bilingual! Dass keiner der Eltern tatsächlich muttersprachlich in Frankreich verwurzelt war, störte da wenig. Monsieur von Füssen stammte, so munkelte man in der Straße, aus einer sehr wohlhabenden Metzgerfamilie, hieß ursprünglich »Meier«, hatte aber den Namen seiner adeligen Gattin angenommen. Die Fleischerei betrieb man zwar als Basis noch so nebenbei, das Kerngeschäft und der Ursprung des familiären Wohlstands war jedoch mittlerweile ein florierender exklusiver Cateringservice. Hemmungslos parlierte »*père*« mit seinen Sprösslingen »*en français*«, das jedoch von einem winzig kleinen hessischen Akzent durchzogen war.

Selbst die Kids wirkten wie aus der Reklame gepurzelt: Zwei Jungs, zwei Mädchen, alle rotblond, sommersprossig und mit konservativen Designer-Klamotten ausgestattet. Zur Geburt meines Babys hatte sogar ich von den Füssens die edelsten Mini-Ralph-Lauren-Schühchen aus braunem Wildleder geschenkt bekommen. Ja, ich konnte gegen Frau von Füssen rein gar nix sagen. Sie war immer extrem freundlich, hilfsbereit und kontaktwillig, so auch heute …

»Tja, dem Kleinen geht's gut, aber wie man sieht …«, ich deutete auf meine Gummistiefel, den verdreckten Parka und die verschmierte Schminke von gestern, »… ist die Muddi am Ende. Na ja, vielleicht gibt mir ja das Gassigehen ein wenig Energie.« Irgendwie kam man sich vor wie ein Mängelexemplar, wenn man einer Vierfachmama beichtete, dass ein einziges sechs Monate altes Würmchen einen fix und alle machte.

»Ach, das sieht man Ihnen aber gar nicht an!« Die Frau war blind oder wollte mich verarschen. »Wissen Sie was, ich schlüpfe jetzt schnell in meine Jagdstiefel, hole Max und Mimi, und dann drehen wir zusammen eine Runde auf dem Feld, da können wir ein bisschen quatschen.«

Ich lächelte höflich, aber Frau von Füssen war schon in ihren Palazzo entschwunden, nachdem sie mir noch kurz zugerufen hatte, dass wir uns gleich hinterm Haus treffen würden. Um Missverständnissen vorzubeugen: Nein, ich wohne nicht in einer Villengegend, sondern gutbürgerlich bis spießig in einer Bungalow-Siedlung der Sechzigerjahre, in beschaulicher Feldrandlage. Die Häuschen haben allesamt große Gärten, sodass man sie im Laufe der letzten Jahre erweitern durfte.

Von Füssens Bungalow hatte allerdings ein komplettes Facelifting bekommen: Umgebaut, aufgestockt und mit einem Türmchen versehen, verströmte der Bau jetzt den Charme eines niederbayrischen Jagdschlösschens.

Während ich noch über Geschmack sinnierte, wanderte ich mit meinen Hunden schon mal um das Grundstück herum, denn besagtes Anwesen lag mit der Gartenseite zum Rand des angrenzenden Feldes. Ich war noch nicht weit gekommen, da vernahm ich schon hysterisches Gekläffe. Max und Mimi waren im Anmarsch, zwei nervige Rauhaardackel, von meinen Hunden immer mit arroganter Nichtbeachtung gestraft, ihnen resolut hinterher Hausherrin von Füssen. Na ja, wer weiß, möglicherweise konnte die Profimama mir Anfängerin doch ein paar gute Tipps geben?

Nach zehn Minuten und stattlichen 300 Metern, die Dackel hatten sich Richtung Australien im Acker festgebuddelt, kombinierte Frau von Füssen messerscharf: »Sie haben einfach zu wenig Zeit für sich selbst. Sie müssen sich und Ihrem Körper was gönnen: Frisör, Yoga, Massage, Maniküre – das muss man nur organisieren.« Ich hatte weder auf Yoga, Frisör noch Maniküre Bock, eine Massage und acht Stunden Schlaf am Stück wären schon das Paradies gewesen.

»Um Ihren Mann müssen Sie sich auch kümmern! Unternehmen Sie was, gehen Sie golfen, buchen Sie einen Wellness-Tag!« Ich hielt die Klappe, denn mein »Mann« war so ziemlich das letzte Thema auf meiner Agenda. Es reichte ja wohl, wenn ich mich 24 Stunden um den kleinen Mann kümmerte und auch noch die Nachtschicht übernahm, während er ruhig schlummerte! Der Große hatte momentan gefälligst zurückzustecken. »Dass Ihre Mutter stundenweise aufpasst, ist ja löblich, aber mit dem richtigen Babysitter wäre das alles möglich, ohne die Oma zu strapazieren.«

»Tja, noch ein halbes Jahr, dann geht er, wenn's mit dem Platz klappt, sowieso in die Krabbelstube ...«

Frau von Füssen blieb stehen: »Sie wollen doch nicht ernsthaft Ihr zwölf Monate altes Baby einer staatlichen Institution überlassen?« Sie sah mich an, als hätte ich gerade gesagt, ich plane, mein Würmchen in die Babyklappe zu schieben. Sofort fühlte ich mich schuldig. Durfte man ein einjähriges Kind tatsächlich schon in der Krabbelstube abgeben?

»Ehrlich gesagt, ich weiß nicht, ob die Einrichtung überhaupt staatlich oder doch kirchlich ...«

»Also, nein! Ich geb Ihnen Marie.« Sie strahlte mich an. Ich wartete auf eine Erklärung, aber anscheinend verstand sich das Zauberwort »Marie« von selbst, jedoch leider nicht für mich.

Also fragte ich doof nach: »Marie?«

»Ja, Marie! Mein entzückendes Ex-Au-Pair, die kennen Sie doch!« Ich hatte keine Ahnung, von wem sie sprach. Bei von Füssens Armada von Putzfrauen, Gärtnern und Nannys kam ich nicht mehr klar. Außerdem war ich ja schon froh, wenn ich die Namen meiner direkten Nachbarschaft auf die Reihe bekam.

»Meine Marie war doch ewig bei uns und studiert jetzt sogar in Frankfurt. Die hübsche Dunkelhaarige?«

»Ah, ja!« Ich nickte, immer noch völlig ahnungslos.

»Marie ist die Beste! Jeden Freitag, wenn Heini und ich zum Jagdklub ins *Spessart* fahren, passt sie auf meine Mäuse auf. Ich würde die Kinder über Nacht niemand anderem anvertrauen.« Sie legte mir ihre perfekt manikürte Hand auf die Schulter und ergänzte ganz ernst: »Frau Kraus, Marie ist die Erlösung!«

Als ich wieder zuhause war, wusste ich alle wissenswerten Details über den weiblichen Messias namens Marie, aus welchem Elternhaus sie kam, welch fantastische Leistungen sie im Studium erbrachte und dass sie 15 Euro die Stunde absahnte (cash und schwarz auf die Kralle). Stattlich, aber gebeutelte Mamas sind wohl leichte Opfer für Wucherpreise. Wenn ich meine »Auszeiten« geplant hätte, sollte ich mich doch noch mal bei Frau von Füssen melden, sie würde dann alles organisieren ...

Vielleicht sollte ich meine unerklärlichen Ressentiments gegenüber der perfekten Familienmanagerin ja einfach über Bord schmeißen und ihren Rat plus Babysitter dankbar annehmen, dachte ich.

Ein paar Tage später war ich mit dem abendlichen Gassigehen irre spät dran. Es hatte den ganzen Tag wie aus Eimern gekübelt, meine wasserscheuen Hunde hatten gestreikt und waren nur mal kurz fürs Nötigste in den Garten verschwunden.

Mittlerweile war es nach elf Uhr abends, stockdunkel, matschig, aber zumindest von oben trocken, sodass wir eine kurze Runde drehen konnten. Die Nachtwanderung führte uns auch am Grundstück der von Füssens vorbei, durch deren geschlossene Terrassentür ich leise dumpfe Beats vernahm. Hoppla, denen hätte ich eher Blasmusik oder Wagner zugetraut. Die »Vons« schmissen wohl gerade eine kleine Party. Moment, es war doch Freitag! Da traf man sich doch im *Spessart* mit anderen Schießwütigen, die gerne Bambis aßen.

Neugierig stampfte ich über den lehmigen Acker, bis an die hohe Thuja-Hecke, die das Grundstück begrenzte, drückte meine Nase in den Maschendrahtzaun und spannte in einen von exakt getrimmten Buchsbäumen dominierten Garten. Glücklicherweise hatte ich meine Brille auf der Nase und somit scharfe Sicht auf beiden Luken, sodass ich hemmungslos durch das riesige erleuchtete Panoramafenster des Wohnzimmers gaffen konnte. Mühelos entdeckte ich Lena und Louise, drei und fünf Jahre alt, wie sie auf der Couch saßen und hypnotisiert in die Flimmerkiste starrten. Jetzt noch Fernsehen? Jetzt noch überhaupt wach sein? Ich war wie elektrisiert, kletterte mit meinen Gummistiefeln, so gut es ging, über das schmiedeeiserne Tor und schob hektisch Zweige zur Seite, um besser sehen zu können, als die Musik plötzlich lauter wurde. Die Terrassentür war geöffnet worden, drei junge Pärchen spazierten aneinandergekuschelt in den Garten, der schlagartig taghell erleuchtet wurde. Verdammt, an die Fort-Knox-Sicherheitsanlage der von Füssens hatte ich natürlich nicht gedacht. In James-Bond-Manier schmiss ich mich in den Matsch. Shit, hatten die mich gesehen? Oder war ich jetzt sogar in der Hecke hängend auf Band verewigt?

Während meine Hunde um mich herum verwirrt nach den Mäuschen schnupperten, die Frauchen im Acker wohl gerade entdeckt haben musste, versuchte ich hektisch, ihnen die grell blinkenden Leuchthalsbänder auszuziehen. Gerade hielt ich die Dinger siegreich in den Fingern, als es »Klick!« machte und die bewegungsgesteuerten Strahler wieder ausgingen. Ich rappelte mich auf. Es war stockfinster, trotzdem konnte ich auf einer Gartenbank das Glühen einer Zigarette erspähen und vernahm leises Gekicher. Bei den Pärchen handelte es sich definitiv nicht um Isabella von Füssen nebst Gatten und Gefolge! Gepeitscht von meiner Neugier schluckte ich die Angst vor Entdeckung und Blamage herunter und nahm meinen ganzen Mut zusammen, um einen letzten Blick durchs Wohnzimmerfenster zu riskieren. Dort befanden sich, neben ein paar Bierflaschen auf dem Wohnzimmertisch, auch die beiden älteren Füssen-Zwillinge, die sich anscheinend mit Spielkonsolen vergnügten. Ein wenig kam ich mir schon vor wie eine coole CIA-Agentin, aber leider doch viel mehr wie ein ätzender Stasi-Spitzel, der seine Nachbarn ausspähte. Was hatte ich denn schon Skandalöses entdeckt? Die heilige Babysitterin »Marie« hatte sich eben ein bisschen Unterstützung mitgebracht und dabei vergessen, die Kinder ins Bett zu bringen. Okay, Frau »von« würde sicherlich einen Herzkasper bekommen, aber es war ja alles halb so wild. Dachte ich und war schon dabei, den Rückzug anzutreten, als ein äußerst prägnanter Geruch meinen Riechkolben reizte. Wie angewurzelt blieb ich stehen, schnupperte, schlich zurück und bekam gerade noch mit, dass der glühende Glimmstängel wie ein Glühwürmchen von einem zum anderen wanderte. Die feine Gesellschaft zog sich im geschniegelten Garten der Familie von Füssen genüsslich 'nen fetten Joint rein.

Man mag mich für spießig halten, aber stoned vier Kinder zu betreuen, das ging meiner Ansicht nach gar nicht. Schlammverschmiert watete ich entschlossen zurück zur befestigten Straße und kam, mit meinen Hunden als Kavallerie, vor der Haustür der von Füssens zu stehen. Ich klingelte, und die Tür wurde mir, um kurz vor Mitternacht, prompt von den neunjährigen Zwillingen geöffnet.

»Hallo, Linus, hallo, Lennox! Könnte ich mal bitte mit Marie sprechen?«

»Die ist gerade im Garten!« Gut, so viel wusste ich auch. »Könntet ihr sie bitte mal holen?«

Die Zwillinge schauten sich kurz verschwörerisch an. »Okay.« Dann verschwanden beide und ließen die Tür sperrangelweit offenstehen. Es dauerte nur ein paar Sekunden, da kam mir ein zierliches, rappeldürres Schneewittchen entgegen, das mir entfernt bekannt vorkam.

»Ja?«, fragte die junge Dame etwas konsterniert über die nächtliche Ruhestörung mit Blick auf die schmutzige Frau vor der Tür. Unterstrichen wurde das Schauspiel mit kurzem empörtem Blick auf die Armbanduhr.

Bis zu diesem Moment war mir noch nicht ganz klar, was ich dem Früchtchen eigentlich sagen wollte, doch nun stand fest: Das bekiffte Gör würde ich mir kaufen!

Ich griff mir die erschrockene Scheinheilige am Polo-Shirt, zog sie bis auf 30 Zentimeter zu mir ran und zischte leise von oben herab: »Schätzchen, hör mir mal gut zu: In zehn Minuten liegen die Kinder im Bett, und deine Kifferfreunde verpissen sich sofort. Kapiert?«

Marie war stumm und starrte mich nur mit weit offenem Mund und aufgerissenen Kulleraugen an. »Hast du das verstanden?« Die junge Lady nickte wortlos. »Nur, damit du nicht auf dumme Gedanken kommst: Ich bin die böse Nachbarin von schräg gegenüber und hab dich von da oben aus ...«, ich deutete auf das Wohnzimmerfenster meiner Mutter, »... genau im Blick. Läuft das hier nicht zack-zack, rufe ich die Polizei und sage, dass in Anwesenheit von Kindern Drogen konsumiert werden.« Ich lächelte die kreidebleiche Marie zuckersüß an, drehte mich um und spazierte seelenruhig und mit heroischem Gefühl nach Hause. Von meinem Ausguck in der Wohnung meiner Mutter aus beobachtete ich mit größer Genugtuung, wie mehrere Personen fluchtartig das Haus der von Füssens verließen, woraufhin im Obergeschoss, wahrscheinlich in den Kinderzimmern, das Licht anging, um nach etwa zehn Minuten wieder zu erlöschen. Oh ja, ich war sehr zufrieden mit mir, meiner Spionage und meinem Auftritt als böse Hexe. Aber ich musste auch über mich schmunzeln: Gab es tatsächlich irgendwann in einem anderen Leben mal eine Zeit, in der ich die Legalisierung von weichen Drogen für richtig gehalten hatte? Himmel, ich war also doch zum spießigen Muttertier mutiert. Allerdings war ich weit davon entfernt, eine perfekte Mama zu sein, aber die, so wusste ich spätestens seit damals, gab es einfach nicht. Dies war eine unglaublich beruhigende und erleichternde Erkenntnis.

Frau von Füssen erzählte ich nichts von der kleinen Kifferparty ihres Paradebabysitters, nur davon, dass ich geklingelt und die liebe Marie kennengelernt hätte. Aber ich ließ der Krönung der Babysitterzunft regelmäßig herzliche Grüße ausrichten und hatte freitags ein scharfes Auge auf das schicke Haus der von Füssens.

Ich besorgte mir dann selbst einen Babysitter, nicht bilingual und auch nicht »aus gutem Hause«, aber lieb und mütterlich. Und, ich gestehe, ich schaffte mir eine Nanny-Cam an, versteckt in einem Teddybären ...

Ein halbes Jahr später tat ich allerdings etwas wirklich zutiefst Verwerfliches! Ich steckte mein Kind in eine »Einrichtung«, in der es mit neun anderen Pampersträgern von morgens bis nach dem Mittagsschlaf spielen, essen und sich messen konnte. Ein schlechtes Gewissen?

Im Gegenteil, das war tatsächlich die Erlösung, meine beste Entscheidung überhaupt.

Schon in der ersten Woche der Eingewöhnungsphase ließ mein Knirps mein Fingerchen los und lief frei. Monatelang hatte er mich als Rollator missbraucht und mir die tollsten Rückenschmerzen beschert. Doch kaum sah er, dass andere Kinder in der Krabbelstube ohne Rettungsanker liefen, wurde Mamas Finger empört zurückgewiesen. Er lernt dort viele Dinge, die ich allein in Heimbetreuung niemals so hinbekommen hätte. Das Wichtigste ist aber: Er geht gerne zu seinen Mädels in die Krabbelstube, und ich freue mich unglaublich auf meinen Chef, wenn ich ihn wieder abholen darf.

Endlich konnte ich alles, was in den letzten 13 Monaten liegen geblieben war, aufarbeiten. Es ist aber auch einfach zu schön, für ein paar Stunden den Duft der alten Freiheit zu schnuppern, fernab vom Mief des Windeleimers ...

Doch bevor wir unser Kind überhaupt betreuen lassen können, muss es ja erst mal da sein. Also: Zurück auf Los ...

> *Wenn ein Feind dir Böses angetan hat,*
> *schenke jedem seiner Kinder eine Trompete.*
> (aus China)

Teil 2

DIE WICHTIGSTE SCHWEISSARBEIT AUF DER BAUSTELLE: EI MEETS SPERMIUM

So, meine Lieben – haben alle inzwischen ihr Kreuzchen gemacht auf dem Ja-Nein-Vielleicht-Zettel? Bei den Mamas und Schwangeren unter den Leserinnen ist ja sowieso klar, wofür sie sich entschieden haben. Und wenn die anderen noch unentschlossen sind: verständlich. Denn wenn es darum geht, ein Baby zu bekommen oder eben (noch) nicht, ist jede Entscheidung legitim – und richtig! Schließlich haben wir es hier gewissermaßen mit einem Jahrhundertprojekt zu tun – oder immerhin einem, mit dem wir bis zum Ende unseres Daseins auf diesem Planeten zu tun haben werden. Doch ist das Projekt »Baby« beschlossene Sache, heißt es als Nächstes, frei nach Sepp Herberger: Das (kleine) Runde muss ins (große) Runde. Wie der »Ball« Spermium aber letztlich im »Tor« Eizelle landet, dazu gibt es heutzutage nicht mehr nur die Old-School-Strategie in den Laken ...

Ich war mir lange, trotz vieler Gedanken über dieses Thema, nicht sicher, dass ich jetzt unbedingt ein Kind wollte. Meinen Albtraum, kinderlos in die Menopause zu schippern, hatte ich zwar zwischenzeitlich erfolgreich wieder verdrängt. Aber auch wenn mich zunehmend Babys in Verzückung versetzten, gefiel mir mein Leben, so wie es war, ja doch ziemlich gut.

Dennoch ließ ich beim Onkel Doc dann die Hardware checken, allerdings aus einem ganz anderen Grund: Mein noch gar nicht vor so langer Zeit eingesetzter Hormonring zickte rum. Es führte kein Weg daran vorbei: Das Ding musste raus – eine gute Gelegenheit, das Thema »Verhütung« mal ganz neu zu überdenken ...

> *Die Jugend ist etwas Wundervolles.*
> *Es ist eine wahre Schande,*
> *dass man sie an Kinder vergeudet.*
> (George Bernard Shaw)

💬 MIT PEARL AUF DEN INDEX ODER: DIE RICHTIGE VERHÜTUNG IST SCHON DIE HALBE EMPFÄNGNIS, TEIL I

»Da haben wir den Übeltäter!«, verkündete Dr. Schwarz, nachdem er das unscheinbare Stückchen aus weichem Kunststoff aus den Tiefen meines Unterleibs gefischt hatte. Er hielt das Ding mit der Pinzette triumphierend in die Höhe und sah dabei aus wie die Ärzte im Western, die die frisch aus John Wayne oder einem anderen stöhnenden Helden gepulten Kugeln präsentieren. Das Teilchen hatte bisher konstant ein Hormon abgesondert, das das Eindringen einer Samenzelle verhindert – und ganz nebenbei fiese aknöse Pusteln produziert. Trotz angeblich »minimalster« und »nur lokal wirksamer« Hormonmengen hatte ich plötzlich einen Gesichtsstreusel, dass ich für jede Clearasil-Werbung mit Vorher-Nachher-Vergleich gecastet werden konnte. Dazu hätte man dann allerdings für das »Nachher«-Beispiel ein »Vorher«-Foto benutzen müssen. Dieser Umstand war selbstverständlich ein gewisser zusätzlicher optischer Empfängnisschutz, allerdings einer, auf den ich wirklich gern verzichten wollte.

Dem Western-Doc begegnete ich an diesem Tag zum ersten Mal, Dr. Schwarz war die Vertretung meines Haus- und Hof-Gynäkologen Dr. Mangold. Mangold jedoch pfiff gerade auf das nasskalte Frankfurter Herbstwetter und schipperte fernab von Ultraschallgel und Abstrichproben irgendwo in der Südsee herum – zwecks Sabbatical. Der hatte es gut! Weil er Schwarz aber vor seiner Auszeit über den grünen Klee gelobt hatte, kamen bei mir keine Bedenken auf, mich auch seinem Kollegen breitbeinig auszuliefern.

»Sieht alles so weit bestens aus«, resümierte der Ersatzbank-Dottore, nachdem er mich untersucht und ultrabeschallt hatte und ich ihm wieder in voller Montur am Praxis-Schreibtisch gegenübersaß, »aber wir müssen natürlich noch das Ergebnis des Abstrichs abwarten. Soll ich Ihnen zur Verhütung die Pille aufschreiben? Sie hatten damals die ... Moment, ich hab's gleich, verraten Sie's nicht ...«

Er hatte bereits den Rezeptblock gezückt, dynamisch den Kugelschreiber angesetzt und blätterte nun meine Patientenakte durch, um »meine« Marke zu recherchieren.

»Nein, nein, bitte keine Pille mehr.« Wenn schon so ein paar Mini-Hormönchen mich in einen Pickel-Teenie verwandelten, wollte ich mit dem Hardcore-Zeug lieber nix mehr zu tun haben.

»Oh.« Doc Schwarz pustete sich eine Haarsträhne aus der Stirn und ließ den Stift sinken. Dann setzte er plötzlich ein wissendes Lächeln auf. »Ah, Sie planen, ein Baby zu bekommen? Das war mir nicht bewusst, aber Sie haben natürlich recht, in

Ihrem Alter wird es ja langsam Zeit. Dann hätte ich hier eine Broschüre, wie Sie Ihre fruchtba...«

»Nein, nein«, unterbrach ich ihn leicht irritiert. »Ich will kein Baby. Ich will nur keine Pille mehr.« Während ich das sagte, ratterte es hinter meiner Stirn: Was meinte der mit: In meinem Alter wurde es »langsam Zeit«? Der musste sich bei meinem Geburtsdatum verguckt haben, schließlich war ich doch gerade erst – Augenblick, mal eben nachrechnen, seit meinem dreißigsten Geburtstag litt ich an leichter Vergesslichkeit in diesem Punkt –, ach ja, doch immerhin schon 36 geworden! Aber, hey, das war doch heute kein Alter mehr! Ich fühlte mich jung, dynamisch, energetisch. Für Kinder war ja wohl noch Ewigkeiten Zeit. Heute wurden doch fast alle erst um die 40 Mami und bekamen pappgesunde Babys! Sandra Maischberger, Caroline Beil, Kim Basinger, Halle Berry, Tina Ruland, Tatjana Patitz, Helena Christensen ... Die Liste war endlos. Und es gab ja sogar noch Ältere: Carla Bruni bekam mit 43 eine Tochter, Monica Bellucci mit 45, und Ute Lemper brachte mit 48 Jahren ihr viertes Kind zur Welt. Also, Sonya, nur nicht plötzlich in Torschlusspanik verfallen, beruhigte ich mich selbst. Kein Grund zur Panik.

»Was ist mit einer Spirale? Also die ohne Hormone?«, ignorierte ich seine Anspielung und kam ohne Umschweife zum Punkt. Der Gynäkologe sah mich an, als hätte ich gefragt, ob man vom Küssen schwanger werden könne.

»Sie wissen hoffentlich, dass das nicht nur so ein Kunststoffteilchen ist wie das, was ich Ihnen eben entfernt habe? So eine Kupferspirale ist ein richtiges Geschoss. Wenn Sie eventuell doch noch Kinder wollen, würde ich das nicht empfehlen. Es können dabei nämlich gewisse Komplikationen auftreten, und besonders als einer spät Erstgebärenden, die Sie im Falle einer Schwangerschaft ja nun mal wären, möchte ich Ihnen dringend davon abraten.« Moment mal! Hallo? Ging das jetzt die ganze

Zeit so weiter? Schwangerschaft? Spät Erstgebärende? Im Moment war ich überhaupt nicht gebärend! Und zwar schon aus Prinzip! Mit halbem Ohr hörte ich den Doc jetzt im Hintergrund irgendwas von bakteriellen Infektionen und Verwachsungen faseln, die beim Gebrauch einer Spirale auftreten konnten. In meinen Gehirnwindungen echote allerdings mit Sirenenlautstärke sein »eventuell doch noch«. War das jetzt noch professionell-medizinische Sachlichkeit oder schon eine bodenlose Frechheit? Probierte der Arzt hier gerade, mir durch die Blume irgendwas mitzuteilen? Dabei wollte ich keineswegs die Produktion eines Balgs diskutieren, ganz im Gegenteil. Ich wollte nur eine neue Verhütungsmethode OHNE Pickel und OHNE Hormone haben. Punkt. Das konnte doch nicht so schwer zu verstehen sein.

Leider war mein Sprachzentrum offenbar auch ein bisschen schwer von Kapee oder hatte ganz eigene Ideen zum Thema, denn ich hörte mich plötzlich mit Vehemenz sagen: »Also, die Spirale dann auf keinen Fall!«

Dr. Schwarz zog ganz leicht eine Augenbraue hoch. Dann meinte er: »Sagen wir mal so, wenn eine Schwangerschaft für Sie *und auch Ihren Partner* keine Katastrophe wäre ...«

Er machte eine geradezu theatralische Pause und bohrte seinen Blick in mich, als wollte er auf telepathischem Weg herausfinden, ob ich ein Komplott schmiedete, meinem Freund ein Kind unterzujubeln – Männer entwickeln in diesem Punkt ja oft eine ausgeprägte Solidarität. Dabei hatte *er* doch von der Babygeschichte angefangen. Das war mal wieder typisch Mann! Erst wollte er mich zur Mutterschaft drängen, weil es ja »langsam Zeit wird«, dann plötzlich so was. Schizophrenie!

Er fuhr fort: »... also dann gibt es natürlich noch mechanische Methoden. Kondome beispielsweise.«

Kondome? Pariser? Gummis? Lümmeltüten? Ich war seit dreizehn Jahren mit meinem Kerl zusammen, wenn ich jetzt fröhlich mit einem Paket Verhüterlis um die Ecke käme, würde der das als Majestätsbeleidigung ansehen und vermutlich sämtliche horizontalen Aktivitäten mit mir in Zukunft verweigern. Und das Zölibat schwebte mir dann wirklich nicht als Verhütungsmethode vor.

Ich schüttelte den Kopf: »No chance!«

Auch beim Diaphragma winkte ich dankend ab, selbst wenn das in Kombi mit Spermizid-Gel nach Auskunft des Arztes angeblich »extrem sicher« sein sollte. Allein die Vorstellung, vor jeder Nummer ein fleischfarbenes Latex-Schälchen mit Glibber zu bestreichen und mir dann hektisch reinzuwuchten, fand ich in etwa so »sexy« wie die Vorstellung, beim Zahnarzt mit einem Gebissabdruckförmchen im weit aufgerissenen Mund zu warten, bis eine klinisch riechende Masse betonhart geworden war. Mit dem Unterschied, dass beim Zahnarzt anschließend keine heiße Leidenschaft erwartet wurde ...

Der Doc holte hörbar Luft. Vermutlich hatte ich meine Untersuchungszeit schon extrem überzogen, und der Armee Hochschwangerer im Wartezimmer, die nach mir dran waren, blieb ärztliche Betreuung verwehrt. Und das nur, weil sich Blondie Kraus hier gerade wie ein dreizehnjähriger Teenie von Dr. Sommer die Welt der Verhütung erklären ließ, anstatt dafür die *Bravo* zu konsultieren, wie sich das gehörte.

»Na, dann wären da natürlich noch die herkömmlichen Mess-Methoden. Wenn Sie mich fragen: Am besten ist die symptothermale Methode.« Symptowas? Herkömmlich? Ich verstand nur Bahnhof. Schwarz zupfte engagiert eine Broschüre aus einem Plexiglashalter, schlug sie vor mir auf und tippte auf das Bild einer lachenden bebrillten Frau mit Thermometer und Bleistift in der Hand. Das Blättchen wirkte eher wie ein Infoheft des Berufsinformationszentrums als irgendwas, das mit dem Themenfeld »Liebe, Sex und Zärtlichkeit« zu tun hatte.

»Das ist ganz einfach, meine Frau hat die Methode auch angewendet.« Sieh einer an, auf einmal entwickelte der Doktor richtige Begeisterung.

»Dabei messen Sie jeden Morgen zur gleichen Zeit die Temperatur in der Vagina, nach mindestens sechs Stunden Schlaf. Das wird dann in ein Diagramm eingetra...«

Ich musste laut auflachen. Mindestens sechs Stunden Schlaf? Immer zur gleichen Zeit? Ein geregelter Tagesablauf beziehungsweise Nachtschlaf und mein Leben waren ungefähr so wesensverwandt wie Florian Silbereisen und Mick Jagger. Dreh- und Moderationszeiten hielten sich traditionell eher an das Prinzip Chaos und selten an 9 to 5-Schemata. Auch die Vorstellung, mir täglich ein Thermometer einzuverleiben und dann noch Diagramme zu malen, klang in meinen Ohren wenig praxistauglich. Doch Dr. Schwarz fand seinen Vorschlag offenbar spitze und dozierte weiter: »Wenn Sie dazu täglich die Konsistenz Ihres Vaginalschleims kontrollieren und in der so ermittelten fruchtbaren Zeit keinen Sex haben beziehungsweise Kondome benutzen, wenn es ›gefährlich‹ wird ...« (hier zwinkerte er, oder bildete ich mir das ein?) »... ist die Methode wirklich sehr sicher.« Er geriet geradezu ins Schwärmen..

Temperatur messen, Diagramme malen, in Schleim rumstochern und dann trotzdem noch Kondome? Na, herzlichen Glückwunsch, das klang ja wirklich unheimlich praktisch. Möglicherweise musste man seine fruchtbaren Tage zusätzlich auch noch nach dem Mondzyklus auspendeln. Ich seufzte innerlich. Würde ich doch wieder zur Pille greifen müssen? Als hätte ich ihm via Gedankenübertragung das Stichwort gegeben, sagte der Doc triumphierend: »Und die Methode hat einen Pearl Index, der fast so niedrig ist wie der der Pille: 0,5.«

Pearl Index? Pearl? Moment mal, an irgendwas erinnerte mich das. Aber an was? Ich kramte in meinem Gedächtnis. Der

Arzt missverstand meinen grübelnden Blick und erklärte: »Der Pearl Index sagt aus, wie viele von 100 Frauen innerhalb eines Jahres trotz Verhütung schwanger werden. Je niedriger die Ziffer, um so sicherer ...«

»Jepp, jetzt hab ich's!«, rief ich, und schon spielte meine Erinnerungs-Mediathek das angeforderte Filmchen ein:

Eine winterlich-frostige Parkanlage im Frankfurter Westen einige Jahre zuvor. Man sieht meine Freundin Steffi und mich. Wir sind mit dem frisch aus Griechenland importierten Romeo auf Gassigeh-Tour unterwegs. Mein Wald-und-Wiesen-Dobermann-Mischling ist noch ein ziemlicher Heißsporn ohne Manieren – und verschwindet plötzlich hinter dem nächsten Busch. Verzweifelt rufen wir ihn und suchen ihn in nahezu jedem Gebüsch des Parks – bis wir ihn plötzlich entdecken: mit seinem rosa Prachtschwengel eingestöpselt in eine Cockerspaniel-Dame, fröhlich vor- und zurückjuckelnd. Selbstverständlich direkt neben dem Kinderspielplatz, wo bereits einige Mamis mit hochrotem Kopf ihre neugierig herüberlinsenden Sprösslinge mit mundgerechten Bio-Möhren abzulenken versuchen und was stottern von: »Der tut dem anderen Hund nix, die haben sich nur lieb.«

Keine Frage: Hier ist der Ruf der Natur erklungen, und Romeo »Black Magic« Kraus macht gerade seinem Namen alle Ehre.

Den Liebenden wird allerdings das bescheidene junge Glück nicht gegönnt: Ein Typ mit Schnauzbart und Trachtenjanker versucht, meinen Koloss von Rhodos von seiner Gespielin zu trennen, und ruft abwechselnd: »Weg, du Miestvieh« und: »Pearl, Schätzeken, nu komm bei Papa.«

Steffi kichert: »Er heißt Romeo, nicht Papa.« Ich ramme ihr meinen Ellenbogen warnend in die Seite. Doch zu spät, »Papa« ist schon wutschnaubend in unsere Richtung unterwegs. Mit »Ist das Ihrer?« beginnt das Donnerwetter. Wir erfahren, dass wir es hier keinesfalls mit einem gewöhnlichen Cockerspaniel zu tun haben, sondern mit Pearl Patricia von der Silberau. Von adligem Geblüt mit 1A-Stammbaum. Was außerdem kaum zu übersehen ist: Papi Pearl ist voller Panik, dass mein vergnügungssüchtiger »Drecksköter« sein Nobellöckchen schwängert und in ein paar Wochen niedliche buntgemixte Hundecocktails in seinem Wohnzimmer herumspringen – und zwar gänzlich ohne Anrecht auf das klitzekleinste Adelstitelchen.

Diese Befürchtung war allerdings berechtigt, denn die Erfolgswahrscheinlichkeit der Begattung ist beängstigend hoch: Erstens war die Cocker-Lady ganz eindeutig läufig, zweitens war Romeo zu diesem Zeitpunkt noch Besitzer zweier beachtlicher Kronjuwelen, derer er erst nach »Pearl Harbor« beraubt werden würde. Und in die beiden prallen Dinger passte mutmaßlich das Rohmaterial für ein paar Millionen Mini-Romeos ...

Ich musste grinsen. Keine Ahnung, ob Pearl damals tatsächlich zur Vielfach-Mama gemacht wurde. Ich hielt es nämlich für schlauer, mich mitsamt der mühsam einen Lachkrampf unterdrückenden Steffi und meinem sexsüchtigen Vierbeiner schnellstmöglich vom Tatort zu entfernen, um eventuell drohenden horrenden vier- bis sechsfachen Unterhaltsforderungen zu entgehen. Dieser Kelch ging dann zum Glück auch an mir vorüber, aber wahrscheinlich war Pearls »Papi« Verhütungswissenschaftler und hatte sich nach dem Romeo-Zwischenfall die Sache mit dem Index ausgedacht. Romeo-Index hätte mir allerdings besser gefallen ...

»Frau Kraus?«

Dr. Schwarz bewegte seinen Kugelschreiber vor meinem Gesicht hin und her: »Haben Sie gehört, was ich gesagt habe? Sie schienen plötzlich etwas weggetreten.«

»Aye, aye, Sir«, antwortete ich gut gelaunt. »Wiederhole: Je mehr Welpen, desto Pearl.«

Der Gynäkologe musterte mich und mein mutmaßlich grenzdebiles Grinsen skeptisch. Wahrscheinlich überlegte er, ob er mir nicht besser eine Überweisung zum Psychiater schreiben sollte. Im gleichen Moment fiel mein Blick auf das Schwarz'sche Familienfoto auf dem Praxis-Schreibtisch. Und von dem strahlte es gleich fünffach zurück: Mama und Papa Schwarz mit drei Knirpsen: einem etwa sechsjährigen Mädchen mit Zahnlücke, einem Jungen um die vier und einem etwa halbjährigen Baby.

Ich deutete auf das Bild: »Öhm ... Scheint mir ja wirklich *extrem* sicher, die Verhütungsmethode Ihrer Frau.«

Jetzt liefen Doktor Schwarz' Ohren tomatenrot an: »Nein, nein, ähm, die Methode funktioniert ja auch umgekehrt: Wir haben sie zur Familienplanung verwendet.«

»Ah, verstehe, Besamung nach Stundenplan.« Ich zwinkerte dem Doc zu, und seine Ohren wurden noch röter. Wahrscheinlich verfluchte er, das private Bild hier für alle sichtbar aufgestellt zu haben, nach meinem Abgang würde es bestimmt sofort in der Schublade verschwinden.

»Haben Sie nicht was EINFACHES?«, erlöste ich ihn aus seiner Verlegenheit. »Und sagen Sie jetzt nicht Coitus interruptus. Ein bisschen sicherer darf es schon sein.«

Dr. Schwarz atmete erleichtert auf: »Äh, ja, vielleicht ist das hier ja was für Sie ...« Er kramte hektisch in seiner Schublade. Dann legte er etwas Weißes auf den Schreibtisch, das aussah wie ein dickes Brillenetui. Ich hoffte dringend, dass ich mir dieses Ding nicht einführen sollte.

»Ein Verhütungscomputer, der die Hormone im Urin misst«, erklärte er. »Da hatte ich gerade eine Schulung zu, eine hervorragende Idee.«

Schwarz ließ das Etui aufschnappen. Zum Vorschein kam eine Art Mini-Cockpit mit Digital-Display und einem herausnehmbaren Stäbchen, das aussah wie ein moderner Schwangerschaftstest. (Spätestens *das* hätte mich misstrauisch machen sollen.)

»Und wann muss man das Pipi messen?«, erkundigte ich mich. »Vielleicht täglich morgens um die gleiche Zeit nach mindestens sechs Stunden Schlaf?«

»Absolut nicht: Sie können so viel oder wenig schlafen, wie Sie wollen, messen müssen Sie nur acht Mal während eines Zyklus, und für jede Messung haben Sie ein Zeitfenster von sechs Stunden.« Und begeistert fuhr er fort: »Der Computer gibt Ihnen dann grünes Licht, wenn Sie nicht befruchtet werden können, bei Rot müssen Sie noch zusätzlich was benutzen ...«

Ich überlegte. Sechs Stunden Zeit und ein Ampelsystem für ganz Doofe – das sollte selbst ich hinkriegen.

»Und der Computer irrt sich nie?«, bohrte ich nach.

»Zu 94 Prozent sind die Ergebnisse zuverlässig. Und Pickel kriegen Sie davon garantiert nicht.«

»Gebongt«, verkündete ich. »Sie sind erlöst.«

Tatsächlich sah mein Doc sehr erleichtert aus, als ich ihn aus dem Verhütungs-Verhör entließ. Und auch ich war erleichtert: eine Lösung, wie für mich maßgeschneidert. Bye-bye Clearasil! Und mit diesen Gedanken trabte ich brav zur Apotheke und zerstand für knapp 90 Euro das erste und vermutlich letzte Hightech-Verhüterli meines Lebens ...

Tja, wenn ich damals etwas genauer nachgedacht hätte, wäre mir möglicherweise aufgefallen, dass 94 Prozent zwar erst mal nach viel klingt, aber umgekehrt eine Schwangerschaftswahrscheinlichkeit von 6 Prozent in einem Jahr bedeutet – ein Pearl Index von 6. Ergo: Sechs Frauen würden trotz Verhütung innerhalb von zwölf Monaten schwanger werden. Aber in Mathe war ich eben noch nie so richtig gut.

Beim Eiskunstlauf kommt nach der Pflicht die Kür, beim Elternwerden ist es genau umgekehrt. Kulinarisch ausgedrückt: Das süße Dessert wird zu Beginn der Menüfolge serviert. Wenn wir uns mit unserem Liebsten entschlossen haben, das Verhüterli im hohen Bogen in den Mülleimer zu befördern, heißt es in vielen Fällen: Softporno ab. Wenn man wie ich erst 20 Jahre auf Pille und dann auf Hormonring war, ist es ein faszinierendes Erlebnis, plötzlich pünktlich zum Eisprung animalische Gelüste nach wildem, hemmungslosem Sex zu haben. Da fackelt selbst in, drücken wir uns diplomatisch aus, lange gereiften Beziehungen plötzlich wieder ein Erotik-Feuerwerk der Sonderklasse ab. Ich kam mir vor wie eine rollige Katze, und das will was heißen.

> *Vater werden ist nicht schwer,*
> *Vater sein dagegen sehr.*
> *Ersteres wird gern geübt, weil es allgemein beliebt.*
> *Selbst der Lasterhafte zeigt, dass er gar nicht abgeneigt;*
> *nur will er mit seinen Sünden keinen guten Zweck verbinden.*
> *Sondern, wenn die Kosten kommen,*
> *fühlet er sich angstbeklommen.*
> *Dieserhalb besonders scheut er die fromme Geistlichkeit,*
> *denn ihm sagt ein stilles Grauen:*
> *Da sind Leute, welche trauen.*
> (Wilhelm Busch)

Freundinnen haben mir erzählt, dass sie vor allem der Gedanke, dass beim Schnackseln »tatsächlich was passieren« kann, gekickt hat. Übrigens ein weiterer Beweis dafür, dass sich Erotik auch in unserem Birnchen abspielt. Wir haben es also mit einem ähnlichen Mechanismus zu tun, wie ihn Extremsportler vom Klettern ohne Sicherung oder Rallyefahren von Paris nach Dakar her kennen. Und damit die Baby-Rallye auch bald von Erfolg gekrönt ist, kommen hier die:

TIPPS FÜR DEN BESCHLEUNIGTEN BAUBEGINN – DOPING FÜR DEN UTERUS

Man könnte es fast so formulieren: Fruchtbar kommt von Frucht und Fortpflanzung von Pflanze. Okay, Sie dürfen mich jetzt Queen Kalau nennen. Trotzdem steckt in dem albernen Spruch mehr als nur ein Körnchen Wahrheit.

> Eine gesunde Futterbasis mit vielen knackfrischen pflanzlichen Lebensmitteln ist nämlich nicht nur eine der Quellen blühenden Aussehens, sondern auch eine der Fruchtbarkeit – und zwar, bitte aufhorchen, nicht nur für die Mutti in spe, sondern für beide potenziellen Elternteile!

Paare, die um Grünzeug, Nüsse und Obst einen großen Bogen machen und sich stattdessen täglich triefende Pommes und nährstofffreie Kekse reinpfeifen, an fettigen Koteletts knabbern und dazu literweise Bier zischen und Limo schlürfen, dürfen sich nicht wundern, wenn sie nicht nur irgendwie fahl aussehen, sondern es auch mit dem Nachwuchs nicht klappt. Zum ständigen Salat- und Gemüseschnipseln haben Sie keine Zeit? Ich auch nicht! In meinem Buch *Baustelle Body* habe ich Strategien zusammengestellt, wie man sich sogar als grundsätzlich kochfauler Mensch (wie ich einer bin) ohne viel Aufwand supergesund ernähren kann. Das ist schon mal eine Spitzenbasis. Trotzdem, wenn wir uns ein Baby wünschen, sind ein paar Vitamine, einige Mineralien und ein paar bestimmte Lebensmittel noch ein bisschen wichtiger als andere. Hier kommt darum die ultimative

Platz 1: Folsäure

Der unangefochtene Star, wenn es um die Familienplanung geht. Folsäure ist ein Vitamin der B-Gruppe, das in Gemüse, Obst, Milchprodukten, Eigelb und Blattsalaten steckt. Was aber viele nicht wissen: **Die Fruchtbarkeit erhöht den Folsäurespiegel nur beim Mann!** Wenn unser Daddy-Kandidat einige Zeit vor dem Zielschießen viele Lebensmittel futtert, die das Wunderstöffchen enthalten, erhöht sich nach einer Studie der kalifornischen Universität Berkeley die Qualität der Spermien, weil die Zahl von Spermien mit Gendefekten um bis zu 30 Prozent sinkt. Dadurch steigt einerseits die Wahrscheinlichkeit einer Befruchtung, gleichzeitig sinkt auch das Risiko, ein Kind mit Down-Syndrom zu bekommen (bisher nahm man an, dass dafür allein das Alter der Frau ausschlaggebend sei). Außerdem gibt es so seltener Fehlgeburten. Tja, wer hätte das gedacht?

Aber auch wenn sich die weibliche Fruchtbarkeit durch Folsäure nicht erhöht, wird Frauen mit Kinderwunsch dringend empfohlen, schon einige Monate *vor* einer geplanten Schwangerschaft auf ihren Folsäurespiegel zu achten. Der Grund dafür: **Der Folsäurebedarf ist von Beginn der Schwangerschaft an stark erhöht.** Also bereits zu einer Zeit, wenn wir oft noch gar nix von unserem Mama-Glück wissen, aber schon wichtige Entwicklungen in unserem Bäuchlein vor sich gehen. Folsäure sorgt für eine reibungslose Zellteilung und schützt unter anderem vor sogenannten Neuralrohrdefekten wie dem lebensgefährlichen offenen Rücken oder der Lippen- und Gaumenspalte. Blöderweise ist das Star-Vitamin furchtbar hitzeempfindlich und wird beim Kochen zerstört.

Und weil es schon mal ziemlich schwierig sein kann, täglich kiloweise ultrafrisches ungekochtes Grünzeug zu essen, empfehlen die meisten Ärzte die Einnahme eines Folsäure-Präparats – und zwar 800 Mikrogramm täglich schon mindestens vier Wochen vor der geplanten Empfängnis (oder 400 Mikrogramm bereits zwölf Wochen vorher), weil sich die Konzentration im Blut erst einmal auf dem richtigen Level einpendeln muss.

Achtung, Achtung: Ein Folsäure-Präparat sollte unbedingt nur vor der Schwangerschaft und in den ersten drei Monaten eingenommen werden. Wer es länger schluckt, erhöht nach einer neuen Studie der Uni in Adelaide, Australien, das Risiko, dass das Kind später an Asthma erkrankt.

Platz 2: Zink

Zink rockt das Ei! **Damit eine Eizelle überhaupt so weit heranreifen kann, dass sie befruchtungsfähig wird, braucht sie Zink.** Außerdem ist Zink an der Bildung von Sexualhormonen beteiligt. Zink ist darum eines der wichtigsten Mineralien überhaupt bei Babywunsch. Ein Mangel daran kann sich in unregelmäßigen Monatsblutungen zeigen. Später in der Schwangerschaft ist der Bedarf an besagtem Spurenelement ebenfalls stark erhöht. Und **auch unsere kleinen Freunde, die Spermien, brauchen Zink!**

Relativ viel Zink steckt in Sonnenblumenkernen, Cashewkernen und Paranüssen. Außerdem in Hafer- und Weizenflocken – allerdings sind Mineralien aus Getreide für den Organismus leider nur eingeschränkt bis überhaupt nicht verwertbar. Ferner ist Zink in Leber jeder Art und anderen Fleischsorten enthalten. Problem hierbei: Einigen neueren Studien zufolge kann ein zu hoher Fleischkonsum aber die Fruchtbarkeit beeinträchtigen (und bereits Schwangere sollten wegen des zu hohen Vitamin-A-Gehalts auf keinen Fall Leber essen). Ein Zink-Präparat ist darum möglicherweise nicht die dümmste Idee. Das sollte man allerdings weder mit Milch (wegen des darin enthaltenen Kalziums, einem Zink-Gegenspieler) noch zusammen mit dem nächsten Kandidaten schlucken. Der da wäre:

Platz 3: Pflanzliches Eisen

Überraschung! Eine Studie der Uni Harvard kam zum Ergebnis: Nicht das für den Körper besser erschließbare Häm-Eisen aus

Fleisch, sondern offenbar nur das **Eisen aus pflanzlichen Nahrungsmitteln macht uns Mädels fruchtbarer**. Ja, liebe Veggies: Fetter Gummipunkt für Euch! Leider macht diese bahnbrechende Erkenntnis das pflanzliche Eisen, das zum Beispiel in Fenchel, Kohl, Blattsalat und Kräutern steckt, nicht besser verwertbar. Darum sollten Frauen, die schwanger werden wollen, zum Salätchen immer ein großes Glas Fruchtsaft trinken, um per Extraportion Vitamin C die Eisen-Ausbeute zu steigern. Blöderweise binden auch Milchprodukte pflanzliches Eisen – wohl der Grund, weshalb Veganer überraschenderweise oft besser mit Eisen versorgt sind als Vegetarier. Also Salat und Gemüse besser ohne Käsewürfel und Sahnesauce genießen. Außerdem beeinträchtigen Getränke wie Kaffee, Schwarz- oder Grüntee die Aufnahme von Eisen stark, darum besser kein Espresso direkt nach dem Essen und stattdessen lieber ein gemütliches Kaffee-Päuschen mit Käsesahne am Nachmittag – denn ganz auf Milchprodukte zu verzichten ist auch nicht schlau, wie der folgende Punkt zeigen wird.

In der Schwangerschaft ist der Eisenbedarf ebenfalls extrem erhöht. **Trotzdem sollten Eisen-Präparate immer nur nach Rücksprache mit dem Doc eingenommen werden –** zu viel davon ist nämlich giftig und kann Infektionen begünstigen. Ebenfalls gut zu wissen: Eisen nie zusammen mit Zink, Kalzium oder Magnesium einnehmen, die blockieren sich gegenseitig.

Platz 4: Vollfett-Milchprodukte

Top-News für die Schleckermäuler unter uns! **Vollmilch, Sahne, Sahneeis, Sahnetorte, Vollfett-Joghurt, Käsekuchen, Doppelrahm-Frischkäse – wer all diese wunderbar cremigen Leckerchen mindestens (!) einmal täglich genießt, erhöht statistisch gesehen seine Aussichten, schwanger zu werden.** Allerdings sind die kalziumreichen Verführer auch ziemliche Kalorienbömbchen, darum sollte man die Gesamtenergiezufuhr im Auge behalten. Vorsicht: Deswegen jedoch bitte keinesfalls auf fettreduzierte Milchprodukte zurückgreifen, die haben nämlich sogar einen negativen Effekt auf die Fruchtbarkeit: Frauen, die besonders viele fettarme Milchprodukte aßen, hatten überproportional häufig das Problem eines ausbleibenden Eisprungs. Zu diesem Ergebnis kam eine langjährige Studie der Uni Harvard. Warum das so ist, konnten die Forscher leider nicht beantworten. Interessanterweise scheint die gesteigerte Fruchtbarkeit durch fette Milchprodukte nichts mit deren Kalziumgehalt zu tun zu haben, denn das steckt ja auch in den fettarmen Produkten. Trotzdem haben wir es hier bereits mit einem der nächsten wichtigen Stöffchen zu tun:

Platz 5: Dreamteam Kalzium und Magnesium

Kalzium macht die Scheidenflora alkalisch. Und so ein Klima **wirft den Turbo bei zu Besuch vorbeischwimmenden Spermien an**. Die putzigen Kaulquäppchen dümpeln dann nicht faul vor sich hin, sondern machen sich in strammer Formation auf Richtung Ei. Das Mineral steckt in vielen Gegenden bereits im Leitungswasser: Der fiese Kalk in den Leitungen ist nämlich nichts anderes als eine Kruste aus Kalzium- und Magnesiumsalzen. Wem die Versorgung über die Stadtwerke zu schwankend ist, kann auf kalzium- und magnesiumreiches Mineralwasser zurückgreifen. Falls wir Milchprodukte zur Kalziumversorgung essen, dann aber bitte fette (siehe Platz 4).

In seiner Wirkung wird Kalzium von Magnesium unterstützt. Praktisch: Oft werden Kalzium und Magnesium im Kombipaket geliefert. Viel von beidem befindet sich in Brokkoli, fast allen Kohlsorten und grünen Blattgemüsen wie Mangold oder Spinat. Extrem viel Magnesium (und auch ein bisschen Kalzium) steckt in Cashewkernen, Erdnüssen und Walnüssen, außerdem in Bananen, Kartoffeln und Schwarzwurzeln. Bei den Magnesium-Stars sollte auch unser Männe reinhauen: **Magnesium unterstützt die Mobilität der Spermien**. Übrigens: Die lange vertretene Ansicht, dass Magnesium und Kalzium nicht zusammen aufgenommen werden dürfen, weil sie sich angeblich gegenseitig aufheben, gilt nach neuen Studien als widerlegt. **Kleiner Tipp für Süßmäuler: Ein leckeres Kalzium-und Magnesiumbömbchen sind getrocknete Feigen**.

WAHRHEIT ODER MYTHOS: KOSTET JEDE SCHWANGERSCHAFT DIE MUTTER EINEN ZAHN?

Hört sich nach Aberglaube an, hat aber einen wahren Kern: Bei einer Kalzium-Unterversorgung in der Schwangerschaft ist das nicht so abwegig. Kalzium wird unter anderem für Wachstum und Knochenaufbau des Babys benötigt. Wenn wir jetzt nicht genügend Vorräte haben, zieht Mutter Natur das benötigte Kalzium knallhart aus Mamis Skelett ab, auch aus den Zähnen – gleichzeitig erhöht sich unser Osteoporose-Risiko. Also lieber rechtzeitig futtern!

Platz 6: Seefisch

Zweimal wöchentlich Fisch aus dem Meer zu futtern ist eine Spitzenidee, wenn wir schwanger werden wollen. Seefisch und Meeresfrüchte enthalten **Jod**, das die Schilddrüsenhormone reguliert, die eine wichtige Rolle bei unserer Fruchtbarkeit spielen. Und die Fischmahlzeiten sollten wir im »Erfolgsfall« auch gleich beibehalten: Fetter Fisch wie Lachs, Hering oder Makrele enthält nämlich **Omega-3-Fettsäuren**, die für eine reibungslose Gehirnentwicklung des Babys enorm wichtig sind. Außerdem kam eine dänische Studie zum Ergebnis, dass Fischfreundinnen viel seltener Fehlgeburten erleiden. Unserem Liebsten sollten wir dabei etwas abgeben: **Omega-3-Fettsäuren verbessern nach einer Studie der Uni Illinois die Beweglichkeit der Spermien deutlich** – jedenfalls bei männlichen Mäusen. Okay, ein Mäuserich ist kein Menschenmann, aber die Forscher vermuten, dass sich die Resultate auch auf Menschen übertragen lassen. Falls Sie Angst haben wegen der Schwermetall- und sonstigen Belastung von Seefisch:

Eine brandneue Untersuchung der schwedischen Uni Lund kam zum Ergebnis, dass die Vorteile des Fisches immer die Nachteile ausstechen. Oder anders gesagt: Fisch ist so ultragesund, dass die Belastung wenig ausmacht. Achten Sie aber beim Kauf bitte auf das Bio-Siegel (z. B. bei Zuchtlachs) oder das MSC-Zeichen des Marine Stewardship Council für umweltschonende Fangmethoden.

Sie mögen keinen Fisch oder sind Vegetarier? Dann ist die Anwendung von **Jodsalz** eine gute Idee. Eine prima pflanzliche Omega-3-Quelle ist zum Beispiel in einer kleinen Handkaffeemühle **frisch geschroteter Leinsamen**. Im bereits geschroteten sind die gesunden Fettsäuren schon lange oxidiert und unwirksam geworden. Omega-3-Leinöl gibt's aber auch bequem in Kapselform.

FRAGEN SIE IHREN ARZT (NICHT NUR DEN APOTHEKER)

Sie haben's gemerkt: In der Hitliste der Fruchtbarkeitssubstanzen kommen einige vor, die es auch als Nahrungsergänzungsmittel gibt. Die meisten davon kann man sogar relativ gefahrlos auf Verdacht einwerfen, weil ein eventuelles Zuviel wieder ausgeschieden wird. Das schadet dann nur unserem Geldbeutelchen, aber nicht unserem Body. Andere – speziell Eisen – sollte man allerdings nur einnehmen, wenn ein Mangel besteht. Und wer kann den feststellen? Genau: Ihr Dottore! Lassen Sie beim Arzt alle wichtigen Werte bestimmen. Dann können Sie ganz gezielt zu Werke gehen.

Platz 7: Sex

Ja, Sie lachen! Aber lachen Sie nicht zu viel: Neben der Binsenweisheit, dass ein Baby nun mal in den meisten Fällen beim Sex gezeugt wird, hat der australische Gynäkologe David Greening aus Sydney festgestellt, dass es nix Besseres für die Spermaqualität gibt als tägliches (!) Schnackseln. Das steht früheren Ideen entgegen, dass unsere Jungs extra mal ein paar Tage abstinent sein sollten, um mit dicken Eiern das volle Rohr abfeuern zu können. **Schon nach einer Woche Popp-Kur geht die Zahl beschädigter Spermien um 12 Prozent zurück**, mit Tendenz zur weiteren Reduktion der, äh, Ausschussware. Viel Spaß!

Platz 8: Ein Gläschen in Ehren ...

Jepp, richtig gelesen! Das ist das Ergebnis einer riesigen dänischen Erhebung mit 39.000 (!) Schwangeren: **Ein Glas Wein** (ausdrücklich KEIN Bier oder anderer Alkohol) **am Tag scheint die Fruchtbarkeit zu fördern**. Falls Sie jetzt verunsichert sind, ob das denn richtig sein kann, geht es Ihnen wie mir zunächst. Im Internet geistert nämlich auf Baby-Seiten eine ebenfalls dänische Studie herum, die zum Schluss gekommen war, dass wir Alkohol meiden sollten wie der Stürmer die Abseitsfalle, wenn wir schwanger werden wollen. Diese Anti-Alk-Studie von 1998 hatte aber diverse Haken: Sie war mit nur 430 Frauen nicht nur sehr viel kleiner angelegt, es wurde insbesondere vor Studienbeginn auch nicht geklärt, ob die Teilnehmerinnen möglicherweise aus anderen Gründen unfruchtbar waren. So kann es sein, dass sich eben gerade diese Mädels freiwillig gemeldet haben, weil sie sich wunderten, warum »es« bei ihnen nicht klappt. Das war wohl auch einer der Gründe, dass 2001 dann die viel umfangreichere neue Studie – zum Teil durchgeführt von denselben Forschern – gestartet wurde. 2003 wurden die Ergebnisse übrigens noch einmal bestätigt. Der Reproduktionsmediziner Dr. Robert Jansen von der Uni Sydney schließlich hat alle derzeit verfügbaren Studien zum Thema Alkohol und Fruchtbarkeit verglichen und bewertet. Und auch er kommt zu dem Schluss: An der Ein-Glas-Wein-am-Tag-Theorie ist was dran! Na, dann: Prösterchen! Aber **Achtung: Wir reden hier logischerweise von VOR der Schwangerschaft!**

So! Nun wissen wir also, was bei uns auf den Teller (oder ins Pillendöschen) kommen sollte, um unseren Luxusbody fit für eine Schwangerschaft zu machen – und die Spermien unseres Bestäubers zu unbesiegbaren Superhelden, die auf dem Weg zum Ei nicht zu stoppen sind. Allerdings gibt's leider auch einiges, was wir nicht mehr oder zumindest weniger konsumieren oder tun sollten.

DAS GEHT AN DIE BAUSUBSTANZ: HITLISTE DER FEINDE DER FRUCHTBARKEIT

Platz 1: Besser ohne Soja

Soja wird immer beliebter, und besonders Vegetarier und Veganer greifen gern auf diese Eiweißquelle zurück. Doch leider gerät das einstige Wunderstöffchen immer mehr in Verruf! Nicht nur, weil die meiste Soja, die nicht ausdrücklich ein Bio-Siegel trägt, mittlerweile genetisch verändert ist und für den Anbau riesige Wälder zerstört werden (das sind nur zwei weitere gute Gründe, das Futtern von Soja zu überdenken): **Für unsere Fruchtbarkeit ist Soja in jeder Form richtig schädlich!** Man könnte fast sagen, dass das Zeug so eine Art Bio-Pille ist. Eine Studie des King's College in London kam zum Ergebnis, dass schon winzigste Mengen Soja das Scheidenmilieu so verändern, dass die Spermien auf ihrem Weg zur Eizelle viel zu früh ihre höchste Aktivität erreichen – und darum bereits vor der Befruchtung schlappmachen. Sie »kommen« quasi zu früh! Schuld daran ist der in der Soja enthaltene Stoff Genistein. **Darum sollten Frauen mit Babywunsch unbedingt an und vor den fruchtbaren Tagen auf Soja verzichten.** Das Zeug ist logischerweise in allen Sojaprodukten wie Sojamilch und Tofu enthalten, aber auch in vielen anderen vegetarischen Produkten, außerdem in vielen Fertiggerichten und – oje! – in Pizza. Pizza also lieber selbst backen und bei allen Fertiggerichten und Fertigprodukten immer brav die Zutatenliste studieren.

Soja ist aber noch aus einem anderen Grund ungünstig bei Kinderwunsch, denn darin ist Phytinsäure enthalten. Womit ich direkt beim nächsten Punkt angelangt bin ...

Platz 2: Achtung bei Vollkorn und Hülsenfrüchten

Richtig gelesen! Der Sockel des einstigen Stars der Öko-Ernährung wackelt. Vollkorn in Brot oder Müsli und auch Vollkornreis enthalten nämlich, wie Soja, große Mengen Phytinsäure. Gleiches gilt für Hülsenfrüchte, etwa Bohnen. Phytinsäure ist nicht grundsätzlich »böse«, im Gegenteil: Sie reguliert den Blutzuckerspiegel und kann nach neuesten Forschungen sogar Krebszellen unschädlich machen. Aber blöderweise bindet die Säure auch die Mineralien im Vollkorn, und die brauchen wir nun mal gerade. Noch blöder: Die Säure blockiert außerdem die Aufnahme weiterer, gleichzeitig mit anderen Lebensmitteln aufgenommener Mineralien.

Was nun? Keine Sorge! Für solch knifflige Fragen haben Sie ja Ihre Ernährungsberaterin Frau Dr. Sonya! Und die rät: **Kaufen Sie in einer Bio-Bäckerei ein, und greifen Sie zu einem mit natürlicher Sauerteigführung gebackenen Vollkornbrot.** Während der Teig bei diesem Verfahren gaaaanz langsam aufgeht, wird nämlich die Phytinsäure chemisch zum großen Teil abgebaut. Juhu! Bei industriell hergestelltem Supermarkt-Sauerteigbrot (auch solchem mit Bio-Siegel, das sagt meistens nur etwas über die Herkunft der Zutaten aus) gilt das leider nicht, denn da wird der Teig im Schnellverfahren »bebrütet«, und die Phytinsäure bleibt erhalten.

Dass nicht halb Asien bereits ausgestorben ist, liegt übrigens daran, dass man dort erstens gar nicht so viel Soja isst, wie angenommen wird, und das, was konsumiert wird, kommt hauptsächlich in fermentierter Form auf den Tisch, etwa als Sojasoße oder fermentierter Tofu – und beim Reifeprozess der Fermentierung wird Phytinsäure abgebaut.

Hülsenfrüchte wie Bohnen und Vollkornreis weicht man am besten über Nacht ein: Das baut die Säure zumindest zum Teil ab und verkürzt die Kochzeit um eine halbe Stunde. Wer zu lästiger Einweicherei keine Muße hat (wie ich), für den gibt es in puncto Reis eine gute Nachricht. **Die Lösung heißt: Parboiled Reis.** Parboiled Reis wird mit einem Dampfverfahren so behandelt, dass ein großer Teil der Vitamine und Mineralstoffe ins Korninnere geschleust wird. Erst danach wird das Reiskorn geschält und damit die Phytinsäure entfernt, denn die steckt in der Schale. Und, voilà, schon haben wir ein Reiskorn mit fast allen Mineralien, aber ohne Phytinsäure. Genial!

Platz 3: Zu viel Alkohol

Jaja, ich weiß, eben hieß es noch, dass sich ein Gläschen Wein am Tag positiv auf die Fruchtbarkeit auswirkt (mit »Glas« ist übrigens nicht der Halbliter-Humpen vom Oktoberfest gemeint), und jetzt das? Des Rätsels Lösung: Wie immer ist die Dosis entscheidend. In Mini-Mengen kommt der (nicht schwangere) Körper mit Alkohol gut klar, und der Nutzen überwiegt. Ab Glas zwei sind wir bereits im neutralen Bereich, und alles darüber hat definitiv immer einen negativen Einfluss auf unseren Körper. Unsere, wie es so schön heißt, Reproduktionsorgane sind da besondere Mimöschen; und wer regelmäßig zu viel Alkohol trinkt, kommt sogar früher in die Wechseljahre!

Aber nicht nur die potenzielle Mutti sollte bei dem einen Gläschen Wein am Tag bleiben. Der Mediziner Joachim Klose fand im Rahmen einer Studie am Institut für Humangenetik der Berliner Charité heraus, dass Väter (!), die im Monat vor der Zeugung ziemlich tief ins Glas (oder eher die Flasche) geschaut hatten, Kinder bekamen, die im Schnitt 137 Gramm leichter waren als Durchschnittsbabys. Wären die Kleinen zu früh auf die Welt gekommen, wäre das geringere Gewicht lebensbedrohlich gewesen. Wie das möglich ist? Nach brandneuen Erkenntnissen der sogenannten Epigenetik wirken sich Umwelteinflüsse auch auf Spermien aus: Die »Verpackung« der Gene kann sich verändern, was zwar nicht den genetischen Code umschreibt, aber vorhandene Gene an- und ausschalten kann.

Platz 4: Rauchen

Muss ich nicht viel zu sagen, oder? **Das Rauchen, auch schon von zwei, drei Flüppchen am Tag, bringen unzählige Studien mit**

einer verminderten Fruchtbarkeit in Verbindung – das gilt übrigens für Weiblein wie Männlein, denn auch Spermien reagieren mimosig auf Gequalme. Raucherinnen kommen außerdem im Schnitt früher in die Wechseljahre. Nicht schön! Und dass in der Schwangerschaft überhaupt nicht geraucht werden sollte, ist hoffentlich klar. Also: **Lieber gleich aufhören!** Ganz nebenbei spart man so ruck, zuck das Geld für den Buggy zusammen.

Platz 5: Zu viel Sport (oder zu wenig)

Schon wieder eine Überraschung! Sport kann man doch gar nie genug machen – oder etwa nicht? Antwort: Nicht ganz, die Dauer plus Intensität machen es! Bei einer über zehnjährigen Studie an der University of Science and Technology im norwegischen Trondheim mit 3.000 Frauen im gebärfähigen Alter kam raus: **Die Mädels, die fast täglich bis zur Erschöpfung sportelten, hatten sehr viel größere Probleme, schwanger zu werden.** Und jetzt kommt's: Der Hardcore-Sport hatte noch gravierendere Auswirkungen auf die Fruchtbarkeit als das Alter der Frauen oder Laster wie Rauchen! Schuld ist wahrscheinlich wieder mal ein (eigentlich cleveres) Steinzeitprogramm, das nach dem Motto funktioniert: *Alarm, Alarm: Die Chefin ist auf der Flucht, braucht alle Reserven für sich selbst. Schwangerschaft wäre jetzt extrem ungünstig. Deshalb: Fruchtbarkeit vorübergehend einstellen.* Die positive Nachricht: Sobald das Hochleistungsprogramm runtergefahren und auf moderat umgestellt war, wurden die Damen auch schnell schwanger (falls es keine anderen Probleme gab). Die Studienleiterin erklärte in einem Interview: »Wir glauben, dass sich beim Thema Schwangerschaft und Sport sowohl zu intensives als auch gar kein Training negativ auf die Fruchtbarkeit von Frauen auswirkt.« Es gibt es also keine Ausrede, jetzt zur Couch-Potato zu mutieren. Sich gelegentlich auszupowern ist keine Katastrophe, und regelmäßiger moderater Sport von maximal einer Stunde täglich hilft, dem nächsten Risikofaktor für verminderte Fruchtbarkeit vorzubeugen:

Platz 6: Zu viel Speck auf den Hüften (oder zu wenig)

Mädels, vergesst die superdicken Fruchtbarkeitsgöttinnen: Zu viel Speck macht definitiv weniger fruchtbar. Der Grund: Im Fettgewebe wird der Botenstoff Leptin produziert. Haben wir zu viel davon, führt das zu einem Östrogen-Überschuss. Auch wenn das im ersten Augenblick ja bombe klingt, schubst ein Zuviel an Östrogen den Hormonhaushalt genauso aus der Balance wie ein Zuwenig. Auf der anderen Seite bekommen magersüchtige Mädels oft ihre Tage nicht mehr und sind unfruchtbar. So lange, bis die Ernährung wieder vernünftiger wird. Hier war übrigens gerade das Stichwort versteckt: **vernünftige Ernährung!** (Okay, es waren zwei.)

Ein absolutes No-Go für Frauen, die schwanger werden wollen, sind Radikaldiäten und der damit verbundene Jo-Jo-Effekt. Dann geht das Östrogen rauf und runter, rauf und runter ... Eine Strapaze für den Körper und fast eine Garantie dafür, dass erst mal kein kleiner Untermieter bei uns einzieht. Der beste Weg, um Über- wie auch Untergewicht loszuwerden ist eine – sorry, ich hab mir das nicht ausgedacht – langfristige Ernährungsumstellung. (Wie die auch für Kochmuffel realisierbar ist, können Sie z. B. in meinem Frühwerk *Baustelle Body* nachlesen.)

Platz 7: Zu viel Koffein

An der Bohnenbrühe scheiden sich die Forschergeister. Eine gründliche spanische Studie der Uni Alicante hat den Zusammenhang von Koffeinkonsum und Schwangerschaftswahrscheinlichkeit untersucht. Die Spanier kamen auf einen Grenzwert von 500 Milligramm am Tag. Mehr Koffein erhöht im Schnitt die Wartezeit auf eine Schwangerschaft. Eine Reihe anderer Studien kommt auf einen etwas vorsichtigeren Grenzwert von 300 Milligramm. Wer unter diesem Level bleibt, ist auf der sicheren Seite. Zur Info: Eine Tasse Filterkaffee enthält bis zu etwa 230 Milligramm Koffein, Instantkaffee deutlich weniger, nämlich nur um die 85 Milligramm. Ein Tässchen Espresso bringt es schon auf 50 bis 100 Milligramm. Schwarzer Tee enthält pro Tasse nach drei Minuten Ziehzeit bis zu etwa 45 Milligramm, nach einer Minute nur rund 33 Milligramm. Und nicht vergessen: Cola, Kakao und dunkle Schokolade enthalten ebenfalls Koffein, Cola bringt es dabei auf circa 10 Milligramm in 100 Millilitern.

Nach erfolgreicher Befruchtung sollte dann nach neuesten Erkenntnissen (leider) möglichst gar kein Koffein konsumiert werden: Eine neue britische Studie der Uni Leeds mit 2.645 Frauen förderte nämlich einen Zusammenhang zwischen niedrigerem Geburtsgewicht und Kaffee- bzw. Teegenuss in der Schwangerschaft zutage. Für Kinder, die zum errechneten Termin oder später das Licht der Welt erblicken, sind zwar ein paar Gramm mehr oder weniger relativ schnuppe – aber bei Frühchen können schon 60 Gramm über Leben und Tod entscheiden.

Platz 8: Zu viele Proteine

Am Colorado Center for Reproductive Medicine haben Forscher festgestellt, dass eine allzu proteinreiche Ernährung die Fruchtbarkeit beeinträchtigt, weil sie die Einnistung des Eis erschwert. In den Fällen, in denen es trotzdem zunächst klappte, gab es häufiger embryonale Fehlentwicklungen und Fehlgeburten. Nun ja, zumindest war das bei den Mäusemädchen so, mit denen der Versuch durchgeführt wurde. Eine Mäusedame ist nun natürlich eine Mäusedame und kein Mensch. Außerdem sind zu wenige Proteine ebenfalls schädlich (das wies wiederum eine britische Studie an Rattendamen nach). Trotzdem rät der Leiter der Colorado-Studie, Dr. David Gardner, Frauen mit Kinderwunsch, dass höchstens 20 Prozent der täglichen Nahrung aus Proteinen bestehen sollten. **Damit dies nicht auf Kosten des für die Fruchtbarkeit und die Embryonalentwicklung wichtigen Seefisches und der an gesunden Fettsäuren reichen Nüsse geht, bleibt als Buhmann vor allem ein Kandidat: Fleisch aller Art!** Wer allerdings nicht gerade nach dem »Fleisch ist mein Gemüse«-Prinzip lebt, Dauerkunde bei Mäckes oder Mr. Gyros ist und sich ganzjährig Grillexzessen hingibt, sollte eigentlich locker unter dem 20-Prozent-Richtwert bleiben können. Auch hier gilt wieder: Das richtige Maß macht's.

Platz 9: Zu viel Chemie

Militante Öko-Jünger können einem schon manchmal auf den Zeiger gehen – trotzdem komme ich immer mehr zu dem Schluss: Bio hat seine Berechtigung, gerade in puncto Babywunsch. Eine große dänisch-amerikanische Studie kam zum Ergebnis, dass die weitverbreiteten Chemikalien Perfluoroctansäure (PFOA) und Perfluoroctansulfonat (PFOS) die Fruchtbarkeit attackieren. Je mehr von dem teuflischen Zeugs im Blut nachzuweisen war, umso schwieriger wurde es für die Teilnehmerinnen an der Studie, schwanger zu werden. Leider sammelt sich beides über die Jahre im menschlichen Organismus an. Ergo: Je früher man also allem aus dem Weg geht, was diese Substanzen enthält, desto besser. Dazu gehören zum Beispiel mit Teflon beschichtete Pfannen und Töpfe. Zerkratztes Teflon sollte man sofort entsorgen, aber auch intakte Beschichtungen geben bei hohen Temperaturen die fiesen Chemikalien ab. Darum Töpfe und Pfannen immer nur mit Inhalt erwärmen – das verhindert eine Überhitzung. **Noch besser aber: Zum Kochen auf Keramik, feuerfestes Glas und Gusseisen umsteigen.** Auch Lebensmittelverpackungen und Plastikdosen können belastet sein, darum immer alle Lebensmittel vor dem Erhitzen umfüllen und Fertiggerichte meiden. Vorsicht übrigens auch bei Reinigungsmitteln oder Pestiziden, etwa auf gespritztem Obst. Und als wäre das nicht schon doof genug, ist noch eine weitere Substanz ein echter Spielverderber, nämlich der Weichmacher Bisphenol A (BPA). BPA greift in den Hormonhaushalt ein und ist besonders während der Schwangerschaft gefährlich. Der Mist steckt in Lebensmittelverpackungen, Plastikflaschen, Konserven- und Getränkedosen, außerdem – neben vielem anderen – in Kleber, Nagellack und Zahnfüllungen aus Kunststoff. Das Zeug steht im Verdacht, Fehlgeburten auszulösen und im Embryo generationenübergreifende Gendefekte zu verursachen. Was lernen wir also daraus? Genau: Bio ist besser, und frische Lebensmittel schlagen aufwändig verpackte Supermarktpackungen und »Dosenfutter« um Längen.

Platz 10: Zu viel Stress

Bei Stress sinkt die Lust auf Sex! Stress signalisiert unserem Body nur eins: *Gefahr im Anzug! Alles bereit machen zur Flucht!* Die Muskeln und Energiereserven werden mobilisiert, gleichzeitig wird die Verdauung zurückgefahren – und auch die Fortpflanzungsorgane haben erst mal Pause. Logisch, denn schön ineinandergestöpselt wären unsere Vorfahren ein gefundenes Fresschen für den Säbelzahntiger gewesen. Wer aber stressbedingt weniger Lust hat, poppt auch weniger, und die Babywahrscheinlichkeit sinkt. Also: Take it easy!

Hervorragend geeignet, um kreisende Gedanken zu stoppen, Adrenalin runterzufahren, Trauerkloß-Stimmungen vorzubeugen und nebenbei auch noch die empfohlene moderate Bewegung zu bekommen, ist ein täglicher Spaziergang. Glauben Sie mir: Ich bin (nicht nur) Hundemami – ich weiß, wovon ich rede.

~~LAST~~ NEXT EXIT BABY: WAS TUN, WENN'S NICHT KLAPPT MIT DEM KLAPPERSTORCH?

Puh! Ich gebe zu: Früher hatte ich wirklich keinen Schimmer, was alles so Einfluss darauf nimmt, was im Wunderwerk unseres Luxusbodys passiert. Man macht sich einfach wenig Gedanken, solange alles fluppt (oder man kein Buch schreiben will, in dem es ums Kinderkriegen geht). Sollte es mit dem Nachwuchs aber trotz grundsätzlich gesunder Lebensweise einfach nicht klappen, kann das ziemlich frustrierend sein. Leider führt das oft zu Verkrampfung und Stress – und das ist eben der Fruchtbarkeit alles andere als zuträglich (siehe oben). Doch halt! Bevor wir teure Maßnahmen ergreifen, gibt's ein paar simple Sachen, die man ausprobieren kann und die zuweilen wie von Zauberhand den gewünschten Erfolg bringen können. Schritt Nummer eins ist logischerweise:

DER HARDWARE-CHECK

Der Frauenarzt Ihres Vertrauens sollte zunächst klären, ob hinter dem verzögerten Klapperstorch-Besuch ein anderes Problem steckt. Das könnten zum Beispiel sein:

- verklebte Eileiter
- ein Schilddrüsenproblem
- eine Endometriose (d. h. eine schmerzhafte chronische Erkrankung, bei der Gebärmutterschleimhaut außerhalb der Gebärmutterhöhle auftritt)
- eine Infektion, etwa mit Chlamydien
  und natürlich noch einiges mehr. Außerdem kann der Gyn einen Eierstock-Scan machen. Das gibt einen Anhaltspunkt, ob noch genügend Eier vorhanden sind – naht die Menopause, schrumpfen nämlich die Eierstöcke. In diesem Fall wird's möglicherweise tatsächlich knapp. Und nicht zu vergessen: Es kann auch an unserem Männe liegen! In einem Spermiogramm kann der Onkel Doktor feststellen, wie es um die Menge und Qualität des kostbaren Glibbers unseres XY-Chromosomenträgers bestellt ist.

IST VATIS LETZTER TROPFEN AUCH EIN EDLER?

Dass die gemeine Bio-Uhr in uns Frauen tickt, weiß jeder. Dass Kerle theoretisch noch im Methusalemalter Papi werden können auch – die Zeitungen sind schließlich voll von »späten Vätern«, Jean Pütz bis Uli Wickert lassen grüßen. Brandneu ist darum für viele die Erkenntnis, dass auch die Spermaqualität mit dem Alter deutlich sinkt! Der US-amerikanische Forscher Andrew Wyrobek fand heraus, dass das Sperma älterer Männer mehr DNA-Brüche aufweist und außerdem Genveränderungen, die beim Nachwuchs zum Beispiel Kleinwuchs oder Fehlbildungen hervorrufen können. Merke: Auch lange gelagerte Tropfen können ungenießbar werden.

Der Trick mit dem naturidentischen Progesteron

Beim Studien- und Bücherwälzen bin ich auf etwas sehr Interessantes gestoßen. Immer mehr Ärzte sind der Ansicht, dass etliche unserer Mädelsprobleme wie PMS, Migräne und eben auch vermeintliche Unfruchtbarkeit durchaus auf Progesteron-Mangel zurückzuführen seien! Das Hormon Progesteron wird unter anderem vom Gelbkörper produziert, der »Hülle«, die das Ei nach dem Eisprung zurücklässt. Unter anderem sorgt ein ausreichender Level an Progesteron für einen regelmäßigen Zyklus und für die Einnistung eines befruchteten Eis – logisch, dass ein Mangel bei Kinderwunsch suboptimal ist. Darum sollte bei ungewollter Kinderlosigkeit unbedingt am 21. Zyklustag der Progesteron-Spiegel getestet werden. Die spannende Frage lautet: Gibt es von besagtem Hormon im Verhältnis zu anderen Hormonen wie Östrogen oder Estradiol zu wenig? Wenn ja: Bingo! Hier liegt sehr wahrscheinlich der Grund, dass es bisher nicht geklappt hat. Eine Therapie mit einem Gel, das – ganz wichtig! – naturidentisches (!) Progesteron enthält, kann offenbar rappzapp helfen. Bei richtiger individueller Dosierung sogar ohne Nebenwirkungen!

Der Zusatz »naturidentisch« oder »bioidentisch« ist aber wichtig, nur das garantiert, dass das Hormon die gleiche Molekülstruktur hat wie dasjenige unseres Körpers. Künstliche Progestine und Progestagene (die leider oft irreführend ebenfalls »Progesteron« genannt werden, weil sie an den gleichen Rezeptoren andocken) sind von den Pharmaherstellern auf Molekularebene veränderte Design-Versionen des Progesterons. Das wird zum Teil gemacht, um das Zeug patentieren (und damit mehr Geld verdienen) zu können oder um Spezialwirkungen zu erzielen, zu denen das echte Hormon nicht in der Lage ist. Diese veränderten Versionen stehen jedoch teilweise im Verdacht, das Krebsrisiko zu erhöhen. Für naturidentisches Progesteron gilt das *nicht* – das haben diverse Studien gezeigt.

Trotzdem: Auf keinen Fall auf eigene Faust rumdoktern! Wird nämlich Progesteron zu hoch dosiert, reichert es sich im Körper an – und das Zuviel verwandelt sich in Östrogen, was wiederum das Verhältnis der beiden ungünstig beeinflusst. Es ist obendrein wichtig, dass die Schilddrüse von einem Arzt gecheckt wird, denn Progesteron steht in enger Wechselwirkung mit den Schilddrüsenhormonen. Einziges Problem: Leider kennen sich (noch lange) nicht alle Gynäkologen mit naturidentischen Hormonen aus – gerade Kassenärzte haben schlicht für Fortbildungen keine Zeit. Und da kein Mediziner irgendwas empfiehlt, das er nicht kennt, tun manche aus Unwissen die Progesteron-Therapie ab und befürworten möglicherweise vorschnell eine künstliche Befruchtung (mit der sie, nebenbei bemerkt, auch deutlich mehr verdienen). Deshalb: Nicht beirren lassen, zu härterem Tobak können wir immer noch greifen, wenn die Sache mit dem Progesteron nicht funzt! Eine Liste mit Ärzten, die mit naturidentischen Hormonen arbeiten, finden Sie zum Beispiel im Buch *Natürliche Hormontherapie* von Annelie Scheuernstuhl und Anne Hild. Infos und weitere Kontakte gibt es außerdem auf folgender Website: www.hormonselbsthilfe.de.

WIE DIE PILLE UNS AN DER NASE HERUMFÜHRT ODER: DER DUFT DER WAHRHEIT

Lass mich an Deinem T-Shirt schnuppern, und ich sage Dir, ob ich ein Kind von Dir will! Quatsch? Ist aber keiner: Mitte der Neunziger ließ der Wissenschaftler Dr. Claus Wedekind Mädels zum ersten Mal an Männer-T-Shirts schnuppern, die ihre Besitzer mit ihrem Körpergeruch »beduftet« hatten – bei strengstem Deo- und Duftwässerchen-Verbot. Die Probandinnen mussten dann sagen, welche T-Shirts sexy rochen und welche nicht.

Vorher hatte der Forscher den MHC aller Teilnehmer an der Studie bestimmt, sowohl den der Supernasen als auch den der T-Shirt-Spender. MHC? Hallo? Ich gebe zu, ich musste das auch erst nachschlagen. MHC steht für Major Histacompatibility Complex. So nennt sich eine Gruppe von Genen in unserem Erbgut, die für die Immunabwehr zuständig ist.

Wissenschaftler sind der Auffassung: Je unterschiedlicher die MHCs einer Frau und eines Mannes sind, desto besser ist ein gemeinsames Baby, dessen MHC sich aus denen der Eltern zusammensetzt, gegen Krankheiten geschützt. Einige Forscher vermuten auch, dass Paare mit sehr ähnlichen MHCs Schwierigkeiten haben könnten, ein Kind zu bekommen, oder es im Fall einer Schwangerschaft häufiger zu Fehlgeburten und Komplikationen kommt – jedenfalls gibt es Untersuchungsergebnisse, die darauf hindeuten.

Andererseits ist auffällig, dass bei Paaren mit wiederholten Fehlgeburten häufig bestimmte Zelloberflächen-Antigene (HLA-Antigene) genau übereinstimmten.

Was das mit den T-Shirts zu tun hat? Jede Menge! Die Probandinnen fanden nämlich die T-Shirts besonders scharf, die zu Kerlen gehörten, deren MHC sich besonders von ihrem eigenen unterschied. Also genau der Jungs, mit denen als Partner vermutlich der gesündeste Nachwuchs zu erwarten war. Ein cleverer Schutzmechanismus von Mütterchen Natur! Alarmierend war allerdings: Nur die Frauen, die *nicht* die Pille nahmen, hatten dafür ein Näschen. Die Mädels, die die Pille schluckten, fanden ausgerechnet die T-Shirts am erotischsten, deren Besitzer ihnen (immun)genetisch am ähnlichsten waren. Gar nicht gut für gemeinsame Babys! Wissenschaftler Wedekind, dessen T-Shirt-Versuch im Laufe der Jahre noch mehrmals wiederholt und bestätigt wurde, vermutete, dass sich dadurch, dass die Pille dem Körper eine Schwangerschaft vorgaukelt, die Duft-Vorlieben zwecks Nestbau in Richtung »Familie« – also genetisch ähnlichen Menschen – verschiebt.

Und was schließen wir daraus? Exakt! Wenn wir bereits »auf Pille« waren, als wir uns in unseren Schatzi verliebt haben, ist es leider möglich, dass ein, zwei Problemchen auftreten, wenn wir schwanger werden wollen. Zum Beispiel, dass wir unser Herzblatt nach Absetzen der Pille nicht mehr riechen mögen – weil er auf einmal aus heiterem Himmel eher nach Brüderchen als nach heißem Stecher duftet.

Andersrum gilt: Falls wir die Pille erst eingeworfen haben, *nachdem* wir schon mit unserem Kerl zusammen waren (und uns vielleicht gewundert haben, wohin plötzlich die Lust entschwunden ist), kann es sein, dass das Absetzen der Pille endlich wieder zu verschärften Bedingungen führt.

Aber nicht nur wir Frauen werden an der Nase rumgeführt: Männer finden uns »in natura« – also ohne Pille – auch viel heißer. Forscher der University of New Mexico in Albuquerque haben über mehrere Monate hinweg die Trinkgelder von Stripperinnen mit ihrem Zyklus verglichen. Am meisten Dollars bekamen die Frauen vor und an ihren fruchtbaren Tagen zugesteckt, zu anderen Zeitpunkten war es deutlich weniger. Und hier kommt der Knaller: Die Ladys, die mit der Pille verhüteten, bekamen im Schnitt am wenigsten Tip von allen. Zufall? Wohl kaum.

Mein ganz persönliches Fazit aus Forschungsergebnissen wie diesen: Mit hormonellen Verhütungsmitteln ist nicht zu spaßen, denn sie haben noch ganz andere Nebenwirkungen als die, die auf dem Beipackzettel stehen. Ich bin inzwischen Fan von nicht-hormonellen Verhütungsmethoden – auch wenn die wiederum ihre eigenen Tücken haben (hierzu später mehr).

DOKTOR, DOKTOR – ICH WILL EIN KIND VON DIR!

Nein, die Rede ist nicht von einem schwülstigen Frauenarzt-Romänchen à la »Dr. Stefan Frank, der Arzt, dem die Frauen vertrauen«, sondern vom manchmal letzten Weg, doch noch zum eigenen Baby zu kommen: dem medizinischen. Was der Onkel Doc macht (oder machen kann), hängt natürlich auch davon ab, wo das Problem liegt (und manchmal auch davon, wie die Gesetzeslage ist). Künstliche Befruchtung gibt es in verschiedenen Ausführungen:

Mit Einführhilfe: Bei Jungs oder Mädels, die nicht »normal« schnackseln können – zum Beispiel, weil sein Schwänzlein zu kurz ist oder ihre Vagina zu eng (das gibt's wirklich, nennt sich Vaginismus) oder er Probleme hat, in ihr zu kommen, kann der Samen vom Dottore direkt in den Gebärmutterhals injiziert werden. Andere Variante: Das gute Zeug wird in einer Plastikkappe vor den Muttermund gepappt – auch als »Bechermethode« bekannt. Beide Verfahren fallen unter den Begriff **Insemination**. Der Vorteil: Sie sind unkompliziert und können von jedem Gynäkologen in seiner Praxis durchgeführt werden (oder auch von uns zuhause, siehe unten).

Mit Einspritzer (I): Eine **intrauterine Insemination** ist schon etwas mehr Action. Dabei wird der speziell aufbereitete Samen mit einer Kanüle direkt in die Gebärmutter gespritzt. Außerdem wird die Eireifung hierbei meistens extra hormonell stimuliert, um die Erfolgschancen zu verbessern. Weil dabei oft mehrere Eizellen heranreifen und der Doktor nicht beeinflussen kann, wie viele davon befruchtet werden, gibt es hier ein erhöhtes Risiko von Mehrlingsschwangerschaften. Reifen in einem Zyklus zu viele Eizellen heran, wird darum nicht »besamt«.

VIEL SEX ERHÖHT DEN ERFOLG
DER REAGENZGLAS-BEFRUCHTUNG!

Wie bitte? DAS hab ich auch gedacht. Es klingt völlig verrückt, aber alles deutet darauf hin: Paare, die ein Baby per künstlicher Befruchtung bekommen wollen, sollten vor und nach der Labor-Bestäubung trotzdem im Bett die Fetzen fliegen lassen – und dabei auf keinen Fall verhüten. Der Grund: Das Sperma enthält Substanzen wie Antigene und Enzyme, die bei der In-Vitro-Fertilisation komplett fehlen, aber offenbar eine wichtige Rolle spielen. Diese Stoffe »briefen« den mütterlichen Körper, die väterlichen Zellen, aus denen der Embryo nun mal zur Hälfte besteht, nicht als Fremdkörper abzustoßen, sondern als erwünschten Gast zu tolerieren. Man könnte auch sagen: Das Sperma liefert wichtige Ausweispapiere für den Embryo, die ihn vor dem Rausschmiss aus dem gelobten Land schützen!

Geschüttelt, nicht gerührt: Wenn die einfacheren Methoden nicht fluppen, ist möglicherweise eine **In-vitro-Fertilisation** notwendig, kurz: IVF. Übersetzt heißt das »Befruchtung im Glas«. Das ist, vorsichtig ausgedrückt, ein klitzekleines bisschen mehr Alarm. Dabei werden zunächst die Eierstöcke über einige Zeit mittels künstlicher Hormongabe stimuliert, anschließend in einer Mini-OP einige reife Eizellen entnommen und im Reagenzglas mit einer großen Portion Sperma gemixt. Nach geglückter Befruchtung in diesem hochprozentigen Cocktail werden zwei bis maximal drei Eizellen eingepflanzt. Klingt relativ harmlos, geht aber oft mit ziemlicher seelischer Belastung einher, denn die Erfolgsrate bei der IVF liegt bei etwa 30 Prozent – es kann also sein, dass drei bis vier Versuche notwendig sind, es leider gar nicht klappt oder Mami gleich mit Mehrlingen gesegnet wird. Dass viele Stars, wie Julia Roberts, Mariah Carey, Angelina Jolie oder J.Lo, spätgebärend ausgerechnet zweieiige Zwillinge zur Welt bringen, mag natürlich reiner Zufall sein. Oder auch nicht ... Künstliche Hormone können außerdem starke PMS-ähnliche Symptome verursachen. In Österreich und in den Niederlanden ist eine spezielle Art der IVF erlaubt: der **Blastozystentransfer**. Dabei werden nicht, wie in Deutschland, achtzellige Embryonen in die Gebärmutter eingesetzt, sondern man wartet einige Tage bis zum sogenannten Blastozystenstadium. Wenn der Embryo so »alt« ist, ergibt sich eine deutlich größere Chance, dass eine Schwangerschaft zustande kommt.

Mit Einspritzer (II): Hat unser Vati in spe nicht genügend Sperma, kann eine – Achtung, Zungenbrecher – **intracytoplasmatische Insemination** vorgenommen werden (ICSI). Auf Deutsch: Es handelt sich um fast das gleiche Verfahren wie bei der IVF, mit dem Unterschied, dass eine ausgewählte Samenzelle in eine Eizelle injiziert wird. Wissenschaftler sind sich nicht sicher, ob so gezeugte Babys nicht mit Spätfolgen zu rechnen haben, weil dabei die Eizelle gezwungen wird, ein Spermium zu akzeptieren – und nicht selbst den besten »Kandidaten« auswählen kann. Bisher scheinen alle auf diese Weise zustande gekommenen Babys allerdings nicht ungesünder zu sein als per »normaler« IVF gezeugte. Allerdings gibt es Forschungen, die darauf hindeuten, dass künstlich gezeugte Babys später aber immerhin eher zu verschiedenen Krankheiten wie Bluthochdruck oder Diabetes neigen könnten. Erfahrungswerte gibt es jedoch noch nicht: Das älteste Retortenbaby, die Britin Louise Joy Brown, ist gerade mal Mitte 30.

Die gesetzlichen Krankenkassen in Deutschland übernehmen leider (momentan) nicht die kompletten Kosten für künstliche Befruchtungen, sondern nur 50 Prozent und auch die nur für drei Versuche. Außerdem müssen die werdenden Eltern über 25 und verheiratet (!) sein. Die Mutter darf bei Behandlungsbeginn nicht über 39 und der Vater nicht über 49 Jahre alt sein. Die Kosten, die man selbst übernehmen muss, liegen pro IVF zwischen etwa 1.500 und 2.000 Euro, bei einer ICSI sogar noch etwa 1.000 Euro darüber. Unverheiratete und ältere Paare, die nicht privat versichert sind, zahlen – tata! – alles selbst. Und die Kosten einer Fertilisation per Samenspende eines Dritten werden weder von der gesetzlichen noch von der privaten Krankenversicherung übernommen. Das führt mich zu:

HEY, BIG SPENDER? SAMEN-SHOPPING, EI-EINKAUF UND DAS KLEINGEDRUCKTE

Ein Katalog mit Schnuckelchen von Top-Model-Format, unter jedem Bild das Ergebnis des selbstverständlich überdurchschnittlich bestandenen IQ-Tests – und aus diesen Kandidaten dürfen wir uns das Leckerli casten, dessen Luxus-Samen unser anspruchsvolles Ei befruchten soll. Hatten Sie sich eine Samenspende in etwa so vorgestellt? Ich jedenfalls hatte es. Leider muss ich Ihnen eine traurige Mitteilung machen: Is nich.

Das tiefgefrostete Ejakulat unseres Big Spenders wird von der Samenbank aus dem Eisfach gepflückt, nachdem der Doc die spärlichen Kriterien durchgegeben hat: Mr. X soll dem zukünftigen sozialen Vater in äußerlichen Merkmalen ähneln – wie Haut-, Haar- und Augenfarbe – und einen vergleichbaren Bildungsstand haben. Damit das Kind nicht aussieht wie Boris Becker, wenn Daddy eher der Typ »Roberto Blanco« ist oder umgekehrt. Das war's dann aber auch schon. Hübsch oder hässlich, Schlaumi oder Dummerle, alles ist theoretisch drin. Hier bekommt man den Kater im bzw. *aus* dem Sack.

Kleines Trostpflästerchen: Nicht jeder Spacko mit Omnipotenz-Fantasien wird als Samenspender zugelassen, die Jungs haben einige Bedingungen zu erfüllen. Sie müssen zwischen 18 und 39 sein, Sperma von Spitzenqualität absondern, kerngesund sein, drogenfrei, und in ihrer Familie dürfen in den letzten drei Generationen keine vererbbaren Krankheiten aufgetreten sein.

Viele Samenbanken rekrutieren ihre Hobbyhengste außerdem per Aushang an Unis – die Chance, dass »uns Vaddi« immerhin ein gesundes Menschenmännchen mit Abi ist, stehen also gut.

Zumindest, wenn wir zu den Glücklichen gehören, die in unserer »fortschrittlichen« Heimat Deutschland überhaupt als samenspendenwürdig gelten. Bitte festhalten: Nach einer Richtlinie der Bundesärztekammer müssen Frauen, die eine Samenspende aus einer offiziellen Samenbank erhalten möchten, verheiratet sein – und zwar mit einem Mann – oder in einer festen heterosexuellen Beziehung leben. Lesbische Frauen mit eingetragener Partnerschaft gelten gesetzlich blöderweise nur als »verpartnert«. Ob auch diesen Mädels eine Samenspende zusteht, ist umstritten. Derzeit wird die Sache nur von wenigen mutigen Ärzten unterstützt und dann auch nur per »Bechermethode« – der simpelsten Technik von allen. Singlefrauen bleibt allerdings selbst die verwehrt. Da kann ich nur sagen: Bye-bye Gleichberechtigung, hello Diskriminierung!

Das Prinzip »Diskriminierung« gilt aber auch für Eizellspenden. Frauen, deren Eierstöcke zum Beispiel aus Krankheitsgründen keine Eier abgeben, haben die ultimative Ätsch!-Karte gezogen. Denn ein Arzt, der ein Spender-Ei besorgt und einsetzt, wird (in Deutschland) automatisch zum Kriminellen. Ein zwischenzeitlich gefälltes Urteil des Europäischen Gerichtshofes, das besagte, dass es sich dabei um eine nicht zu begründende Ungleichbehandlung handle, weil ja Samenspenden nun mal erlaubt sind, wurde sofort wieder rückgängig gemacht. Ah ja.

BAUSTELLENVERLEGUNG INS AUSLAND? LEIHMUTTERSCHAFT UND IHRE HAKEN

Nicole Kidman hat's getan, Sarah Jessica Parker auch: Sie haben ihre jüngsten Kinder per Leihmama austragen lassen und konnten nach neun Monaten völlig schmerzfrei ein eigenes Baby in die Arme schließen – selbstverständlich mit unveränderter Top-Figur und undemoliertem »Love Channel«. Wobei das wohl eher selten die Gründe sind, eine Leihmutter zu engagieren. Für Frauen, die aus medizinischen Gründen kein Kind austragen können oder bei denen Komplikationen wahrscheinlich sind (wie bei Mrs. Kidman) wird ein sonst unlösbares Problem gelöst. Der Haken: In Deutschland und in vielen anderen Ländern ist die Sache strengstens verboten. Wer nun jedoch auf die glorreiche Idee kommt, das Kind im Ausland austragen zu lassen, sollte lieber gleich mit auswandern: Ein bayrisches Paar strandete mit seinen von einer Leihmama in Indien ausgetragenen Zwillingen vor den deutschen Grenzen. Das Problem: In Indien galten die Kinder als deutsch, nach deutscher Rechtsprechung ist hingegen immer die Frau die Mutter, die die Babys geboren hat – also die Inderin. Bei Anwendung deutschen Rechts waren die Eltern also nicht die Eltern, sondern mit gekidnappten Kindern unterwegs, auch wenn es sich bei den Kleinen genetisch um ihre eigenen handelte ...

Eine weitere mögliche Komplikation, die auftreten kann: Die Leihmutter überlegt es sich anders, rückt das Kind nicht raus, kommt nach Deutschland und klagt hier auf Unterhalt. Mein Tipp deshalb, solange die Sache bei uns nicht zu 100 Prozent legal ist: Unbedingt Pfötchen weg vom Experiment »Leihmami«.

SELBST IST DIE FRAU: DER WEG ZUM EIGENEN BABY FÜR SINGLES, LESBISCHE PAARE UND ANDERE »OUTCASTS«

Die als Mama in deutschen Landen unerwünschten Mädels haben nun mehrere Möglichkeiten. Sie können etwa mühsam nach den paar Robin-Hood-Ärzten fahnden, die sie trotz strittiger Lage »besamen«. Sobald aber eine In-vitro-Fertilisation gemacht werden müsste oder ein Spender-Ei vonnöten ist, bleibt nur die »Flucht« ins Ausland: Die Preise schwanken hier von Klinik zu Klinik und von Behandlung zu Behandlung zwischen 3.000 und 20.000

Euro. Also sich unbedingt vorher detailliert informieren und Angebote vergleichen. Kosten für Reise und Unterkunft kommen noch hinzu. Kleiner Trost: Zum Glück muss niemand gleich bis in die USA jetten. Als unkompliziert in Sachen Sperma-Shopping gelten zum Beispiel Belgien und Frankreich, Spanien ist für Eizellentransfers bekannt. Die toleranten Niederlande sind bei lesbischen Paaren beliebt, Singles zieht es nach Dänemark. Letzteres ist auch das einzige Land der Welt, in dem man eine vollkommen anonyme Samenspende bekommen kann. Überall sonst hat das Kind, sobald es volljährig wird, die Möglichkeit, seinen leiblichen Vater ausfindig zu machen. An dieser Stelle eine kleine Warnung an meine männlichen Leser: Falls Ihr Euch (außerhalb von Dänemark) mit dem beliebten Hobby »einhändiges Palmwedeln« die Uni finanziert – Samenbanken locken mit bis zu angenehm verdienten 1.000 Euro monatlich – kann es in 18 Jährchen dicke kommen. Dann nämlich, wenn es an der Haustür klingelt und mehrere Fußballmannschaften unisono »Hallo Papa!« rufen. Denn es ist noch nicht abschließend geklärt, ob nicht auch Kinder von Samenspendern Unterhaltsansprüche gegenüber Letzteren haben.

REICH MIT DEM RICHTIGEN SAMENSPENDER?

Als eine süße rotgelockte Mini-Ausgabe eines bekannten Tennisstars auf internationalen Titelseiten auftauchte, im Buggy geschoben von ihrer dunkelhäutigen Mama Angela Ermakova, war klar: Leugnen zwecklos, Bum-Bum hat seinem Spitznamen alle Ehre gemacht! Seitdem weiß jeder, dass es angeblich den Tatbestand des »Samenraubs« gibt. Damals aber fragte nicht nur ich mich: *Das* geht? Und wenn ja – wie? Oder haben die doch gepoppt? Gerüchten zufolge schärfen die Trainer unserer Bundesliga-Vereine ihren hochbezahlten Jungs heutzutage ein, benutzte Kondome nach One-Night-Stands unbedingt an sich zu nehmen und den brisanten Sondermüll »groupiesicher« zu entsorgen – man weiß ja nie.

Ein anderer Promi, der sich mit dem Thema »War doch nur Blasen« bestens auskennt, ist ebenfalls kürzlich ungewollt Vater einer Tochter geworden: Hugh Grant. Das wirft die politisch höchst unkorrekte Frage auf: Hat man als Frau tatsächlich ausgesorgt, wenn man nur den richtigen Spender im Lendenbereich anzapft? Die Antwort wird die Goldgräberinnen unter meinen Leserinnen enttäuschen: Nicht mehr, zumindest nicht in Deutschland. Zwar ist jeder Kerl für sein Kind zahlungspflichtig, egal, wie es entstanden ist – für die Mama muss er allerdings nur löhnen, bis der oder die Kleine drei Jahre alt und damit kindergartenreif ist. Argument der Gerichte: Jetzt kann Muddi ja wieder voll arbeiten. Dabei spielt es keine Rolle, ob die Mutter und der Vater nicht verheiratet sind. Diese Regelung gilt übrigens auch nach einer ganz normalen Trennung für Nichtpromis. Wie eine alleinerziehende Mutter die Sache mit dem Vollzeitjob, dem Haushalt und dem Kind allerdings wuppen soll, wenn Vati komplett untertaucht, ist mir schleierhaft – aber das erklären die Richter leider auch nicht.

Do it yourself – Sonyas kleiner Werkzeugkasten für die Selbstbefruchtung

Ja, Leute, so sieht's aus. Wundert sich irgendwer noch, wieso Deutschland der Nachwuchs fehlt? Aber bevor die Betroffenen ihr Konto mit den hart erarbeiteten Kröten plündern, rate ich als Sparfüchsin und begeisterte Heimwerkerin selbstverständlich erst mal zur Do-It-Yourself-Methode. Denn dank meiner zahlreichen Freunde in rosaroten Sphären weiß ich: Mit ein paar hilfreichen Werkzeuglein und cleveren Tricks sind schon viele Singles und/oder »Queerschläger« zu Eltern geworden ...

Unser Werkzeug: Zunächst besorge sich die zukünftige Mama in der Apotheke oder im Internet das James-Bond-Kit für die

Heimbefruchtung: ein **Home Insemination Set** mit Käppchen für den Muttermund, Spritze, spermafreundlichem Gleitgel und allem Pipapo. Genauso funktional: **eine Spritze** ohne Nadel oder ein **Diaphragma**. Ein Diaphragma kann nämlich zweckentfremdet mit frischem Samen befüllt und vor dem Muttermund eingesetzt werden. Alternative: Sobald sich Sperma nach etwa einer halben Stunde an der Luft von selbst verflüssigt, kann es mit einer Spritze ohne Nadel so tief wie möglich in die Vagina gespritzt werden.

Die Erfolgschancen der »Heimbesamung« hängen (wie beim gewöhnlichen Schnackseln) allerdings vom Timing ab. Ein **Fertilitätsmonitor** (Kinderwunschcomputer, Kosten: ca. 120 Euro), der den Eisprung schon Tage vorher anhand der Hormone im Urin errechnet, hilft dabei, die fruchtbaren Tage ganz exakt zu bestimmen. Auch ein **Vibrator** ist kein überflüssiges Utensil: Wer, reden wir ruhig Tacheles, feucht im Schritt ist, schmeißt die Wasserrutsche für die Spermien an. Beim Orgasmus wird außerdem Unterdruck erzeugt, der das Sperma in die Gebärmutter saugen kann. Diese Upsuck-Theorie (heißt wirklich so!) ist zwar umstritten, aber Diaphragma-Verwenderinnen wissen: Danach zu urteilen, wie sich das Ding manchmal festsaugt, *muss* da was dran sein! (Übrigens: Diese Tools können selbstverständlich auch heterosexuelle Mädels mit Mann anwenden, um die Chancen auf ein Baby zu pimpen!)

Unser Handwerker: So, jetzt benötigen wir selbstverständlich noch das Wichtigste: einen **Samenspender**. Viele Single-Mädels mit Babywunsch landen nun auf Internet-Seiten »privater Samenspender« oder »privater Samenbanken«. Dort bieten Möchtegern-Papis ihr glitschiges Nass an – zum Teil gratis, zum Teil gegen Bezahlung. **Ärzte warnen davor, dass hier fiese Krankheiten wie HIV oder Hepatitis lauern**. User-Profile sind geduldig, und Sperma nebst Spender werden nicht wie bei offiziellen Samenbanken auf Herz und Nieren überprüft. Und über die Beweggründe der

Spender kann man nur spekulieren. Risiko! Das Gleiche gilt logischerweise für One-Night-Stands mit Unbekannten. Also Finger weg, wenn uns unsere Gesundheit lieb ist.

Viel besser ist da der folgende Weg:

💬 DER SPERMINATOR

Bräsig aalte ich mich in der Sonne Ibizas und ärgerte mich, dass ich mein verdammtes BlackBerry mit an den Pool geschleppt hatte. Die wunderbare Stille der gemieteten Finca, fernab von all dem berühmten Halligalli, wurde nämlich nur durch das Zirpen der Grillen und das Brummen des Smartphones unterbrochen. Es war Juli, ich hatte mich beim Sender und meinem Management brav ausgecheckt, und trotzdem hagelte es massenhaft Mails. Allerdings nur Mist: Amazon-Werbung, Infopost vom Steuerberater, Interviewanfragen der Klatschpresse – und eine Mail von Daniel mit dem Betreff: »We proudly present ...« Ähhh, bestimmt wieder so eine wahnsinnig exklusive Vernissage, mit Kunst für Tausende von Euros, die ich mir noch nicht mal in den Vorratskeller hängen würde.

Daniel, ein erfolgreicher Frankfurter Galerist mit Faible für sündhaft teure zeitgenössische Kunst und Assistenten mit Sixpacks, hatte doch eigentlich schon aufgegeben, mich für Damien Hirst & Co. zu begeistern. Er nannte mich neckend nur »seine liebste Banausin«. Warum müllte er mich jetzt trotzdem wieder mit seinen Einladungen zu?

Eine Millisekunde lang überlegte ich, die Mail ungelesen zu löschen, aber so etwas macht man einfach nicht bei Menschen, die man mag. Ein Klick – und auf meinem kleinen Display erschien ein Bild. Ein Babyfoto in Quietschrosa? Sollte dieser Kitsch Kunst sein? Waren Babymotive jetzt das Must Have der Art-Now-Bewegung? Ich versuchte im grellen Sonnenlicht die pinke Schnörkelschrift zu entziffern, die das Foto zierte: »Lena, 14. Juli 2008, 3.276 Gramm.«

Ach so! Süß, so ein euphorischer schwuler Patenonkel. Dann las ich weiter: »Die stolzen Eltern ...« Moment mal, wie bitte? Eltern? Mein Schwuppen-Radar hatte mich doch noch nie getäuscht! Im zartesten Teenie-Alter konnte ich einige Freunde bereits darüber informieren, dass sie verzaubert sind. Und zwar, bevor sie's selbst wussten. Bei Daniel war mir von Anfang an klar: total rosarot verzaubert! Daher hatte ich mit ihm nie über seine sexuelle Orientierung gesprochen. Er selbst war ein klassisches Klischee: Typ Intellektueller, schlaksig mit Nickelbrille, Hochwasserhosen und etwas – drücken wir's mal diplomatisch aus – egozentrischen Armbewegungen. Außerdem hatte er doch immer so herzlich mitgelacht, wenn ich schmutzig-sexistische Bemerkungen über seine Schar extrem gut gebauter Mitarbeiter fallenließ. Seltsam. Konnte ich mich so geirrt haben? Ich las noch mal. Ja, da stand: »Die stolzen Eltern, Pia Petra & Daniel.« Hatte Daniel mir jemals eine Pia Petra vorgestellt? Nein, das wäre so grotesk gewesen wie Harald Glööckler mit Ehefrau.

Meine Neugier war geweckt, um nicht zu sagen: Sie war maßlos. Ich schnappte mir mein Handy, beschloss, auf die unverschämten Roaming-Gebühren zu sch... und dem Phänomen »Papa Daniel« auf den Zahn zu fühlen.

Es klingelte. Wunderbar, zumindest keine Mailbox! Meine Chancen, den busy Businessman tatsächlich an die Strippe zu bekommen, stiegen. Neugier ist wie ein Splitter im Fuß, man kann sie nicht ignorieren; bevor man nicht davon befreit ist, hat man keine Ruhe. Darum hatte ich sogar extra meine Rufnummer-Unterdrückung ausgeschaltet und hoffte jetzt auf eine Telefonaudienz bei Kunstpapst Daniel.

»Soooonya-Schatzi!!!«

»Hallo Papa! Herzlichen Glückwunsch zum Töchterchen!«

»Oh, danke schön!« Daniels Stimme überschlug sich ein wenig vor Freude. »Ist sie nicht perfekt? Und so süüüüß ...«

Tja, um ehrlich zu sein, hatte ich dem nackten Balg auf rosa Schaffell nicht wirklich viel Beachtung geschenkt. Für mich sahen sowieso alle Neugeborenen irgendwie gleich aus. Hundewelpen waren definitiv süßer, doch das verschwieg ich instinktiv. Ein lustiger Kommentar sollte mich retten.

»Ja, total! Der gespuckte Papa ...«

»Echt? Findste auch? Tja. Du, alle sagen das.« Daniel klang so high, als hätte er sich gerade eine Krankenhauspackung Antidepressiva geschmissen. Wohin war der Mann, dessen zweiter Vorname »Ironie« war, verschwunden? Und: Wer waren, bitteschön, ALLE? Die Patienten der geschlossenen Psychiatrischen?

Mit frischgebackenen Eltern konnte man einfach nicht reden, ohne dass diese ein dämlich-verklärtes Dauergrinsen aufsetzten, das man kurioserweise auch am Telefon erahnte, und alle zwei Minuten selige Seufzer von sich gaben.

Daraus kombinierte Sherlock Kraus haarscharf: Daniel war tatsächlich Vater geworden. Shocking!

Aber wie? War er etwa bi? Niemals! Ich war mir absolut sicher, dass Daniels Zauberstab schon beim Gedanken an eine nackte Frau den Dienst verweigerte. Während ich noch grübelte, plapperte er aufgeregt weiter:

»Ach, Sonya, meine Prinzessin hat ein Häutchen, so zart, als hätte sie neun Monate in La Prairie gebadet ...« Entschuldigung, aber so was sagt doch kein heterosexueller Mann!

Scheinheilig fragte ich: »Und wie geht's der Mama?«

»Ohhhh, was bin ich froh, dass ich keine Frau bin! Aber Pia hat das super gemacht, ich bin ja draußen geblieben. Schreiende Frauen, das ist nix für mich ...« Ich war fassungslos, jetzt entpuppte sich mein Daniel auch noch als Mega-Macho! Tja, so konnte man sich täuschen.

»Na, du bist mir ja ein schöner Vater!«, schimpfte ich.

»Du, Petra war ja drinnen bei ihr, die konnte ihr viel besser helfen.«

»Petra??? Who the fuck is Petra?«, rutschte es mir verwirrt heraus.

»Na, Pias Freundin!«

Pia, Petra & Daniel! Lag es an der Dezimierung meiner grauen Zellen durch zu viel Sangría, oder hatte ich im hellen Sonnenlicht einfach ein Komma überlesen? Egal, endlich machte es auch bei mir »KLICK«: Ein schwuler Mann und ein lesbisches Pärchen zeugen ein Baby.

Die indiskrete Frage, die mich jetzt brennend interessierte, war nur: Wie?

»WOW! Das musst du mir jetzt aber mal ganz genau erklären!«

Daniel lachte »Na ja, meine Lover haben nun mal keine Eierstöcke ...«

»Ach komm, erzähl mir was Neues!« Ich hatte jetzt wirklich keine Geduld für Scherze, ich wollte die ganze Story, detailliert. »Sag schon!«

»Also ...«, fing Daniel an, mich aufzuklären, »... ich wollte ja schon immer so gerne Kinder. Vor ein paar Jahren bin ich dann im Netz auf ein Forum von Schwulen und Lesben gestoßen, denen es genauso geht. Mit denen, die mir sympathisch waren, habe ich mich getroffen und bin so vor etwa zwei Jahren auf Pia und Petra, zwei echt tolle Frauen, gestoßen. Wir haben uns dann ganz viel Zeit gelassen, um zu sehen, ob wir charakterlich bzw. von der Lebenseinstellung und unseren religiösen und politischen Ansichten her zueinander passen. Nun, vor gut zehn Monaten waren wir dann sicher: Wir wollen ein Baby zusammen.«

Fasziniert hing ich an meinem Handy, Daniel schwieg, und ich konnte ihn vor meinem inneren Auge selig lächeln sehen. Moment, wollte er mich jetzt, wo es ans Eingemachte, an die intimen Details ging, am ausgestreckten Arm verhungern lassen? Kam gar nicht in Frage! Deshalb fragte ich stur nach: »Ja, und dann? Samenspende und ab in die Retorte?«

Meine unverschämte Neugier fand happy Daddy Daniel glücklicherweise extrem lustig, er beömmelte sich lautstark und schockierte mich mit seiner Antwort: »Retorte? NEIN! Das haben wir schon auf die klassische Methode erledigt.«

»Ach du Schande! Also runter mit der Bux und rauf auf die Mutti mit Gebrüll?«

»Na ja, fast ...« Fast? Verdammt, sollte ich mein Weissagungstalent, was schwule Jungs angeht, doch so überschätzt haben? Ich beschloss, in Anwesenheit von homosexuellen Visagisten und Stylisten niemals wieder hemmungslos die Hüllen fallen zu lassen.

»Daniel, jetzt spann mich nicht länger auf die Folter! Was heißt ›fast‹?«

»Na gut. Pia rief mich an, es sei so weit, ich müsse jetzt meinen Mann stehen, und dann hab ich alles stehen und liegen lassen und bin mit 180 Sachen über die Autobahn nach Würzburg gebrettert ...«

Ich konnte nicht fassen, was er mir da erzählte, und vollendete seinen Satz: »... und hast die Frau begattet.«

»Falsch, ich habe sie befruchtet.« Stille auf beiden Seiten, und dann lachte er mich aus. »Sonya, ich kann dich beruhigen. Ich hatte keinen Sex mit Pia!«

»Mein Lieber, verarschen kannste jemand anderen! Irgendwie muss das Bienchen ja zum Blümchen kommen! Oder hast du ihr deinen Blütenstaub im Einmachglas mitgebracht?«

»Nein, ich habe natürlich frisches Material abgeliefert.« Ich stöhnte, er lachte.

»Mensch, ich hab mich mit ein paar Heftchen auf's Gästeklo verzogen und mir fast ins Hemd gemacht aus Sorge, dass mein bestes Stück mich jetzt, wo es drauf ankommt, hängen lässt. Aber er war ganz brav und hat nicht schlappgemacht! Tja, und dann habe ich die kleinen Freischwimmer nur noch aus dem Becher aufgezogen und den Mädels dann die geladene Spritze überreicht. Lesben haben's ja nicht so mit Sperma …«

Jetzt musste ich lachen. »Wie oft hast du den Delivery-Service für die Damen gespielt?«

Nicht ohne Stolz in der Stimme kam prompt die Antwort: »Also, entschuldige bitte, bei mir ist jeder Schuss ein Treffer. Gleich beim ersten Mal hat's natürlich geklappt. Ganz ehrlich, Sonya, das war doch klar. Schwules Sperma ist aggressives Sperma!«

All denen, die jetzt leicht homophob pikiert die Nase rümpfen, sei gesagt: Aus dem rosigen Baby Lena ist zwischenzeitlich eine selbstbewusste und ausgeglichene Vierjährige geworden, die bei ihren Mamis lebt und jedes Wochenende die tollsten Ausflüge mit ihrem heiß geliebten Papi unternimmt. In Urlaub fährt die etwas andere Patchwork-Familie selbstverständlich zusammen. Und: Man plant ein Geschwisterchen für Lena. Der Sperminator mit dem aggressiven Saft ist also bald wieder im Einsatz.

PATCHWORK KREUZ UND QUEER

Viele meiner Schwuppen-Freunde sind Fans von **Regenbogen-familien-Foren** wie zum Beispiel www.co-eltern.net. In diesen Netzwerken kommen alle mit Kinderwunsch zusammen, die eine Patchwork-Familie der besonderen Art gründen wollen. Und dann wachsen die Kinder eben mit drei bis vier Elternteilen auf. Eine Alternative zum anonymen Spender: der beste schwule Freund mit Kinderwunsch.

Ich liebe solche subversiven Storys, die bürokratischer Diskriminierung gekonnt ein Schnippchen schlagen. Absolute Ehrensache, dass der edle Spender nicht nur sein Sperma zur Verfügung stellt und sich ärztlich auf Herz und Nieren prüfen lässt, sondern eben auch gern Papi werden möchte und sich bei Aufzucht und Pflege des neuen Erdenbürgers wirklich einbringt. Riesenvorteil: Die Sache kostet kaum was, kann beliebig oft wiederholt werden, und der Kinderwunsch des rosa Prinzen wird gleich mit erfüllt. Falls das nicht funktioniert, kann er immer noch den »heterosexuellen« festen Lebenspartner mimen – dann klappt's auch mit der IVF.

Was noch? Genau! Aufmerksame Leserinnen haben es gemerkt: Es fehlt natürlich noch eine letzte Möglichkeit, endlich die Wunschfamilie zu gründen – dann, wenn es mit dem leiblichen Baby nicht klappt:

Fertighaus statt Eigenbau: Adoption

Madonna, Angelina Jolie, Sharon Stone – kaum ein US-Promi, so mag es scheinen, der nicht mindestens ein Adoptivkind hat. Unser Planet ist überbevölkert, zahllose Kinder sind Waisen: Wenn es mit dem Elternwerden anders nicht klappt, klingt das doch nach Spitzenlösung! Auf dem Papier sieht alles auf den ersten Blick auch bombe aus: Adoptieren kann bei uns im Prinzip jeder über 25, der keine lebensgefährliche Krankheit hat, nicht einschlägig vorbestraft ist und über einen für die Erziehung des Kindes ausreichenden materiellen Background verfügt. Adoptieren dürfen Einzelpersonen und Ehepaare. Und auch Schwule und Lesben können Kinder als ihre eigenen annehmen. Das gaaaanz unauffällige Pferdefüßchen: Homosexuelle dürfen das Kind nur als Einzelperson adoptieren. Im Klartext: Es ist immer nur einer der rechtmäßige Elternteil (die für Homosexuelle ebenfalls erlaubte Adoption eines Stiefkindes greift hier leider nicht, weil nicht zwei Adoptionen verkettet werden dürfen). Das macht schwullesbische Paare für die Jugendämter unattraktiver – denn ein versorgender Elternteil ist nun mal unsicherer als zwei. Weil auf ein

Kleinkind etwa zehn Bewerber kommen, vermitteln die Jugendämter derzeit deshalb immer noch am liebsten in »klassische« heterosexuelle Familien unter 40.

Außerdem muss sich nach geltender Praxis sogar noch ein Elternteil verpflichten, seinen Job aufzugeben oder höchstens einer geringfügigen Beschäftigung nachzugehen – bis das Kind läppische zehn (in Großbuchstaben: ZEHN!) Jahre alt ist. Raten Sie mal, wer der »Zuhausebleiber« in schätzungsweise 99 Prozent der Fälle ist ... Kleiner Tipp: Vati ist es nicht. Und da sind sie wieder, die piefigen Fünfzigerjahre!

Trotz alledem wartet man hierzulande bis zu sieben Jahre auf ein Baby. Etwas einfacher ist die Auslandsadoption über zugelassene Adoptionsvermittlungsstellen – hier dauert es im Schnitt »nur« zwei bis fünf Jahre, bis die Sache durch ist. Übrigens: Einfach so privat ein Baby in Afrika zu »shoppen«, wie das Madonna gemacht hat, ist in manchen Ländern tatsächlich theoretisch möglich. Menschenrechtsorganisationen warnen aber davor, dass solche Privatadoptionen dazu führen, dass Eltern ihre Kinder verschachern und ein Markt für Menschenhandel entsteht. Eine Alternative zum legalen Baby? Wohl eher nicht.

Teil 3

VOM BAUBEGINN BIS ZUM RICHTFEST – UNSERE SCHWANGERSCHAFT ODER: WER, ZUM TEUFEL, HAT DIE ACHTERBAHN HIER AUFGESTELLT?

Hach, was hatte ich doch für ein Glück: Ich fühlte mich in meiner Trächtigkeit nonstop blendend. Nein, wirklich! Keine Übelkeit in der ersten Zeit, ich war höchstens ein klitzekleines bisschen vergesslicher als sonst. Mal überlegen ... Ooops! Ja, richtig. Dank dieser leichten Schwangerschaftsdemenz hatte ich glatt verdrängt, dass es doch ein paar klitzekleine Komplikationen gab. Die Sache mit den Wehenhemmern oder dem Beinahe-Rausschmiss des Baby-Erzeugers, die Gerüchteküche und die ganzen Verbote. Aber zum Glück gab es auch Nestbau-Spaß und oft eine Energie, als hätte mir jemand den koffeinfreien Kräutertee mit ein paar »E«s gepimpt. Keine Frage: In den neun Monaten bis zum Richtfest wird vorübergehend eine Achterbahn auf unserer Baustelle errichtet. Und dann geht sie ab, die Fahrt, rauf und runter, zwischendurch ist uns schon mal flau – aber so alles in allem handelt es sich doch um eine einmalige Erfahrung.
In diesem Teil des Buches habe ich für Sie eine höchst subjektive Auswahl »prägnanter« Erlebnisse zusammengetragen – und, wie immer, ein paar handfeste Tipps, die Sie nicht im Durchschnittsratgeber finden. Doch der Reihe nach ...

Mütterchen Natur hat ja bekanntermaßen einen ganz eigenen Humor: Gerade die Ladys, die jahrelang vergeblich versucht haben, mittels der Wunder der modernen Reproduktionsmedizin in den Genuss von Mamafreuden zu kommen und irgendwann resigniert aufgeben, werden oft genau in diesem Moment dann doch noch schwanger. Auf natürlichem Weg und ohne viel Tamtam. Was sagt uns das? Exactement! Entspannung ist das allerbeste Fruchtbarkeitsmittelchen.

Aber auch Damen, die gar nicht so richtig die Absicht haben, schwanger zu werden, und sich sicher sind, dass gerade »wirklich nichts« passieren kann, sind eine beliebte Zielscheibe der Götter des Kindersegens.

Eine Freundin von mir turnte im Urlaub in Spanien hemmungslos mit ihrem neuen Lover das Kamasutra durch, ihm machte es nix aus, dass sie ihre Tage hatte. Heute lebt sie mit ihm und ihren damals entstandenen Zwillingen in einem kleinen Häuschen an der englischen Südküste. Die »Tage« waren nämlich keine, sondern lediglich eine klitzekleine Zwischenblutung.

Und ich? Tja, ich hab ja immer völlig überheblich den Kopf geschüttelt, wenn Frauen gesagt haben: Ich war im vierten Monat und hab's nicht gemerkt. Aber dann musste ich selbst feststellen, dass es von der Regel »Es blutet, also nicht schwanger« durchaus gewisse Ausnahmen gibt.

💬 MIT PEARL AUF DEN INDEX ODER: DU BIST NICHT ALLEIN, TEIL II

»Größe? Gewicht? Allergien? Leiden Sie unter psychischen Krankheiten? Erbkrankheiten? Nehmen Sie Drogen?«

Wie ein Großinquisitor saß mir der übergewichtige Vertrauensarzt einer Filmausfallversicherung gegenüber und leierte gelangweilt die indiskretesten Fragen runter. Fehlte eigentlich nur noch, dass er mich nach der Anzahl meiner bisherigen Geschlechtspartner fragte.

Bislang konnte ich ihm jedoch genauso gelangweilt und zügig antworten.

»Wann war der Zeitpunkt Ihrer letzten Periode?«

Stopp! Jetzt musste ich allerdings kurz überlegen.

»Äh ...das muss so kurz vor Weihnachten gewesen sein.«

»Das heißt?«, kam es müde zurück.

»Na, so um den 20., 21. ...« Wir hatten heute den Wievielten? Eigentlich war doch mal wieder was fällig. Vielleicht sollte ich später doch im Kalender nachschauen, wann ich im Dezember beim Frauenarzt gewesen war. Ich erinnerte mich: Ziemlich direkt danach war nämlich die rote Flut über mich gekommen. Doch jetzt galt es zunächst, meinen »Bockschein«, ein Gesundheitszeugnis für die Versicherung der *TV-Total*-Wok-WM, von diesem »Gott in Weiß« zu bekommen.

Mit der Bescheinigung, dass ich pappgesund war, saß ich wenig später in meinem Münchener Hotelzimmer und grübelte über meinem Kalender.

Also: Am 20. Dezember hatte ich noch einen sehr unangenehmen Termin zur Krebsvorsorge, einer sogenannten Knipsbiopsie, bei meinem Gyn gehabt. Dabei wird mit einem wenig sympathischen Gerät, einem Mittelding aus Grillzange und Gürtelloch-Stanzer, eine Gewebeprobe des Gebärmutterhalses genommen. Autsch – und gar nicht nett! Ich war extrem happy, die leidige Prozedur noch vor meinem Winterurlaub hinter mich zu bringen. Und Glück mit dem Timing hatte ich auch: Kaum zu Hause angekommen, bekam ich meine Periode.

Stichtag war also der 20. Dezember! Heute hatten wir den 18. Januar – da war doch was fällig? Oder eher überfällig? Wie eine Grundschülerin zählte ich hektisch die Finger ab: 30 TAGE!?! Konnte nicht sein. Noch mal ... Wieder 30 Tage! Nein, das konnte doch wirklich nicht sein. Seit ich von Pille und Verhütungsring runter war, variierte mein Zyklus zwischen 22 und maximal 26 Tagen. Mein Hightech-Mini-Mega-Pipi-Mess-Computer konnte doch nicht irren! Eine Schwangerschaft war ausgeschlossen ... Oder? Wie war das noch mal mit dem Pearl Index?

Verdammt, hier bestand Klärungsbedarf, und zwar sofort! Ein Blick auf die Uhr, und zumindest eines war sofort klar: Für den diskreten Kauf eines Schwangerschaftstests in der Drogerie war es zu spät. Aber bis morgen konnte ich keinesfalls auf eine Antwort warten. Mir stand ein Aufzeichnungstag im Studio mit mörderischem Pensum bevor, jede Sekunde Nachtruhe war nötig. An Schlaf war jedoch angesichts dieser Unsicherheit nicht einmal zu denken. Also knotete ich meine Haare zum Dutt, vermummte mich mit Mütze, Brille und Schal und fing schon mal an zu beten, dass der Notapotheker nicht direkt bei der *BILD* anrief.

Etwa eine Stunde später war ich stolze Besitzerin einer ganzen Tüte voller Erkältungsmittel (Tarnung) und eines Tests, den ich ganz unauffällig, mit den Worten: »Ach, wo wir schon mal dabei sind, Sie können mir auch noch einen Schwangerschaftstest einpacken«, erstanden hatte.

So, da waren wir zwei also, dieses seltsame Stäbchen und ich, einsam und verlassen auf dem zartrosa gekachelten Hotelzimmerklo. Irgendwie war die Szenerie für einen so einschneidenden Moment in meinem Leben reichlich nüchtern. Kurz überlegte ich noch, ein Teelicht aufzustellen, schalt mich dann aber eine sentimentale Kitschkuh, rupfte endlich die Schutzkappe vom Teststäbchen und pullerte wild entschlossen drüber. Im Beipackzettel wurde zwar empfohlen, den Test morgens zu machen, weil da die Konzentration der Hormone im Urin größer ist, doch das war mir im Moment echt Pipi. So, Schutzkappe wieder drauf und warten. Zwei Minuten. Mit dem nackten Poppes auf dem Lokus thronend starrte ich eingefroren, den Atem anhaltend, auf die Anzeige.

Vor einer Ohnmacht wegen Sauerstoffmangels blieb ich verschont, denn nach 45 Sekunden explodierte ein tiefblauer Streifen im Ergebnisfeld. Das Kontrollfeld? Dito! Ergo: schwanger!

Tja, und etwas sehr Unerwartetes geschah: Eine unendliche Ruhe machte sich in mir breit, und aus den Tiefen meines Bauches strömte ein Gefühl: Freude. Pure, reine Freude.

Keine Zweifel, keine Angst vor der Schwangerschaft oder der Geburt, keine Skrupel, bald zu der uncoolen Armee der fanatischen Mamas zu gehören. Erstaunlich! Offenbar hatte der Wunsch nach einem Kind tatsächlich in mir geschlummert. Ich war aber wohl so beschäftigt, so zufrieden und so dankbar für mein bisheriges Leben gewesen, dass ich eine derart gravierende Veränderung fürchtete – und meine Sehnsucht wohl ignoriert hatte. Völlig verrückt: Vor exakt einer Woche hatte ich doch noch einen Job mit meiner schwangeren Kollegin Barbara Schöneberger gehabt. Sie beschwor mich: »Sonya, warte nicht zu lang! Wenn du dich dazu entschließt, muss es ja nicht gleich klappen.« Und sieben Tage später war ICH schwanger?

Meine langsam taub werdenden Beine weckten mich mit heftigem Bitzeln aus meiner Hypnose. Ich saß immer noch in identischer Position mit heruntergelassener Jeans auf dem Pipi-Pöttchen.

Doch statt mich wieder anständig anzuziehen, streifte ich die Klamotten ab, stellte mich nackig vor den Spiegel und musterte mich. Egal ob von vorn oder von der Seite, da war nichts, rein gar nichts zu erkennen. Irgendwie enttäuschend. Gut, ich war ja erst im ... ersten Monat? Dann war mein Baby wohl »made in Brasil«!

Stichwort »Brasilienurlaub« – was hatte ich eigentlich da so getrieben? Schlagartig fielen mir all die großen und kleinen Sünden ein, die ich begangen hatte und die für Schwangere strengstens verboten sind: Austern, Sushi, Carpaccio, Cocktails ... Der Knaller war aber der Rückflug, den ich mit Kotztüten auf der Flugzeugtoilette verbrachte. Man kann sich eigentlich keinen angenehmeren Ort für eine Lebensmittelvergiftung vorstellen. Zuhause angekommen, hatte mich der bestellte Notarzt direkt intravenös mit Medikamenten vollgepumpt. Toll! Mein Baby war gerade gezeugt und hatte schon die erste chemische Keule intus.

Im Geiste sah ich schon wie im Horrorstreifen ein kleines Alien durch meine Bauchdecke brechen. Dieser Moment war wohl der historische Beginn meines Daseins als Mama, eindeutiges Kennzeichen: die ewige Sorge ums Kind! Doch vorerst schob ich alle Befürchtungen beiseite und genoss mein kleines süßes Geheimnis. Ich war also ab jetzt zu zweit, konnte und wollte es erst mal niemandem verraten.

36 Stunden später konnte ich per Wunder der Technik das Wunder des Lebens beobachten. Auf dem Bildschirm des Ultraschallgeräts begutachtete Dr. Mangold das Ergebnis der von seinem Vertreter empfohlenen Verhütungsmethode.

»Ja, herzlichen Glückwunsch! Sie sind schwanger!«

Das war jetzt nicht mehr ganz so überraschend. »Äh, allerdings ... wann sagten Sie eben, war Ihre letzte Periode?«

Darüber hatte ich ja nun oft genug Auskunft gegeben: »Am 20. Dezember.«

Dr. Mangold bedachte mich mit einem skeptischen Blick, der mich dazu brachte, noch einmal vehement zu bekräftigen: »Das weiß ich so genau, weil ich direkt nach der Knipsbiopsie bei Ihnen meine Tage bekommen habe.«

»Mmm ...«, kam es skeptisch vom Mann in Weiß. »Und wann war davor die letzte Menstruation?«

»Keine Ahnung. Wieso?« Mein Arzt schaute zum ersten Mal

vom Monitor weg und mich an: »Frau Kraus, Sie sind mindestens im dritten Monat!«

»Was?« Ich war heilfroh, stabil gestützt im Gynäkologenstuhl zu sitzen.

»Wie geht denn das?«

»Vermutlich war Ihre letzte Blutung nur eine Folge der Knipsbiopsie und keine Menstruation. Ende Juli dürfte Ihr Baby kommen.«

Mein blutleerer Verstand kombinierte messerscharf: »Das ist ja schon in sechs Monaten!«

Der Doc schien schwer amüsiert über meinen Schock: »Freuen Sie sich, das erste Trimester wird oftmals von Unwohlsein, Übel- und Müdigkeit überschattet. Außerdem ist das Risiko einer Fehlgeburt in den ersten zwölf Wochen am höchsten. Sie sind ein Glückskind, wenn Sie keinerlei Beschwerden bemerkt haben.«

Müdigkeit? In letzter Zeit war mein Energielevel enorm, aber noch vor kurzem hatte ich mich zwischenzeitlich wie ein Zombie gefühlt und die Schnarchnasigkeit mit meiner ganz persönlichen Therapie bekämpft: Ob drei Dosen Red Bull am Tag dem Wohl eines Babys zuträglich waren? Oder bekam es jetzt vielleicht Flügel? Höchste Zeit für eine umfassende Beichte.

»Dr. Mangold, ich war, äh, über Weihnachten und Silvester kein braves Mädchen und habe ziemlich gefeiert.«

»Drogen?« Mein Gyn blickte mir streng in die Augen. Das Gerücht, dass beim Fernsehen alle koksen, hielt sich anscheinend doch vehement.

»Nein!«, gab ich entrüstet zurück. »Aber Alkohol, und vor allem reichlich Rohes: Sushi, Tatar, Austern und eine saftige Lebensmittelvergiftung plus Hardcore-Medikamente.«

»Jetzt machen Sie sich mal keinen Kopf, Frau Kraus! Wir werden das alles untersuchen. Ich bin nur ein wenig erstaunt und hoffe, dass ich Ihnen jetzt nicht zu nahe trete …«, sagte der Mann, dessen Ultraschalldildo in meinem Unterleib steckte, »... aber wollten Sie überhaupt Kinder?«

Gute Frage. »Wissen Sie, Herr Dr. Mangold, ich war mir noch etwas unschlüssig, aber Ihre Urlaubsvertretung hat da erheblich zur Entscheidungsfindung beigetragen«, gab ich meinem verdutzten Doc zurück. »Wenn's eine Tochter wird, sollte ich sie vielleicht Pearl nennen.«

Es gibt keine Seelenangst,
bis man Kinder hat.
(aus Irland)

GEBECHERT VOR DEM SCHWANGERSCHAFTSTEST? KEINE PANIK!

O Gott, ich bin schwanger! Und was ist mit der Party vorige Woche? Da hab ich doch die Mai Tais vernichtet wie nix ... Viele Mädels machen sich sofort große Sorgen, weil sie zwischen Empfängnis und positivem Testergebnis ordentlich einen hinter die Binde gekippt haben. (Raten Sie mal, wer sich da auch den Kopf drüber zerbrochen hat – die betreffende Person fängt mit S an und hört mit onya auf.) Aber ich kann eine kleine Entwarnung geben: Die befruchtete Eizelle ist in den ersten neun Tagen noch nicht mit dem Blutkreislauf der Mutter verbunden, sie nistet sich frühestens am zehnten Tag ein. Darum kriegt das Baby bis dahin von Alkohol oder sonstigen Giftstoffen, die im Blut schwimmen, noch nicht direkt etwas ab. Allerdings können echte Alkohol-Exzesse indirekt tagelang nachwirken, indem sie dem Körper Vitalstoffe entziehen, und das kann – theoretisch – einen negativen Einfluss haben. Zum Glück greift bei der Einnistung das so genannte Alles-oder-nichts-Prinzip: Wäre mit der befruchteten Eizelle etwas nicht in Ordnung gewesen, wäre sie mit einer Blutung abgestoßen worden. Dass sie noch da ist, bedeutet nur eins: dass sie die ersten Checks bestanden hat.

DIE SAGA VON KALLEMANN KRAUS – MEIN TAGEBUCH FÜRS BABY

Noch am Abend des positiven Schwangerschaftstests hatte ich eine Idee: Ich schreibe ein Tagebuch für mein Kind. Der Arbeitstitel war auch schon klar: Kallemann Kraus. Der Name kam mir einfach so in den Sinn, ich hatte natürlich damals noch keinen Schimmer, ob ich einen Jungen oder ein Mädchen bekomme (oder vielleicht doch, so ganz mütterlich intuitiv?). In diesem Tagebuch habe ich in regelmäßigen Abständen meine Gefühle und Erlebnisse mit der Schwangerschaft in einer Art Brief festgehalten und Zeitungsausschnitte und Fotos eingeklebt. Dabei gab es zwei Grundgedanken. Der erste: Ich konnte ja nicht ständig mitten in der Nacht meine Mädels behelligen, wenn ich gerade mal wieder grübelnd aufwachte – das Tagebuch war da ein willkommenes Ventil. Der zweite: Falls es mich bei der Geburt weghaute, konnte mein Nachwuchs das Buch irgendwann lesen und bekam dadurch einen kleinen Einblick, was seine Mami so für eine war. Zum Glück ist dann ja nichts Schlimmeres passiert, und wenn ich ein paar Seiten schwärze, in denen ich mich – drücken wir's diplomatisch aus – über den Kindsvater ausge... äh, aufgeregt habe, kann mein Kleiner es vielleicht trotzdem irgendwann bekommen.

Da war ich nun also schwanger – und das sollte auch erst einmal mein süßes Geheimnis bleiben. Schließlich steht, statistisch gesehen, die Chance, in den ersten drei Schwangerschaftsmonaten leider noch bei fifty-fifty, dass sich die ganze Sache von selbst wieder in Luft auflöst.

Nach der magischen Zwölf-Wochen-Grenze sinkt die Wahrscheinlichkeit einer Fehlgeburt dann plötzlich drastisch: auf nur ein Prozent. Normalerweise ist darum nach Ablauf der ersten drei Monate der ideale Moment, der Mitwelt die frohe Neuigkeit zu verkünden.

Das galt aber nicht für mich: Ich wollte nach Möglichkeit so lange warten, bis sich mein Zustand partout nicht mehr verheimlichen ließ. Mir stand jetzt wirklich noch nicht der Sinn nach rasenden Reportern, Paparazzi hinterm Gartenzaun und Schlagzeilen in der Yellow Press, auch meine Freunde wollte ich unbedingt davon verschonen. Außerdem standen noch einige Tests aus – schließlich war ich aus medizinischer Sicht bereits eine »späte« werdende Mama –, und diese Ergebnisse wollte ich auf alle Fälle noch abwarten. Sollte nämlich trotz allem noch irgendwas schiefgehen – welch eine Horrorvorstellung! –, dann wollte ich dabei weder die Presse am Bein haben noch meiner vermutlich bereits vorfreudigen näheren Umgebung irgendwelche Erklärungen schulden.

Einziges Problem bei der Top-Secret-Aktion war mein Balkon. Also nicht der draußen vor meinem Schlafzimmer, sondern der, der vorne an mir dran hing. In einer der ersten Metamorphosen, die mit mir vor sich gingen, schwoll mein Vorbau nämlich plötzlich von einer handlichen Körbchengröße 75 B auf verräterische 85 D – und zwar lange, bevor sonst irgendwas zu sehen war.

🗨 PARTNERS IN CRIME –
MEINE INDISKRETEN DOPPELAGENTEN (AKA BUSEN)

Es muss ungefähr Anfang des fünften Monats gewesen sein – man sah mir meine Schwangerschaft dank Walla-Walla-Mode immer noch nicht so richtig an –, da klingelte morgens das Telefon. Eine meiner besten Freundinnen meldete sich: Nicky. Das war nicht weiter ungewöhnlich. Höchst seltsam erschien mir jedoch Nickys Verhalten: Sonst die Quasselstrippe in Person, hielt sie sich heute nicht mit Smalltalk auf. »Bist du am Rechner?«, fragte sie so scharf, dass Romeo und Franky zu meinen Füßen die Ohren spitzten.

Oh-oh, dieser Tonfall verhieß irgendwas, aber bestimmt nix Gutes! Hatte die Klatschpresse nun doch schon Wind bekommen von meinen anderen Umständen, und die ganze Welt – inklusive Nicky, allen weiteren Freunden und der Familie minus meiner bereits eingeweihten Mama und meinem Freund – hatte es aus der Zeitung erfahren? Dass sie sich mit mir über Computer unterhalten wollte, hielt ich jedenfalls für einigermaßen ausgeschlossen.

Sicherheitshalber ließ ich mir erst mal nix anmerken: »Nö, wieso?«, flötete ich. »Ich sitze am Frühstückstisch.« Laut schlürfend nahm ich einen Schluck von meinem Bio-Getreidekaffee, der nun bereits seit ein paar Wochen statt der echten Brühe morgens in meiner Tasse landete, und erklärte: »Also, wenn du ein Computerproblem hast, frag lieber Steffi, die hat mehr Ahnung, ich lebe da quasi noch in der Steinzeit …« Sie räusperte sich deutlich vernehmbar.

»Für wie bekloppt hältst du mich? Wenn ich Computerprobleme hätte, würde ich eher meine Omi anrufen, die ist da fitter als du.« Hey, es ging doch nichts über herzliche Komplimente am frühen Morgen.

»Mensch, Sonya, jetzt schieb deinen Hintern vor den Bildschirm, los!«, befahl meine Freundin mit dem ihr ganz eigenen unwiderstehlichen Charme. Ich erhob mich und trottete gehorsam zum PC im Arbeitszimmer, gefolgt von meinen neugierigen Vierbeinern, die sich links und rechts neben dem Schreibtisch platzierten. Unendlich langsam und mit gruseligem Rattern in den Eingeweiden fuhr mein altes Notebook hoch, während ich auf weitere Anweisungen aus dem Hörer wartete. Ich musste mir wirklich mal was Neues anschaffen, noch ein Buchmanuskript tippte ich auf dieser Methusalemgurke jedenfalls nicht. Von meinem kleinen Home Office konnte ich mich bei der Gelegenheit dann auch gleich ganz verabschieden, hier würde nämlich in Kürze das Kinderzimmer untergebracht. Bei dem Gedanken schlich sich ein selig-glückliches Grinsen auf mein Gesicht ...

»Und? Bist du in Firefox drin?«, unterbrach Nicky meine vorfreudigen Gedanken.

»Gemach, gemach. Eine alte Frau ist kein D-Zug«, verteidigte ich mich und feuerte stumm meinen lahmen Computer an.

»Wohl eher D-Körbchen, was?«, meinte Nicky spitz, und diesen Satz umwehte nicht etwa eine Brise Ironie oder ein Lüftchen Freundlichkeit, sondern eher eine Aura klirrender Kälte. Nicht gut. Gar nicht gut. Jetzt bloß keine Panik aufkommen lassen. Lieber positiv denken: Wenn es tatsächlich schon alle Welt wusste, dann war das eben so. Gab auch Schlimmeres. Irgendwann würde es sowieso rauskommen.

»Bin drin«, verkündete ich. »Was soll ich tun?«

»Gib deinen Namen bei Google ein.« Der Gouvernanten-Ton war unverändert.

Ganz klar, es musste was durchgesickert sein. Komisch nur, dass mein Handy bisher vollkommen ruhig geblieben war – die Reporter von *BILD* und Co. hatten doch meine Nummer. Sonst meldeten die sich bei jedem Pups – von neuer Frisur bis Botox – und wollten eine Stellungnahme. Nun, gerade konnten sie ja auch nicht anrufen, ich stand schließlich telefonisch in Nickys Diensten.

Ich seufzte und tippte »Sonya Kraus« ins Suchfeld. Mein Finger schwebte schon über der Return-Taste, als Nicky rief: »Stopp! Welche Suchoptionen schlägt dir die Suchmaschine vor? Lies laut!«

Ich zuckte mit den Schultern und verkündete, was das Drop-Down-Menü mir präsentierte: »Sonya Kraus Buch, Sonya Kraus Bilder, Sonya Kraus Frankfurt, Sonya Kraus Botox, Sonya Kraus Freund, Sonya Kraus Brust OP ...«

Puh! Mir fiel ein Stein vom Herzen: Die Google-User suchten ganz offensichtlich nicht nach Inhalten, die mich in den Zusammenhang mit den Begriffen »Baby« oder »Schwangerschaft« brachten. Um ganz sicherzugehen, tippte ich noch schnell »Sonya Kraus Baby« ein, drückte auf Return und fand nichts, niente, nada.

Umso verwunderlicher war Nickys schnippische Frage: »Warum hast du mir nix davon erzählt?« Jetzt war ich ehrlich verwirrt: Worauf, zum Teufel, wollte Nicky hinaus?

Ich stocherte mal auf gut Glück im Nebel: »Wovon nichts erzählt? Dass ich Botox benutze? Aber das weißt du doch. Ist allerdings inzwischen auch schon wieder länger her ...«

Meine Lieblingsgesichtsentfaltungsmethode hatte nämlich gerade Babypause. Zum Glück bügelte die Östrogenbombe, die vor kurzem in mir explodiert war, die Fältchen jetzt ganz kostenlos aus.

»Quatsch, Botox. Jetzt tu doch bloß nicht so scheinheilig.«

Nicky war stocksauer. Wieso, das wurde mir allerdings immer unklarer, denn ganz offensichtlich ging es ihr doch nicht um meine anderen Umstände. Sie jammerte weiter: »Ich muss zugeben, ich bin echt ziemlich enttäuscht, dass du es mir verschwiegen hast. Du warst doch auch bei mir dabei damals. Wo hast du es machen lassen? Auch bei Professor Hermanns? Ich hab am Wochenende bei Steffis Brunch gleich gemerkt, dass was anders ist, ich bin nur nicht sofort draufgekommen. Mensch, Sonya, ich dachte, wir sind Sisters in crime! Hab ich dir was getan? Vertraust du mir nicht mehr?«

Irrte ich mich, oder schluchzte sie fast? Vielleicht machte ich aber auch gerade Bekanntschaft mit irgendwelchen seltsamen Schwangerschafts-Halluzinationen und träumte dieses merkwürdige Gespräch nur. Ich hatte jedenfalls weiterhin ein solides Brett vorm Kopf: Machen lassen? Professor Hermanns? Doch, irgendwo in meinem Hinterkopf bimmelte es nun leise. Den Namen hatte ich tatsächlich schon mal gehört. Aber wann? Wo? Und vor allem: Warum? Vielleicht sollte ich mir neben einem neuen Rechner auch eine neue Birne anschaffen.

Plötzlich spuckte dann aber mein Erinnerungsspeicher das Bild einer weißen Villa in einem Frankfurter Vorort aus, daran prangte ein Praxisschild mit güldenen Lettern: *Prof. Dr. A. Hermanns, Facharzt für plastische Chirurgie.*

Bingo! Natürlich, das war's! Jetzt wusste ich endlich, wovon meine Freundin die ganze Zeit faselte: Sie hielt mich nicht für schwanger. Ganz im Gegenteil: Sie glaubte doch tatsächlich, ich hätte mir die Möpse auf D aufmotzen lassen! Ich unterdrückte ein befreites Kichern ...

An dieser Stelle muss ich eine kleine Erklärung einschieben: Nicky – treue Leserinnen kennen sie – hatte sich vor Jahren ihre sehr unterschiedlich großen Brüste chirurgisch angleichen lassen und war darum in meinem Freundeskreis die erste Instanz in Sachen Busen-OP. Ich hatte sie damals bis zur finalen Umsetzung begleitet, und wir hatten beschlossen, dass ich mich vertrauensvoll an sie wende, sollte ich je mit dem Gedanken spielen, im Erkerbereich anzubauen – was mir bisher nie in den Sinn gekommen war. Wozu auch? Im Augenblick brauchte ich ja nun wirklich keine Hilfsmittel, außer einem guten BH. Und für nichtschwangere Zeiten gab es schließlich Doppelklebeband und Einlagen für den optischen Push-up-Effekt. Dass ich diese Einstellung hatte, war meiner Freundin durchaus bekannt, aber ganz offensichtlich entfallen, denn sie hielt den simplen Suchmaschinenvorschlag »Sonya Kraus Brust OP« für einen Beweis meiner »Schuld«.

Oder gab's da noch mehr? Ich bemühte erneut die Suchmaschine und stieß tatsächlich auf eine ganze Latte von Spekulationen im Netz über meine angebliche OP.

Am anderen Ende der Leitung holte Nicky nach einer kurzen Pause wieder hörbar Luft. Vermutlich, um ihrer tiefen Enttäuschung weiteren verbalen Ausdruck zu verleihen. Ich musste so schmunzeln über die Entrüstung meiner Freundin, dass ich es mir nicht verkneifen konnte, sie noch ein wenig zu foppen: »Okay, ich gestehe! Ich hab so eine ganz neue Methode aus den USA ausprobiert, nennt sich ›Triple B‹ – Big by Birth of a Baby. Ist total natürlich und fast umsonst, hat aber trotzdem einige Nebenwirkungen ...« Ich wartete gespannt auf eine Reaktion, Nicky war definitiv des Englischen mächtig. Trotzdem kam da gar nix, außer einem schlecht gelaunten Schnaufen. Höchste Zeit, sie aufzuklären (blieb nur zu hoffen, dass sie über meinen ›Vertrauensbruch‹ der anderen Art nicht genauso empört war).

»Halt! Stopp! Bevor ich hier weiter beschimpft werde«, fing ich an, »ist der Frau Detektivin zufällig aufgefallen, dass ich bei Steffi nur O-Saft pur gezischt und um das Gesöff mit Sprit einen Riesenbogen gemacht habe?« Stille am anderen Ende der Leitung. »Und das, obwohl ich nicht mal fahren musste? Na, was kombiniert Sherlock Nicky messerscharf aus diesen belastenden Indizien?«

Stille in der Leitung. Dann hörte ich ein dumpfes Plumpsen. Aha, sie musste sich jetzt erst mal setzen.

»Nicky?«

Immer noch kein Mucks.

»Hallo? Bist du noch da?«

»Du ... du ... bist ... schw...« Sie bekam es nicht über die Lippen.

»... schwanger, ganz genau!«, half ich meiner Freundin in Nöten. »Die D-Duddeln sind der silikonfreie Bonus. Aber über die Hupen-OP denk ich bestimmt mal nach, wenn nach dem Abstillen alles hängen sollte. Natürlich nicht, ohne dich vorher zu konsultieren. Versprochen!« Immer noch geschocktes Schweigen.

Dann fügte ich sicherheitshalber hinzu: »Du bist übrigens hiermit die Erste, die es erfährt – neben dem Kindsvater, meinem Gynäkologen und meiner Mama. Zufrieden?«

Es dauerte etwa noch eine halbe Minute, dann ging am anderen Ende der Leitung endlich eine befreiende Lachsalve los, die ungefähr fünf Minuten dauerte und ziemlich ansteckend war ...

Auf diese Weise wurde ich schon mal ganz nebenbei auf die brodelnde Gerüchteküche über eine Oberweiten-Vergrößerung »der Kraus« vorbereitet, die in den nächsten Wochen nicht nur in Internetforen, sondern auch in der einschlägigen Presse hochkochte, denn nicht nur Nicky folgte der falschen Fährte. Immer, wenn ich wieder etwas darüber las, grinste ich nur – und schwieg wissend. Das Missverständnis kam mir wirklich sehr gelegen, lenkten doch die zwei Beulen des Balkons auf wundersame Weise, doch überaus effektiv von meinem tatsächlichen Zustand ab.

WENN IN DER TAILLE NIX MEHR GEHT – ZEIGT HER EUREN BALKON!

Tja, mit der legendären 90-60-90-Sanduhrfigur (die übrigens nicht nur ich nie hatte) ist im trächtigen Zustand nicht mehr viel – was nicht heißt, dass wir jetzt als unscheinbares graues Mäuschen rumlaufen müssen. Erster Schritt, um dieses Ziel zu erreichen: Einen Bogen um sämtliche Umstandsmode-Geschäfte machen, denn was einem da angeboten wird, grenzt an Körperverletzung! Dass sich dort vorwiegend formlose Hängerchen auf den Bügeln befinden, hat angeblich damit zu tun, dass die meisten Schwangeren nicht sexy erscheinen mögen. Ein Gefühl, das ich nicht wirklich teile, denn ich fühle mich auch gern im expandierenden Zustand attraktiv. Für alle, denen es auch so geht, hier mein Tipp: Man nehme eine ultragemütliche Leggings (meine war aus Jeansstretch) und dazu eine Hippie-Tunika mit Unterbrustband (auch als Empire-Taille bekannt) sowie, ganz wichtig, tiefem V-Ausschnitt. Der Trick dabei: V-Ausschnitte machen schlank, und das V zeigt genau auf das, was in der Schwangerschaft, abgesehen vom Bauch, sonst noch wächst und gedeiht ... Insbesondere Männer werden auf diese Weise zuverlässig davon abgehalten, mit ihrem Blick weiter nach unten zu wandern, und unser Bäuchlein bleibt garantiert ziemlich lange unser Geheimnis.

RICHTIG »SPACHTELN« IN DER SCHWANGERSCHAFT ODER: WIESO UNS UNSER HEISSHUNGER NICHT IMMER DAS RICHTIGE BAUMATERIAL EMPFIEHLT

Es lag allerdings nicht ausschließlich an meinen kleinen Styling-Tricks, dass viele Leute zu mir sagten: »Mensch, Sonya, man hat ja gar nicht gesehen, dass du schwanger bist. Wie bist du denn so schlank geblieben?« Dass ich nicht über Gebühr aus allen Nähten geplatzt bin, lag vor allem auch daran, dass mein Dottore mir eines Tages einen eindringlichen Vortrag über die Gefahr von Schwangerschaftsdiabetes hielt. Für alle, die noch nie davon gehört haben: Die ganze Flut verschiedener, im schwangeren Zustand ausgeschütteter Hormönchen entpuppt sich als Gegenspieler des Bauchspeicheldrüsenhormons Insulin, das vor allem für die Verdauung von Kohlenhydraten notwendig ist und unseren Blutzuckerspiegel nach einer Mahlzeit auspegelt. Unsere arme Bauchspeicheldrüse muss also sowieso schon Schwerstarbeit leisten, um die Hormon-Invasion in etwa auszubalancieren. Wenn dann aber noch die Lust auf zuckrige Kalorienbomben zuschlägt, kann es sein, dass sie vor lauter Überstunden schlappmacht. Und das ist gar nicht gut! Mein Arzt jedenfalls war alarmiert, nachdem ich ihm von meinen – sagen wir – doch sehr massiven Gelüsten erzählt hatte. Worum es sich da handelte? Um die pure Gier!

💬 GEBRATENE LEBER AUF MARMELADENTOAST AN EI

… so oder ähnlich lauten die kulinarischen Wünsche von Schwangeren. Es muss allerdings nicht immer der saure Hering im Nutella-Glas sein. Eine Freundin stellte ihre Beziehung auf eine harte Probe, indem es sie grundsätzlich nach dem gelüstete, was ihr gerade in der Fernsehwerbung angepriesen wurde. Kaum war ihr armer Freund Daniel an die Tankstelle gerast, um einen ganz speziellen Schokoriegel zu besorgen, klingelte auch schon wieder sein Handy.

Den Schokoriegel könne er gerne auch mitbringen, aber jetzt müsse sofort eine Tiefkühlpizza der Marke XYZ aufgetrieben werden. Gott sei Dank (oder wie der arme Daniel meinte, »leider«) gibt's in großen deutschen Städten mittlerweile Supermärkte, die 24 Stunden geöffnet sind. Meine Freundin meinte dazu nur, er könne froh sein, dass ihr nicht nach Klosteinen gelüste, die sähen nämlich manchmal im TV-Spot auch ganz appetitlich aus. Einen Werbefernsehen-Entzug lehnte sie strikt ab.

Aber es geht noch viel doller: Andere Schwangere haben Appetit auf rostige Nägel oder Erde und natürlich auf das Zeug, das strengstens verboten ist, wie Sushi, Carpaccio und Co.

Meine Gelüste waren dagegen echt langweilig – ich hatte nämlich (bis auf gaaaanz gelegentliche Attacken von Sachertorten-

Lust oder Hering-Sehnsucht) keine. Jedenfalls bis Punkt 22 Uhr. Täglich. Als hätte mein Magen höchstpersönlich den Wecker gestellt, ging's los. Wie ein Junkie auf Turkey brauchte ich meinen Stoff: Eis mit Schokoladensoße musste her, und zwar SOFORT!!! Gerne eine ganze Badewanne voll, mit so einem blöden Eis am Stiel brauchte man es bei mir gar nicht zu versuchen, ich rechnete nur noch in Litern. Das Seltsame: Auch nach drei Packungen fühlte ich mich blendend. Dass meine Bauchspeicheldrüse kurz vor einem Burnout stand, war mir bis zu den mahnenden Worten meines Doktors einigermaßen schnuppe. Nur am nächsten Morgen beschlich mich dann regelmäßig ein schlechtes Gewissen: Wie war das noch mal mit der gesunden Ernährung in der Schwangerschaft?

Und nach dem Arztbesuch stand endgültig fest: Es durfte abends einfach nichts, das in mein Beuteschema passte, zuhause vorrätig sein!

»Mama, ich weiß, du meinst es gut mit mir, aber bring mir bitte, bitte ab sofort kein Eis mehr mit! Der Doktor hat gesagt, ich muss da aufpassen.«

Meine Mutter sah mich sehr skeptisch an. Als Frau auf Dauer-Diät mit Faible für Süßes hatte sie ihre berechtigten Zweifel an meinem frommen Wunsch nach gesünderer abendlicher Nahrungsaufnahme. Normalerweise machte es ihr große Freude, mich mit allerlei Leckereien zu versorgen – gelegentlich fiel ja auch noch ein Bröckchen für sie ab. Aber da es ja um die Gesundheit ihres Enkelchens ging, akzeptierte sie widerstandslos meine Entscheidung. Und auch ich umschipperte brav in großem Bogen beim Einkaufen die Kühltruhen mit dem Eis. So gingen schnell und sicher unsere nicht unbeträchtlichen Eisvorräte zur Neige.

Und dann war es so weit: Als hätte die Geisterstunde geschlagen, stand »der kleine Hunger« parat, um mich in den Keller zu treiben und dann kopfüber weit in die Tiefen der heimischen Tiefkühltruhe abtauchen zu lassen – auf der verzweifelten Suche nach Eis! Aber da war nichts! Gar nichts!

Während ich mich wie ein Maulwurf durch Packungen von gefrorenem Brokkoli, Spinat und gefrorenen Erbsen grub, gingen alle löblichen Vorsätze hops. Das Ergebnis meiner Suche war vernichtend: zwei uralte Stangeneis in Weiß und Braun. Die Teile machten mich ungefähr so an wie das ganze Grünzeug, das ich um die Truhe verteilt hatte.

Ich blickte auf meine Uhr: 22:35 Uhr. Nix wie ab zur Tanke. Ich sauste – sofern das in meinem Zustand möglich war – die Kellertreppe hoch, schnappte mir Handtasche und Autoschlüssel und brauste los. Erlösung von meinen Qualen fand ich in der etwa zwei Kilometer entfernten, gut sortierten Tankstelle meines Vertrauens. Aber auch deren Vorrat an Großpackungen war endlich und nach vier abendlichen Überfällen von Frau K. erschöpft – »Nächste Lieferung in frühesten einer Woche«. Halb so wild, ich war ja motorisiert und wäre für ein Eischen mit Soße natürlich auch in die Frankfurter Innenstadt oder sogar direkt nach Italien gefahren.

Doch Not macht erfinderisch: Mir fiel noch eine ganz nahe gelegene Futterquelle ein: McDoof! Da gab es doch dieses unglaublich leckere Softeis mit warmer (juchhu!) Schokosoße. Kurz überlegte ich noch, einen Abstecher nach Hause zu machen, um meine Tupperware einzupacken – bestimmt füllten die auch XXL-Portionen ab, wenn ich sie bestach?! Ich entschied mich dann aber lieber, keine Zeit zu verlieren und direkt loszudüsen ...

Wie sich herausstellte, waren die handlichen Portionen dann doch ungemein praktisch: Das erste Eis konnte man direkt im Auto beim Drive-in schlecken, während man auf die anderen Becher wartete. Das zweite war logischerweise Proviant für die Fahrt! Das dritte Eischen genoss ich dann entspannt auf der Couch, mit dem beruhigenden Gefühl, dass Nummer vier und fünf als Nachtisch und eiserne Reserve im Tiefkühlfach auf mich warteten.

»Wolltest du nicht damit aufhören?«

Arrghh, Mama tat ja gerade, als würde ich einen Pack Kippen konsumieren. Mütter konnten ja so nerven. Sie hätte mit ähnlichen Erfolgsaussichten auch versuchen können, einen Vampir zum Umstieg auf Ketchup zu bewegen ...

Meine schlaue Mama ahnte, dass es aussichtslos war, mir mein nächtliches Eis verbieten zu wollen, und ich blieb von einer Diskussion verschont.

Am nächsten Morgen hatte sich mein Gehirn von den Zuckergelüsten befreit, und ein kolossales schlechtes Gewissen stellte sich ein. Irgendwie musste ich mich dazu bringen, einen Eis-Entzug durchzuhalten! Aber wie?

Mit Handschellen ans Bett ketten? Na, dann viel Spaß dem armen Raubtierbändiger, Fesselspielchen waren ja noch nie mein Ding gewesen. Es musste auch irgendwie einfacher gehen ...

Ein Blick auf unser Schlüsselbrett brachte die Lösung.

Im noch zurechnungsfähigen Zustand, am späten Nachmittag, hielt ich meinem Freund und meiner Mutter eine flammende Predigt: »Ab 21 Uhr dürfen hier keine Autoschlüssel mehr rumliegen, auch keine Zweitschlüssel, und die Fahrräder müssen immer im Schuppen angekettet sein.« Mein generalstabsmäßiger Befehlston hörte sich schon ganz nach »Mama« an. »Egal, was ich sage, wie sehr ich flehe, was ich verspreche: Ich bekomme keinen Autoschlüssel, keine Mitfahrgelegenheit – und auch kein Eis gebracht! Okay?«

Stilles Nicken, halb belustigte, halb mitleidige Blicke, keine dummen Kommentare – meine Eis-Fress-Orgien mussten bei meinem Umfeld einen tiefen Eindruck hinterlassen haben.

Mein Kerl konnte es dann aber doch nicht lassen, einen Kommentar abzusondern, was mich irgendwie beruhigte: »Sollen wir auch Türen und Fenster verriegeln, falls du bei den Nachbarn um Speiseeis betteln gehst?«

Ich schenkte ihm meinen atomaren Vernichtungsblick.

Knapp drei Stunden später musste ich jedoch eingestehen: Die Idee war gar nicht so abwegig! Ich sah mich schon, von Gelüsten getrieben, über den Gartenzaun klettern und meine Nachbarn terrorisieren.

Alle Schlüssel waren verschwunden, ich stand also ohne fahrbaren Untersatz da, und meine potenziellen Eis-Dealer waren somit nur per Megamarsch zu Fuß erreichbar. Natürlich hätte ich auch meine Hundis schnappen und eine ausgedehnte Nachtwanderung einlegen können ... Problem an der Sache: Meine Blase war zurzeit nach höchstens 45 Minuten maximal befüllt. Und die Aussicht, wie meine Wauzis an jeder Ecke »das Bein heben zu müssen«, fand ich nicht so sexy. Himmel, was sollte ich jetzt bloß tun gegen diesen Heißhunger!?! Auf der Suche nach einer Notlösung pilgerte ich zum Kühlschrank. Bäh, nur gesunde Sachen und mein verwaistes Schokoladen-Topping. Schokosoße pur futtern? Würde das helfen? Wieso, verdammt noch mal, konnte man nicht Gelüste nach Vollkornbrot, Spinat und anderem Grünzeug haben?

Wie eine eingesperrte Raubkatze tigerte ich durch die Wohnung. Meine Hunde beobachteten mich verstört, während mein Gehirn panisch nach einem Weg zum Eis fahndete.

»Sonya, jetzt beherrsch dich doch mal!«, kam es aus dem Schlafzimmer. »Du machst ja alle völlig irre.« Hatte mein Typ es tatsächlich gewagt, mir vorzuschreiben, was ich tun und lassen sollte? Er hatte! In diesem Augenblick wurde mir klar, was Beschaffungskriminalität wirklich bedeutete. Ich hätte rohe Gewalt angewendet, um an seine Autoschlüssel zu kommen – leider standen die Chancen gegen meinen Mucki-Man schlecht. Vielleicht ließ er sich ja mit Sex bestechen? Mist, meine Lust fokussierte sich leider gerade ausschließlich auf Kalorienreiches.

Aber vielleicht gab es ja einen Eis-Home-Delivery? Fein, wenn ich nicht zum Eis kam, musste das Eis eben zu mir kommen. Tja, das Internet gab da leider nix her, der Bofrost-Mann lag wohl schon im Bettchen.

Aber hey, wozu hatte man denn Freunde? Meine Steffi würde mir bestimmt ein, zwei Packungen vorbeibringen ... nur urlaubte die gerade auf Malle.

Während ich noch im Geiste meinen Freundeskreis durchging und überlegte, wer eventuell Verständnis für meinen bekloppten Wunsch nach einem Eis-Shuttle haben könnte, kam mir der zündende Gedanke: Natürlich! Ein Taxi musste her und mich aus meinem selbst verordneten Hausarrest befreien.

Ich wählte den Taxiruf und landete in der Warteschleife. Eine günstige Gelegenheit, noch einmal kurz zu reflektieren, was ich gerade im Begriff war zu tun. Nämlich mal mindestens 20 Euro für 'ne Taxe zu McDreck auszugeben, um dann fünf Portionen Softeis mit Soße einzuatmen und damit mein Baby schon im Mutterleib zuckerabhängig zu machen. Völlig außer Kontrolle, anders konnte man meinen Geisteszustand, neutral gesehen, wohl nicht beschreiben. War mein Gehirn proportional zum Wachstum meines Bauches geschrumpft? Und wo waren denn bitte schön mein Stolz und meine Würde geblieben? Ich legte auf, horchte in mich hinein und war mir sehr sicher zu spüren, wie mein Magen sich vor Verzweiflung selbst verzehrte. Ich litt Qualen, wollte jemandem die Augen auskratzen, verfluchte alle, die nicht schwanger waren, aber ich blieb standhaft. Statt meinen Monstermagen mit kühlen Köstlichkeiten zu beglücken, füllte ich ihn leidenschaftslos mit Hüttenkäse plus Honig. Und ging ungefähr so befriedigt ins Bett wie eine Nymphomanin nach einer Nummer mit einem Eunuchen ...

Ja, es war ein brutaler Kampf – den ich am Ende gewann! Nach ein paar Tagen eisenharten Entzugs schmeckte der Hüttenkäse schon gar nicht mehr so übel (ehrlich!), und mein Arzt war mit meinen Blutzuckerwerten mehr als zufrieden. Juhu! Die Sache war ein Aha-Erlebnis, das mich auf den Pfad der kulinarischen »Tugend« brachte: Das, was ich mir oben reinstopfte, waren nämlich die Lego-Bauklötzchen, aus denen das Baby gemacht wurde. Normalerweise bin ich ein totaler Genussmensch und achte ungern auf feste Regeln – aber in diesem Moment ging es um die Gesundheit meines Babys und natürlich meine eigene. Netter Nebeneffekt meiner Anstrengung: Ich blieb bis zur Geburt nicht nur supergesund – danach musste ich auch keine Ich-hab-für-zwei-gefuttert-Pfunde mit mir rumschleppen.

Vor allem regelmäßige Mahlzeiten habe ich mir damals angewöhnt, die mir bisher so wesensfremd waren wie ein *Kicker*-Abo. Aber wer regelmäßig futtert, hält nun mal den Blutzuckerspiegel konstant. Außerdem lernte ich, dass die Gewohnheit, den Süßkram nach dem Essen einzuwerfen – auch »Dessert« genannt –, unter Blutzucker-Aspekten geradezu katastrophal ist. Denn dadurch muss unser armer Körper nach dem opulenten Mahl noch mal ordentlich in die Insulinproduktion gehen. Ergebnis: Wir haben schneller wieder Hunger. Und worauf? Auf Süßkram. Ein Teufelskreis! Kein Wunder, dass ich immer noch viel mehr Eis vertilgen konnte als gut für mich und das Baby war ... Wenn es denn unbedingt Süßes sein muss, dann ist es besser, vor dem Hauptgang zu sündigen, denn dann wird der entstehende Hunger auch gleich befriedigt.

Übrigens, das Anekdötchen oben bitte nicht falsch verstehen:

Natürlich sind unsere Gelüste in der Schwangerschaft
nicht ganz grundlos. Irgendwas ist in dem Zeug,
auf das wir unbändigen Appetit verspüren und
das unser Körper gerade dringend braucht.

Mein Body benötigte vermutlich einfach das Eiweiß oder das Kalzium aus der Milch. Aber diese gesunden Sachen verträgt er nun mal am besten ohne die Monsterportion Industriezucker. Den gab's nämlich noch nicht, als die Evolution das System Schwangerschafts-Heißhungerattacke entwickelt hat.

KEIN WITZ: LAKRITZ MACHT SCHREI-BABYS

Eine Hamburger Freundin von mir sagt immer: »Lakritz macht spitz«, bevor sie aus der Schale mit den Lakritzschnecken die nächste Beute angelt. Als echtes Nordlicht liebt sie das schwarze Klebezeug über alles und mampft gern mal nebenbei eine ganze Tüte am Tag – so geschehen auch in ihrer Schwangerschaft. Dass sie ein Schrei-Baby bekam, das ihr und ihrem Mann im ersten Jahr den letzten Nerv raubte, hätte sie oder irgendjemand anders logischerweise nie in Zusammenhang mit ihrem Lakritze-Konsum gebracht. Doch kürzlich bin ich auf eine gemeinsame Untersuchung eines Teams der Uni Helsinki und eines der Uni Edinburgh gestoßen: Mütter, die wöchentlich etwa 100 Gramm (oder mehr) reine Lakritze aßen, bekamen Schrei-Kinder, die später obendrein noch Konzentrationsschwierigkeiten oder sogar einen niedrigeren IQ hatten. Offenbar blockiert ein Stoff in der Lakritze ein Enzym, das ein Zuviel des Stresshormons Kortisol davon abhält, die Plazenta zu fluten. Also mit Baby im Bauch besser Fingerchen weg von der Leckerei – auch wenn's schwerfällt.

Es gibt Frauen, die werden nicht nur süchtig nach ihren lieben Kleinen, sondern auch süchtig nach dem Schwangersein. Diese Ladys wollen immer wieder diesen Ausnahmezustand erleben – das hat zumindest die kalifornische Leihmutter Susan Ring zugegeben, die (bisher) zehn Kinder bekam, davon »nur« zwei eigene. Dass Angelina Jolie auch mal langsam zur Suchtberatung gehen könnte und Sarah Connors Mutter mit ihrer »Im Dutzend billiger«-Schar möglicherweise ebenfalls »drauf« ist – man kann darüber spekulieren. Was so toll daran sein soll, zum Michelin-Weibchen zu mutieren, konnte *ich* mir allerdings in der Zeitrechnung vor dem Tag X nie so richtig vorstellen. Jetzt weiß ich: Es gibt tatsächlich ein paar ganz handfeste Highlights, mit denen ich nie gerechnet hatte. Hier kommen meine Top 11 – die beginnen mit dem unschlagbaren ...

Platz 1: Guuuude Launeeee!

Alle, die mich kennen (und lesen), wissen: Ich bin bereits unbefruchtet kein Kind von Traurigkeit. Darauf, dass mein Spaß-Level noch getoppt werden könnte, war ich kaum vorbereitet, doch, Mädels, die Spitzen-News lautet: Schwanger sein macht Laune! Aber hallo! Das liegt allerdings nicht nur an Psycho-Faktoren wie der Vorfreude aufs Baby, sondern an handfestem Eigen-Doping: Unser Körper produziert nämlich jetzt in der Plazenta Progesteron in rauen Mengen, und dieses Hormon gilt als starkes natürliches Antidepressivum. Wer braucht da schon Drogen?

Platz 2: Bye-bye, Migräne!

Noch eine »Nebenwirkung« des Progesterons. Viele Mädels stellen in der Schwangerschaft fest, dass ihre sonst so hartnäckige Migräne sich plötzlich spurlos in Luft auflöst, und halten das für Zufall – ist aber keiner! (Falls sie nach Geburt und Stillzeit wiederkehrt, kann übrigens natürliches Progesteron helfen; siehe auch Teil II.)

Platz 3: Adios, Allergie!

Ob Heuschnupfen, Hausstaubmilben-Allergien oder übermäßige Reaktion auf Katzenhaare: Bei den meisten Muttis in spe gehen Allergien in der Schwangerschaft stark zurück oder verschwinden komplett. Selbst Autoimmunkrankheiten wie multiple Sklerose oder Darmentzündungen haben meist Pause, wenn Frauen ein Baby erwarten. Die Ursache: Bei Allergien feuert das Immunsystem auf falsche Feinde, bei Autoimmunkrankheiten richtet sich die Abwehr gegen den Körper. Mit der beim Einzug unseres kleinen Untermieters deutlich heruntergeregelten Immunabwehr passiert das nicht mehr so leicht.

Platz 4: Hormon-Kosmetik für Haut und Haar

Glänzende Löwenmähne, pralle rosige Wangen, ausgebügelte erste Fältchen, und auch die Pickel sagen ade: So eine Trächtigkeit ist die reinste Naturkosmetik, hundert Mal effektiver als ein fünfwöchiger Aufenthalt in der Wellness-Oase. Der ausgetüftelte Hormon-Cocktail macht uns jetzt wunderschön weich und weiblich. Bloß schade, dass es die Wunderformel nicht als Pflegeserie für hinterher gibt.

Platz 5: Auszeit für Push-ups – von A nach B nach C ...

Selbst Damen mit A-Körbchen verfügen nun nicht nur über ein Babybäuchlein, sondern nebenbei plötzlich gleichfalls über eine respektable Oberweite. Auch ich konnte mir vorübergehend meine alten Klebeband- und BH-Tricks sparen. Ein Hurra auf den Busen der Natur!

Platz 6: High Energy

Geballte Hormonpower lässt in der frühen Schwangerschaft nicht nur unseren Balkon wachsen. Auch unsere Mucki-Kraft und unsere Energie schnellen jetzt oft in schwindelnde Höhen. Ich fühlte mich (mit Ausnahme von ein paar Tiefs, in denen ich besonders schläfrig war) jedenfalls ziemlich häufig wie Supergirl. Bis ich mit wehendem Umhang zur Rettung der Welt abhob, war es nur noch eine Frage der Zeit ... Verantwortlich für dieses Hoch ist ein Hormönchen namens Nandrolon – pures Doping! Kein Scherz: Das Zeug steht auf der Liste der verbotenen leistungssteigernden Substanzen! Man munkelt, dass in der früheren Sowjetunion Sportlerinnen vor wichtigen Wettkämpfen künstlich geschwängert wurden, um legal von dem Pushing profitieren zu können – anschließend wurde dann schnell wieder abgetrieben. Gemein!

Platz 7: Eine Sorge weniger

Soll ich? Soll ich nicht? Werde ich es bereuen, kein Kind zu haben, wenn ich alt und grau bin? Sind Kinder toll? Oder doof? Und warum, zum Teufel, muss ich mir darüber regelmäßig nachts um drei Gedanken machen? Die Grübelspirale ist nun zuverlässig gestoppt – we did it! Heißt: Wir gehören jetzt offiziell zum produktiven Teil der Bevölkerung. Wir tun was für die Rente, für die Kultur, für die Gemeinschaft, für die glückliche Oma – und werden auch nie mehr schief angeschaut werden mit der sensiblen Bemerkung »Ach? Ihr wollt keine Kinder?«. Juhu!

Platz 8: Kein PMS, keine Tampons, keine Krämpfe

Ein Befreiungsschlag: Monatelang keine Slipeinlagen und keine Tampons mit sich rumschleppen müssen. Kein Gedanke mehr ans rechtzeitige Wechseln, auch weiße Klamotten können ohne Bedenken jederzeit getragen werden. Keine Roller-coaster-Stimmungsschwankungen an den Tagen vor den Tagen, keine tagelange Bettruhe wegen widerlicher Menstruationskrämpfe, deren nur mit einer Klinikpackung Krampflöser Herrin zu werden ist. Geht's noch besser? Ja:

Platz 9: Der Bienenstock umschwirrt seine Königin

Okay, in dem Punkt hätte ich meinen Zustand durchaus etwas besser ausnutzen können. Aber ich kenne viele Mädels, die ihre Umgebung »umständehalber« fest im Griff hatten, insbesondere das männliche Personal – Väter, Lover, Freunde – wird im Allgemeinen gut mit Schlepp-, Aufbau-, Bring- und Massageservice-Arbeiten für die brütende Königin ausgelastet. Richtig so, denn für die wird es noch früh genug stressig!

Platz 10: All you can eat

Nun ja, das ist vielleicht ein winziges bisschen übertrieben – völlig unkontrolliert reinzuhauen ist auch unter anderen Umständen nicht drin. Zumindest nicht, wenn man nicht hinterher als *Supersize-Me* rumlaufen will. Aber mehr als nur ein karges Salatblatt-Arrangement an Senfsoße dürfen wir jetzt durchaus verputzen. Tatsächlich liegt der Kalorienbedarf bis zum dritten Monat mit etwa 2.200 Kalorien pro Tag um gut 300 Kalorien höher als im nicht trächtigen Zustand, danach sind's mit 2.500 sogar gut 600 Kalorien mehr. Das ist mehr als eine ganze Tafel Milchschokolade! Oder ein kleiner Döner! Jeden Tag! Betreiber von Webseiten oder Ärzte mögen das »unwesentlich« finden, aber wahrscheinlich waren die auch noch nie auf Diät.

Platz 11: Babybauch verleiht Flüüüügel

Tja, wer hätte das gedacht: Wir Mädels kommen jetzt besser zu einem intensiveren Orgasmus! Der verstärkten Durchblutung im Allerheiligsten ist's zu danken. Nur den Anlasser müssen wir erst mal finden – doch zu diesem klitzekleinen Problemchen komme ich später noch ...

NIEDER*TRÄCHTIG*: ZWÖLF GEMEINE SABOTAGEN AUF DER BABY-BAUSTELLE – UND STRATEGIEN, UM SIE ZU VERHINDERN

So, jetzt kennen wir also einige der funkelnden Highlights unserer neuen Situation – die natürlich noch überstrahlt werden von der Vorfreude, bald ein niedliches brandneues Wesen an unseren neuerdings wogenden Busen drücken zu dürfen. Aber Mutter Natur wäre nicht sie selbst, hielte sie nicht als kleinen Ausgleich auch eine ausgesuchte Tüte Gemeinheiten bereit – so sicher, wie sie dem armen Lothar Matthäus nach einer hoffnungsvollen Single-Phase doch wieder den nächsten blutjungen Raffzahn auf den Hals hetzt ...

Die meisten Mama-Ratgeber sind zum Beispiel voll mit Ermahnungen, was wir in der Schwangerschaft essen sollen, was wir essen müssen, was wir noch essen dürfen, aber vor allem: Was auf gar keinen Fall unsere Futterluke passieren darf. Wenn's das wenigstens schon gewesen wäre! Nicht nur die Ernährung aber ist für die gebeutelte Bald-Mama das reinste Minenfeld. Was wir alles jetzt erst mal nicht mehr tun dürfen oder was uns in Form von Zipperlein das Leben schwer macht, fällt schon fast unter Freiheitsberaubung oder sadistische Folter. Hier sind meine zwölf persönlichen Anti-Favoriten – plus Tipps, wie wir ihnen ganz schnell den Schrecken nehmen:

Sabotage Nr. 1: Delikatessen-Entzug

Es ist leider nicht nur das Zuviel an süßem Zeug, das in der Schwangerschaft problematisch ist. Eine ganze Armee von Leckereien ist plötzlich für neun Monate komplett tabu – vieles sogar auch in der anschließenden Stillzeit. Folter! Besonders von allen Lebensmitteln, die Listerien enthalten können – Bakterien, die grippeähnliche Symptome hervorrufen und dem Baby schaden können –, müssen wir uns fernhalten. Das sind zum Beispiel **Rohmilchkäse** wie Brie, Gorgonzola und weitere köstlich-cremige Kollegen. Außerdem roh gegessen Spezialitäten wie **Carpaccio, Tatar, Lachsschinken** und roher Fisch wie **Sushi** oder **Räucherfisch**. Neben den Listerien-Verdächtigen stehen logischerweise auch **Alkohol, Red Bull, Kaffee, Cola, schwarzer und grüner Tee** auf dem Index, ebenso die bereits erwähnte **Lakritze**. Sogar **dunkle Schokolade** und **Kakao** gehören zu den verbotenen »Drogen« – wegen des darin enthaltenen Koffeins. Argh!

Think-Pink-Strategie: Ersatzdrogen finden! Ich hing statt an der Cola- an der Malzbierflasche, Freundinnen sind von ihrer geliebten Weißweinschorle auf Bionade umgestiegen. Kaffee-Junkies betrügen sich selbst mit Getreidekaffee im Latte Macchiato (bitte keinen entkoffeinierten Kaffee nehmen, der treibt den Cholesterinspiegel in die Höhe). Und Sushi-Addicts steigen auf vegetarische Röllchen um, wie etwa Tamago Sushi (mit Ei) oder California Rolls (mit Gemüse). Oder sie machen das Zeug einfach selbst – mit kurz durchgebratenem Fisch. Schoki-Fans satteln vorübergehend von den dunklen Varianten auf Milchschokolade um, und Teefreunde nippen an Roibusch- oder Yogi-Tee. Wenn es Carpaccio sein soll, überlisten wir uns einfach mit dünnen Bratenscheiben oder weichen auf fein gehobeltes Gemüse oder Obst aus (Tipp: Birnencarpaccio mit gerösteten Sonnenblumenkernen und Olivenöl. Himmlisch!). Käsefreunde finden zum Glück eine große Auswahl an Nicht-Rohmilchkäsen oder greifen zu lang gereiftem Hartkäse wie uraltem Bröckelgouda – die Listerien überstehen den Reifeprozess nämlich nicht. Und selbst eine potenzielle Bakterienschleuder wie Gorgonzola wird in einer heißen Soße oder als Käsekrüstchen auf der Pizza unschädlich. Klingt schon gar nicht mehr so schlimm, oder?

Die Entdeckung einer neuen Speise
fördert das Glück der Menschheit mehr
als die Entdeckung eines neuen Sterns.
(Jean Anthèlme Brillat-Savarin, französischer Philosoph)

GESUNDE BAZILLEN – DIE MILCH MACHT'S!

Es gibt jedoch nicht nur fiese Bakterien! Babys bekommen einer finnischen Studie zufolge seltener Neurodermitis, wenn deren Mamis in den letzten Schwangerschaftswochen und in der Stillzeit Probiotika in Kapselform einnehmen – oder einfach probiotische Milchprodukte wie Kefir, Dickmilch oder Buttermilch futtern. Die enthalten die netten Milchsäurebakterien übrigens immer – auch wenn es nicht auf dem Deckel steht. (Produkte mit dieser Angabe kosten nur gleich doppelt so viel ...)

Sabotage Nr. 2: Übel mitgespielt

Dass viele Bald-Mamas im ersten Drittel der Schwangerschaft täglich der Badkeramik »Guten Morgen« sagen, ist allgemein bekannt. Umso überraschender, dass zumindest ich nicht davon betroffen war – dafür musste ich andere Gemeinheiten über mich ergehen lassen (siehe nächster Punkt). Vielleicht lag es ja daran, dass ich einen Jungen bekommen habe – angeblich sind Frauen, die Mädchen erwarten, häufiger von der Kotzeritis betroffen. Wissenschaftlich belegt ist das aber nicht. Statistisch gesehen haben allerdings Frauen, die unter **Morgenübelkeit** leiden, seltener Fehlgeburten – das ist doch mal ein positiver Aspekt, oder?

Think-Pink-Strategie: Ich bin auf eine tolle Sache gestoßen: Ein Akupressurband fürs Handgelenk, das Punkte massiert, die den Magen beruhigen. Ursprünglich kommt das Ding aus Großbritannien, wo es sich gegen Seekrankheit bewährt hat – darum heißt es auch »Sea-Band«. Bei uns ist das clevere Teilchen in jeder Apotheke bestellbar (und kostet um die 15 Euro). Noch ein Tipp: Ein Stück frischen Ingwer schälen und kauen – das hilft innerhalb von Minuten gegen fast jede Form von Übelkeit. Wem Ingwer pur zu heftig ist, der kann die frische Wurzel schälen, zerkleinern, mit heißem Wasser übergießen, nach Geschmack mit Honig süßen – und die Magenfläue einfach wegtrinken.

Sabotage Nr. 3: Badenixen-Verbot

Diese besonders heimtückische Sabotage sucht glücklicherweise nicht alle Schwangeren heim – hat aber die Autorin dieser Zeilen in ihrem Wohlbefinden beeinträchtigt, vermutlich als Ausgleich für die ausgebliebene Übelkeit. Der Arzt diagnostizierte bei mir die Gefahr von **Frühwehen** und ernannte meine heißgeliebte Badewanne zur verbotenen Zone. Mein einziger Trost: Ich habe

mein Baby im Juli 2010 bekommen, dem transpirationsför-
derndsten Sommer seit Jahrzehnten – bei der Hitze stand selbst
mir nur etwa jeden zweiten Tag der Sinn nach einer entspannten
Planscherei und nicht wie sonst an jedem.

Think-Pink-Strategie: Duschen – und sich darüber freuen,
dass das ja nun mal viel besser für die Haut ist als ein Vollbad.
Aber vor allem: Es möglichst gar nicht so weit kommen lassen
und von Beginn der Schwangerschaft an kompromisslosen Ego-
ismus walten lassen! Im Nachhinein bin ich nämlich überzeugt,
dass mein Problem hausgemacht war: Ich habe noch bis zur letzten Sekunde volles Rohr wie eine Irre geschuftet, weil ich für die
Zeit nach der Geburt »vorarbeiten« wollte. Die Frühwehen (und
damit das Badewannenverbot) waren die Quittung. Heute weiß
ich, was auf dem Spiel steht, und denke mir: Das hätte auch in die
Hose gehen können – und das hätte ich mir nie verziehen. Seien
Sie bitte schlauer als ich und nehmen Sie den Turbogang raus!

Sabotage Nr. 4: No sex until Niederkunft

Keine Panik! Dieses ärztliche Veto wird nicht in allen Fällen, aber
zum Beispiel bei Frühwehen-Gefahr eingelegt. Meist ist dann ab
dem sechsten Monat Schluss mit wilder Kamasutra-Akrobatik. So
leider auch bei mir (siehe oben)! Als wenn man nicht schon genug
nicht dürfte. Aber ich konnte noch froh sein, dass ich nicht die
ganze Zeit untätig in der Horizontalen verbringen musste – auch
das kann nämlich passieren. Brütend wie eine Henne in der Legebatterie? Das wäre für mich die Qual schlechthin gewesen.

Think-Pink-Strategie: Sex light ist meistens erlaubt – den
Teenagern dieser Welt auch als Petting bekannt. Und auch münd-
lich dürfen die werdenden Eltern im Allgemeinen aktiv werden.
Bleibt nur das Problem, dazu Lust zu haben …

Sabotage Nr. 5: Magischer Zipperlein-Magnetismus

Eigentlich ist es ja schlau, dass die **Abwehrkräfte** von schwangeren Mädels auf ein Minimum **runtergefahren** werden, damit

das Baby nicht aus Versehen als Fremdkörper abgestoßen wird. Schön ist dabei, dass sich dadurch Allergien bessern oder sogar vorübergehend ganz verschwinden – das hatten wir schon. Nachteil der Sache: Wir kriegen zwar keinen Heuschnupfen, dafür fangen wir uns jetzt aber jedes Kinkerlitzchen ein. Vom harmlosen Schnupfen bis zur ausgewachsenen Grippe. Doppelt beknackt, denn auf bewährte Chemiekeulen à la Wick MediNait, Paracetamol und die anderen Kumpels aus der Pharma-Gang können Mamas in spe nicht zurückgreifen – alles strengstens verboten. In meinem Fall rieben sich meine alten Bekannten, die Blasenentzündungen, die Fingerchen und fielen wiederholt über mich her.

Think-Pink-Strategie: Sich in Zen-Gelassenheit üben und geduldig abwarten, bis der Spuk vorbei ist. Dabei (Kräuter-)Tee trinken oder bei Blasenentzündung Cranberrysaft-Cocktails literweise kippen, selbstverständlich alkoholfrei. Auch schön: sich von der zukünftigen Oma Hühnersuppe kochen und vom werdenden Vater die Füße massieren lassen – oder sanft den Bauch (siehe Sabotage Nr. 9).

Sabotage Nr. 6: Graffiti am Bein

Es ist wirklich eine Unverschämtheit! An unseren Beinen und sogar in unseren intimsten Sphären (die mit Beginn einer Schwangerschaft so intim ja nicht mehr sind, weil ständig jemand an uns herumkontrolliert und -ultraschallt) entstehen jetzt oft schmerzhafte Marmorierungen: **Besenreiser, Krampfadern & Friends**. Selbst vor unserem Popöchen macht die Plage nicht halt: Krampfadern im Mastdarm kennen wir unter dem klangvollen Namen Hämorrhoiden – nicht gerade ein Smalltalk-Thema zwar, aber jetzt total normal. Die Schwangerschaftshormone lockern nämlich das ohnehin nicht so feste weibliche Bindegewebe noch weiter auf, damit wir in der Körpermitte schön auseinandergehen können. Leider fehlt unseren Blutgefäßen dann der Halt, und sie versacken regelrecht. Mini-Trost: Viele der Krampfadern gehen nach der Schwangerschaft von selbst wieder zurück. Und was bleibt, lässt sich relativ einfach von einem Venenspezialisten entfernen.

Think-Pink-Strategie: Es ist vielleicht nicht sonderlich damenhaft (doch was ist das an einer Schwangerschaft schon?), aber das oberste Gebot lautet: Füße hoch und andere für uns arbeiten lassen! Viel rumzustehen oder zu sitzen ist jetzt Gift, darum sollten wir unsere Quäntchen nach Möglichkeit lässig auf dem Tisch lagern. Das Fußende des Bettes kann man ebenfalls ein bisschen höherstellen, und ein Kissen auf der Schreibtischkante ist absolut erlaubt. Auch auf der Seite zu liegen entlastet die Venen im Bauchraum. Wenn wir es beruflich nicht vermeiden können, viel zu sitzen oder zu stehen (wie ich), kann uns unser Gynäkologe vorsorglich spezielle Kompressionsstrumpfhosen aus dem Sanitätshaus verschreiben – ohne Rezept sind die Dinger leider sündhaft teuer. Außerdem: Nie die Beine übereinanderschlagen, stattdessen viel spazieren gehen und schwimmen. Shiatsu-Massagen, Wechselduschen und Akupunktur sollen ebenfalls helfen, ferner Salben und ätherische Öle, die ein kompetenter Heilpraktiker-Miraculix für uns zusammenstellt – denn nicht alles ist jetzt geeignet ...

Sabotage Nr. 7: Der Schrecken mit den Flecken

Wenn man so eine Schwangerschaft exakt timen könnte, würde ich immer für eine Winterträchtigkeit mit Frühjahrslieferung des Babys plädieren: Man muss bei sengender Hitze nicht etliche Extrakilos mit sich rumtragen, und zumindest in den stressigen ersten Monaten kommt das Kind mit leichter Kleidung aus – denn der Sommer ist ja bereits im Anmarsch. Im Winter hätte man auch nicht das leidige Fleckenproblem: Sobald die Sonne auf unsere gerade so zarte Pelle trifft, können uns unsere vielseitig begabten Hormönchen »Sommersprossen« der besonderen Art bescheren: riesige braune **Pigmentflecken**, die mit ein bisschen Pech leider auch nicht wieder verschwinden. Unschön! Selbst in den ersten Wochen ist unsere Haut so UV-empfindlich wie eine

Fotozelle. Ich selbst habe mir im Brasilienurlaub, als ich noch keine Ahnung davon hatte, schwanger zu sein, den Sonnenbrand meines Lebens geholt. Ich war tatsächlich komplett hummerfarben gebrutzelt!

Think-Pink-Strategie: Wer wie ich zu den Sonnenanbetern gehört und sein Leben nicht in abgedunkelten Räumen verbringen will, sollte sich mit breitkrempigen Hüten ausstatten und unbedingt zu Sunblockern für die Visage und andere ungeschützte Hautpartien greifen: Lichtschutzfaktor 50 und höher ist jetzt reine Selbstverteidigung.

Sabotage Nr. 8: Ententanz mit Daisy Duck

Dass High Heels in der Schwangerschaft etwa ab dem vierten Monat wegen offensichtlicher Statikverschiebungen zur wackligen Angelegenheit werden, konnte ich mir schon als Schwangerschaftsunerfahrene denken. Aber davon, dass die **Füße** um bis zu eine Größe **wachsen**, war ich ehrlich überrascht.

Think-Pink-Strategie: Wer nicht bei der Umstandsmode für die Füße (besser bekannt als Gesundheitslatschen) landen will, sollte im Sommer möglichst viel barfuß laufen – Verzeihung: watscheln – und dem Flip-Flop-Gott »Havaianas« huldigen. Die brasilianische Nationalfußbekleidung ist meiner Erfahrung nach die einzige Badelatsche, die durch die V-Form nicht nur einen schlanken Fuß macht, sondern deren Material auch wirklich fußfreundlich anschmiegsam ist – bei zehn Kilo zusätzlichem Lebendgewicht weiß man das zu schätzen. Modisch und praktisch bewährt haben sich für mich außerdem bequeme hohe Chucks oder andere knöchelhohe Turnschuhe, auch in puncto Unfallprävention. Denn: Nicht nur unser Bindegewebe, auch die Bänder werden in der Schwangerschaft loser, und wir knicken jetzt leichter um.

Sabotage Nr. 9: Streifen-Tattoos an Rückfassade und Balkon

Sie können jede von uns treffen: **Schwangerschaftsstreifen!** Die Rankenmuster entstehen, wenn das Bindegewebe bei der Expansion unserer Körpermitte und Hupen reißt, anstatt sich mitzudehnen, wie sich das gehört.

Think-Pink-Strategie: Wer Schwangerschaftsstreifen vorbeugen will, bekommt seine Kinder am besten erst über 35! Klingt nach einem Witz? Ist aber keiner: Je jünger eine Mama ist, desto straffer ist ihr Gewebe – und reißt dementsprechend schneller. Etwas »reifere« Bauchdecken sind jedoch schon einigermaßen ausgeleiert, hier muss gar nicht mehr so sehr gedehnt werden, und die doofen Streifen treten entsprechend seltener auf. Endlich mal ein *Vorteil*, relativ spät Mama zu werden! Alle weiteren (immerhin sehr wirksamen) Vorbeuge-Maßnahmen sind leider mit Arbeit verbunden: Zupfmassagen und regelmäßige Ölsalbungen halten das Gewebe locker – und sollten leider zwei Mal täglich ausgeführt werden. Mein Tipp: Hier muss Vaddi ran!

Sabotage Nr. 10: Die Pipi-Pest

Mit Baby im Bauch kennen wir irgendwann sämtliche öffentlichen und nicht-öffentlichen Toiletten unserer Heimatstadt – ich hab sogar schon ein paar Häuser weiter geklingelt, weil ich es beim Gassigehen mit meinen Hundis definitiv nicht mehr die paar Meter bis nach Haus geschafft hätte und kurz davor war, selbst das Bein am Baum zu heben. Ergänzend werden wir durch ungefähr stündliches Aufwachen nächtens schon mal auf das vorbereitet, was nach der Geburt auf uns zukommt. Erst ist es das Schwangerschaftshormon, das uns auf die Brille zwingt, später drückt das Baby auf die Blase, sodass die nach ungefähr fünf Minuten bereits maximal gefüllt ist.

Ganz grenzwertig wird's, wenn kein Klo und kein Gebüsch in Reichweite sind – zum Beispiel im Stau.

Think-Pink-Strategie: Ein dreifaches Halleluja auf die Erfindung des Pipi-Trichters! Ein Meilenstein der Emanzipation! Die hilfreichen Teile aus Silikon und ähnlichen Materialien gibt's mittlerweile in verschiedenen Ausführungen und von unterschiedlichen Herstellern. Sie heißen Urinelle, Shewee, pStyle, pibella, LadyP, Whiz Freedom oder GoGirl und sind problemlos übers Internet zu beziehen. Damit kann man (nicht nur als Schwangere) an jedem Baum im Stehen pinkeln. Im Stau brauchen wir noch zusätzlich ein Gefäß wie etwa eine leere und wieder verschraubbare Waschmittelflasche – liegt bei mir für absolute Notfälle immer unterm Beifahrersitz. Etwas teurer sind Pinkel-Beutel wie beispielsweise Pee-Billy, der ein Granulat enthält, welches das Pipi geruchsneutral bindet. Oder andere Flüssigkeiten (siehe Sabotage Nr. 2).

Sabotage Nr. 11: Angst und Schrecken

Albträume: Vielleicht die schlimmste aller Schwangerschafts-Plagen, die vorzugsweise nachts um drei die Gedanken auf Kreiselkurs schickt. Meine Mama hatte mehrere Fehlgeburten – und natürlich setzte sich dieser Gedanke auch bei mir fest: Was, wenn das bei mir auch so wäre? Dazu kommt die Angst, dass dem Kind etwas passiert, weil die doofe Nuss von Mutter (also ich) aus Versehen etwas Falsches tut. Die Sorge, eine Frühgeburt zu haben. Die Angst, dass das Kind behindert sein könnte. Und natürlich die Panik vor dem Schlachtfest, Verzeihung: der Geburt ...

Think-Pink-Strategie: Für alle, die mich als rund um die Uhr optimistische Happy-Nudel kennen, werden die folgenden Worte vielleicht etwas unerwartet kommen, aber ich muss hier einfach Tacheles reden: Eine gewisse Schutzangst ist total wichtig! Wer Furcht hat, was falsch zu machen, bleibt vernünftig, verkneift sich trotz Schmacht Kippen und Weinchen und kommt schlicht und ergreifend nicht auf idiotische Ideen wie die, im neunten Monat noch einen Bungee-Sprung zu absolvieren. Mir jedenfalls hätte es gutgetan, meinen Respekt vor einer Frühgeburt nicht zu verdrängen. Statt meinen Ausnahmeumstand zum Anlass zu nehmen, einfach mal zu relaxen, habe ich mich und meinen armen Körper komplett überfordert mit meinem Anspruch, so zu sein »wie immer«. Ich bin zwar nicht unter die Bungee-Springer gegangen, aber habe nicht nur weitergeackert as usual, sondern dabei sogar noch einen Zacken zugelegt – denn es waren ja andere Menschen bei ihrer Arbeit von mir abhängig, meine Redaktion, die Techniker, das Studio-Team ... Dass ich hier leider an falscher Stelle vorbildliche Verantwortung zeigte, war mir nicht ganz klar. Ein Streit mit dem Kindsvater brachte dann das Fass zum Überlaufen und mein Bäuchlein in Aufruhr. Tja, und als mir der Arzt schließlich eröffnete, dass mein kleiner Untermieter gerade gewisse Anstalten machte, viel zu früh aus seiner wohlig-warmen Höhle auszuziehen, ging mir erst mal, nennen wir es ruhig beim Namen, der Arsch auf Grundeis. Mithilfe von Wehenhemmern und dem kompromisslos eingelegten Rückwärtsgang ging dann zwar alles gut. Trotzdem, liebe schwangere Leserinnen, bitte seid schlauer als die olle Kraus: Nehmt das Wort »Mutterschutz« ernst und nutzt die Zeit vor dem Touchdown für entspannende und schöne Dinge. Sachen, für die Ihr – Ehrenwort – bald erst mal keine Zeit mehr haben werdet. Zum Beispiel: Bücher zu lesen und, vor allem, ausgedehntes Schlafvergnügen ... Bitte nicht missverstehen:

Die Empfehlung, manche Ängste ernst zu nehmen, setzt keinesfalls meine grundsätzliche Think-Pink-Lebenseinstellung außer Kraft!

Ganz im Gegenteil: Vernünftige Selbstschonung ist nicht das Gleiche wie irrationale Panik. Wer, statt zu entspannen, ständig grübelt und sich Worst Case Scenarios ausmalt, produziert nur massenhaft Stresshormone – und die sind definitiv nicht gut. Anstatt den Blick auf theoretische Katastrophen zu lenken, dürfen wir ruhig optimistisch sein. Immerhin sind wir in unserer westlichen Welt in der luxuriösen Situation ärztlicher Rundumbetreuung! Das bedeutet natürlich nicht, blauäugig auf wichtige Untersuchungen zu verzichten. Insbesondere »Spätgebärende« wie mich beruhigt es unglaublich, gewisse Risiken ausschließen zu können.

Einige Mädels lassen indes zum Beispiel trotz Verdachts auf Anomalien wie Trisomie 21 – auch bekannt als Down-Syndrom – keine weiterführenden Tests machen, aus Angst vor einer Fehlgeburt oder weil sie befürchten, dass das Baby durch eine Gewebeentnahme geschädigt werden kann. Auch das ist in gewisser Weise verständlich!

Da hilft es zu wissen, dass das Risiko enorm sinkt, wenn man Chromosomentests wie die Chorionbiopsie von einem sehr erfahrenen Arzt machen lässt, der sich auf solche Untersuchungen spezialisiert hat. Außerdem am besten **nicht vor der zehnten Woche** – ab dann ist die Gefahr einer Verletzung der Gliedmaßen des Babys gering. Wer trotzdem Bammel hat: Die einige Wochen später durchgeführte Fruchtwasseruntersuchung – Amniozentese – birgt insgesamt ein deutlich geringeres Risiko, allerdings wäre ein möglicher Schwangerschaftsabbruch schon eine größere Sache. Hier heißt es abwägen!

Sabotage Nr. 12: Die TrueBlood-Flut

Unerklärliches Niagarafall-artiges Nasenbluten hatte ich schon, als ich noch gar nicht wusste, dass ich schwanger bin – falls Sie also plötzlich aus dem Riechkolben tropfen und nicht im Kloster leben, machen Sie doch einfach mal einen Schwangerschaftstest. Besonders »schön«, wenn man eine mehrstündige Bahnfahrt zur Rushhour vor sich hat und noch keiner wissen soll, dass man schwanger ist ...

Think-Pink-Strategie: Immer Tempos dabeihaben oder noch besser: nasengerechte Wattebällchen.

Wie genau ich oben erwähnte Situation meisterte, als ich mit meinem besten Kumpel Julius zum Brainstorming für mein voriges Buch verabredet war und danach ins Studio nach Köln düsen sollte? Nun ja, so:

🗨 PINK POWER – MÖGE DIE MACHT MIT MIR SEIN

Ich betätigte die Klingel und wartete. Doch es passierte – gar nichts. Kein Summer öffnete mir die Tür, die Gegensprechanlage blieb stumm. Noch mal: Dingdong! Dingdong! Nichts! Stille! Na, großartig, niemand zu Hause? Hatte Julius unser wichtiges »Date« vergessen? Gerade wollte ich noch etwas energischer vorgehen und dem Begriff »Sturm klingeln« eine Steigerung verpassen, da hielt ich inne. Da war was! Ich hörte es schlurfen. Dann schepperte es, und ein gedämpftes »Aua« drang an mein Ohr. Anschließend setzte das Schlurfen wieder ein und wurde lauter. Schließlich ging die Tür auf, und Julius stand vor mir: Total verpennt blinzelte er ins Tageslicht. In Flip-Flops und in sexy Boxershorts, die sich verdächtig ausbeulten. Ich musste grinsen, hier hatten wir es mit einer astreinen PRÄ-MO-LA zu tun (kurz für »prächtige Morgenlatte«). Die stand leider, wie der komplette Mann, der Damenwelt nicht zur Verfügung. Wenn ich nicht bestens versorgt gewesen wäre, hätte ich das einmal mehr als ungerecht empfunden. Im Hintergrund sah ich die umgekippte sündhaft teure orientalische Metallvase, die Julius als Schirmständer benutzte. Detective Kraus schloss messerscharf: Hier lag der Grund für das Scheppern!

»Sonya? Was machst du denn hier? Und wieso ist das schon so hell?«

»Wir waren verabredet, mein Süßer!«

Julius kratzte sich verwirrt am Wuschelkopf: »Ääääh, verabredet? Wie? Heute? War das nicht erst ... später? Was für ein Datum haben wir denn?«

Ich kramte mein BlackBerry heraus, öffnete die Kalenderfunktion und zeigte ihm meine Notiz zu unserem vereinbarten Treffen. »Da steht's, du Schlafmütze: 23. März. Brainstorming ›Zitrone‹. Glaubst du mir jetzt?«

Julius gähnte und rieb sich das Kinn.

»23. März? Moment ... Irgendwas war am 23. März.«

»Bingo! Vollkommen richtig geraten«, antwortete ich. »Unser Treffen nämlich. Lass mich mal durch, ich schmeiß die Kaffeemaschine an, und du hüpfst am besten unter die Dusche. Aber vergiss nicht, dich kalt abzuduschen. Ist gut fürs Gewebe und macht wach für intellektuelle Höhenflüge!«

Schon hatte ich mir den Weg in Julius' top ausgestattete Hightech-Cucina gebahnt und schaufelte Öko-Fair-Trade-Arabica-Espresso (Julius ist der Ansicht, dass auch jeder Einkauf eine Gelegenheit ist, gutes Karma in die Welt zu bringen) in die glänzende Edelstahlmaschine. Ein Gimmick, das vermutlich so viel kostete wie mein Wagen unten auf der Straße. Julius war nicht nur generös zu allen anderen, sondern auch zu sich selbst. »Nur wenn du dich selbst liebst, kannst du auch andere lieben« hieß sein gern und oft zitiertes Credo.

Doch im selben Moment, in dem ich das Wasser in den Tank der Espressomaschine kippen wollte, ertönte ein ebenso ohrenbetäubendes wie unzweideutiges »Verdammte Scheiße, Scheiße, Scheiße!« aus der Diele. Das klang ja so gar nicht nach meinem stets gut gelaunten Zen-Zauberer. Wahrscheinlich war er wieder mit der Vase zusammengestoßen. Aber was mein Julius war, der würde sich schon schnell wieder mit irgendwelchen Yoga-Atemübungen beruhigen. Kein Grund zur Aufregung! Ich schnappte mir ein Küchentuch, um die kleine Überschwemmung wegzuwischen, die ich vor lauter Schreck mit dem Kaffeewasser veranstaltet hatte, als er auch schon vor mir stand. Gar nicht mehr verschlafen, sondern hellwach – allerdings ausnahmsweise ziemlich blass um die Nasenspitze.

»Sonya, du musst mir helfen. Ich muss nach L. A.«

Jetzt war ich verwirrt.

»Nach L. A.? Wie? Was? Wann?«

»Sofort! Der Check-in schließt in einer Dreiviertelstunde, ich hab mich im Tag vertan, verdammt!« Er wedelte mit einem E-Ticket. Dann fügte er hinzu: »Das ist ein wahnsinnig wichtiges Meeting, da geht's um was. Los, bitte, Sonya! Dich schickt das Universum, zusammen schaffen wir das!«

Gott sei Dank, da war er wieder, der Julius, der an die überirdisch guten Energien des »Universums« glaubte, die ihm normalerweise ja auch immer weiterhalfen. Drei Minuten später wirbelte ich wie eine hyperaktive Bibi Blocksberg durch Julius' Schlafzimmer, schmiss Herrensocken, Unterhosen, T-Shirts, Badeklamotten (es ging schließlich nach L. A.: Santa Monica, Venice Beach sowie andere kalifornische Traumstrände waren nicht weit) und weitere Kleinigkeiten in seine Reisetasche, während er eine Turbo-Dusche nahm und mit der Zahnbürste an der Kauleiste genuschelte Anweisungen dazu gab, was ich einpacken sollte.

Gut fünfzehn Minuten später saßen Julius und ich in meinem Auto, mit dem ich mich nun für den Rekord in der unterschätzten Disziplin »Wohldosierte Geschwindigkeitsübertretung, so gerade, ohne geblitzt zu werden« qualifizierte.

Genau 23,5 Minuten später erreichten wir das Abflug-Terminal am Frankfurter Flughafen. Julius sprintete los, ich schlenderte hinterher: Ich hatte ja nun Freizeit, nachdem mein »Business Meeting« flachgefallen war. Mal schauen, ob ich mir ein bisschen neuen Lesestoff besorgen könnte, und dann wollte ich erst mal ein Kräuterteechen, einen Saft und ein Croissant genießen.

Ich hatte es mir gerade im Café mit der Zeitung gemütlich gemacht, da piepte mein Handy.

Juhu! Bin drin! Ohne dich hätte ich das nie hinbekommen. Du hast was gut bei mir. Kuss, J.

Gänsehaut – wow, was für eine Aktion! Ich fühlte mich wie Superwoman, die Retterin in der Not! Mein Notizblock mit der Überschrift »Zitrone« war zwar noch gähnend leer, aber was bedeutete das schon? Mein bester Kumpel war tatsächlich auf dem Weg nach Kalifornien zu seinem wichtigen Meeting, das er ohne mich verpasst hätte. Verrückt! Wieder einmal merkte ich, dass Helfen glücklich macht.

Gut eine Stunde später setzte ich mich wieder hinters Steuer, um den Wagen vom Kurzzeitparkplatz ins Parkhaus zu fahren, bevor ich den Aufzug zum ICE-Gleis unter dem Flughafen nahm. Die Deutsche Bahn sollte mich sicher, schnell, bequem und ökologisch korrekt nach Köln bringen. Doch noch bevor ich den Anlasser betätigen konnte, fühlte ich das Kribbeln in der Nase.

Haaaa...TSCHI!

Beim Wühlen in Julius' »Herrenapartment« waren wohl einige Staubwölkchen aufgewirbelt worden, und die hatten offensichtlich meine sonst weitgehend ruhende Hausstaubmilben-Allergie aktiviert. Schon nahte der nächste Nieser ...

Haaaaaaaa...TSCHI!!!

Hoppla, was war das? Wieso war meine Hand rot gesprenkelt? Oh Gott, Blut! Vermutlich ein Amokläufer am Frankfurter Flughafen, der mich erwischt hatte! Panisch tastete ich meine Brust und meinen Kopf ab. Ich fühlte keine Schmerzen, aber die sollten ja bei so was auch immer erst etwas später einsetzen. Tropf! Tropf! Ich fühlte immer noch nichts. War ich vielleicht schon tot? Wo war das gleißende Licht? Wieso zog mein Leben nicht an mir vorbei? Dann hatte ich den schlauen Einfall, mal nach Einschusslöchern zu gucken, und registrierte, dass die Scheiben meines Autos völlig unversehrt und nicht von Kugeln durchsiebt waren. Wo, zum Teufel, kam aber das Blut her?

Dann durchzuckte mich ein Gedanke: Ich war im fünften Monat schwanger, was ich bisher vor der Presse und auch vor fast allen anderen, inklusive Julius, erfolgreich verheimlicht hatte. Ich wollte so lange wie möglich niemanden verrückt machen. Die Schwangerschaft jedoch hatte zwei Nebenwirkungen.

Die erste: Seit ein paar Wochen waren nicht nur meine Hupen so prall geworden, dass meine »diskreten« Jungs im *talk talk talk*-Studio mit erhobenem Daumen anerkennend genickt und dann gefragt hatten: »Mensch, Sonya, uiuiui!!! Neu?! Die sind aber top geworden! War teuer?«

Von meinem kleinen, unter Tuniken verborgenen Bäuchlein bekamen sie dagegen nichts mit. Klar, ihr Blick hing ja auch weiter oben. Die zweite Nebenwirkung war: Meine Schleimhäute waren nicht nur extrem gut durchblutet, sondern auch extrem empfindlich. So sehr, dass bereits ein durchschnittliches Benjamin-Blümchen-Töröööhhhh ins Taschentuch die Nasenschleimhaut in blutige Niagarafälle verwandelte.

Ein kurzer Optik-Check im Rückspiegel ergab: Tatsache! Ich hatte schon wieder Nasenbluten! Und eine einstündige Fahrt im ICE nach Köln vor mir. Na super!

Da konnte ich mir zur Belustigung meiner neugierigen Mitreisenden ja gleich ein paar Tempo-Tampons drehen und sie mir wie die Pommes in *Ein Fisch namens Wanda* in die Nase stopfen, um die Blutung zu stillen. Ich sah schon die heimlich um die Ecke geschobenen Handy-Kameras vor mir und die Twitter-Postings mit den Stichworten: #nase #koks? #kraus.

Meine Idee, den Wagen am Flughafen abzustellen und von hier aus direkt den Zug zu nehmen, schien mir plötzlich nicht mehr ganz so ideal. Was blieb mir anderes übrig? Richtig: Ich blieb also im Auto sitzen und fuhr selbst. Fahrmuffel Kraus machte sich widerwillig bereit für einen Road Trip. Die Staustrecke Frankfurt-Köln mit dem Wagen zu fahren war natürlich normalerweise totaler Schwachsinn und selbstverständlich unter Umweltaspekten völlig suboptimal. Außerdem hätte ich im Zug noch einiges erledigen können. Zum Beispiel ein bisschen schlafen. Mein Make-up machen. Ein weiteres Kräuterteechen im Zugrestaurant schlürfen ... Hach!

> Aber nun gut – Zug war jetzt eben nicht. Und wie war noch gleich mein Motto? Think Pink, richtig? Außerdem war ich doch heute Superwoman, das würde ich also auch noch gedeichselt kriegen. Ich warf meinen imaginären Superheldinnen-Umhang über die Schulter und dachte nach ...

(Den Rest dieses Anekdötchens lesen Sie bitte in meinem Vorgängerwerk *Wenn das Leben dir eine Zitrone gibt, frag nach Salz und Tequila nach ...*) ☺

DER COUNTDOWN LÄUFT – ZEIT FÜR BAUMASSNAHMEN, FÜR DIE WIR NACH DEM RICHTFEST GARANTIERT KEINE MEHR HABEN WERDEN

Ladys, sehen wir den Tatsachen ins Auge: Mit dem positiven Schwangerschaftstest beginnt der Countdown. Bei null werden wir mit einer Rakete auf einen Planeten namens »Mama« geschossen, der um eine neue (im Augenblick vermutlich noch namenlose) Sonne in einer fernen Galaxie kreist, und unser irdisches Leben, so wie wir es kannten, ist erst mal vorbei. Klingt nach Horrorthriller? Ach was! Drücken wir's doch einfach im Think-Pink-Modus aus: Noch ist jede Menge Zeit, Dinge zu erledigen und zu genießen, die in wenigen Monaten für eine Weile oder auch länger nicht mehr (oder nur sehr eingeschränkt) gehen werden – dafür werden wir dann ganz andere Sachen erleben, die wir uns als Nicht-Mami gar nicht vorstellen können, vom Schlafentzugsdelirium (okay, das ist nicht ganz so toll) bis zu highmachender Mutterliebe (unglaublich großartig). Und natürlich ist jetzt noch die Gelegenheit, die Ankunft des neuen Erdenbürgers ganz in Ruhe vorzubereiten, das heißt: unter anderem unserem Nestbautrieb zu frönen. Für mich als leidenschaftliche Heimwerkerin ein besonderer Spaß!

DAS KINDERZIMMER – HERZSTÜCK UNSERES BAUGELÄNDES

Sie haben es eben schon gelesen: für die Bleibe meines zukünftigen Diktators habe ich mein sogenanntes »Arbeitszimmer« geräumt – kein großer Verlust, denn eigentlich war das Ding sowieso nur Abstellplatz für mein Laptop. Längere Texte tippe ich traditionell immer im Bett, E-Mails beantworte ich dank mobiler Kommunikationsmittel grundsätzlich überall, und selbst meinen Steuerkram habe ich noch nie im »Büro« erledigt. Also: Raus mit dem Schreibtisch und anderem unnützen Zeug, und erst mal umweltfreundliche Farbe besorgt! Wobei wir vor der wichtigen Frage stehen:

- **Blau machen, Rosa riskieren oder doch lieber Grün wählen? Augen auf bei der Babyzimmer-Gestaltung!**

Die Gefahr lauert im Farbtopf – nein, nicht in giftigen Dämpfen, die sind ja heutzutage aus nahezu allen Innenfarben verdammt! Aber dass kleine Jungs traditionell mit blauen Accessoires umgeben und Mädchen nicht erst seit dem Siegeszug von »Hello Kitty« in Rosarot ausgestattet werden, zeitigt möglicherweise Langzeiteffekte, die uns gar nicht bewusst sind! Der amerikanische Wissenschaftler Alexander G. Schauss vom American Institute for Biosocial Research fand schon in den Siebzigern heraus, dass Rosa bei Häftlingen die Lust auf Randale und den Blutdruck senkt und messbar (!) die Muskelkraft schwinden lässt. Ein Blick auf eine blaue Farbtafel machte die schweren Jungs hingegen wieder stark. In der Schweiz gibt es ein Gefängnis mit einer rosa gestrichenen Beruhigungszelle für Krawallheinis – wirkt zuverlässig, auch wenn sich die (meist heterosexuellen) Insassen erst mal verzweifelt mit Händen und Füßen wehren, ins rosarote Reich verbannt zu werden.

Zurück zu den Kids: Kein Wunder also, dass kleine Prinzesschen extrem harmoniebedürftig werden und Baumeister-Bobs eher Randale machen. Ich persönlich finde aber weder den Modus »Weichspüler« noch den des »Hooligans« besonders erstrebenswert.

Wer nun lieber auf andere Farben ausweichen will, sollte allerdings wissen, dass Rot den Stoffwechsel unseres Babys anregt und aggressiv macht (schlafen, was ist das?), Orange hungrig macht (Hello Übergewicht!) und Violett den Appetit zügelt (auch nicht gut, falls Baby nicht essen mag). Dann wählen wir doch besser Grün: Das ist nämlich entspannend und macht kreativ.

Ich habe mich indes gegen all das und für neutrales Weiß plus einen Hauch von Sonnengelb entschieden. Allerdings in Kombination mit einer LED-Farbwechsel-Lampe! So kann ich, je nach Bedarf, eine neue, psychologisch wirksame Farbe an die Wand zaubern.

MYTHOS ODER WAHRHEIT

Stimmt es, dass Frauen in der Schwangerschaft Lila und Pink bevorzugen?

Unglaublich, aber wahr. Eine Schweizer Umfrage kam zum Ergebnis, dass schwangere Frauen weltweit auf Rosatöne und Pink stehen, auch wenn sie eigentlich ganz andere Lieblingsfarben haben. Warum, lässt sich nur vermuten. Ich sage nur: Pink rockt!

▪ **Babymöbel à la Sonya: preiswert und unverwechselbar**

Natürlich hätte ich auch, wie von einer anständigen Promi-Mutter zu erwarten, sofort in die nächste Edelboutique rennen und ultrateure Designermöbel fürs Baby shoppen können. Aber ganz ehrlich, Zeugs von der Stange geht mir als Do-it-yourself-Queen gegen den Strich! Nicht, dass ich mir Neues nicht leisten könnte, aber dann spende ich lieber ein paar Euro mehr für *Ärzte ohne Grenzen* oder Casa Animales und DUO, Tierheime auf Ibiza, bei denen ich auch im Urlaub schon mal mithelfe (und wo ich auch meinen Franky adoptiert habe).

Statt also fertig gestaltete Möbel zu erstehen, habe ich ganz schlichte Holz-Sachen »customized«, indem ich sie mit kinderfreundlichem Lack knallbunt angepinselt habe. Das funktioniert mit Flohmarktkram, Dachbodenfundstücken und Sperrmüll genauso wie mit den ganz einfachen Möbeln aus einem großen schwedischen Möbelhaus, das mit »I« beginnt. Das Gitterbettchen habe ich von meiner Schwägerin zwar brandneu geschenkt bekommen – aber weil mein Kleiner im Stadium zwischen Krabbeln und Laufen immer noch oft umgekippt ist, bin ich auf die Idee gekommen, die Stäbe in der richtigen Höhe mit wunderbaren Blumenkissen abzupolstern. Dabei arbeitete ich mit vollkommen kindersicheren Kabelbindern. Die haben die Kissen unverrückbar in der richtigen Position gehalten – und meinen Kleinen frei von blauen Flecken. Tja, und dann habe ich natürlich noch ein Möbelstück im Kinderzimmer, das eine, sagen wir, etwas spezielle Geschichte hat …

💬 VERBRECHEN IN DER FRANKFURTER VORSTADT – AKTENZEICHEN XY UNGELÖST

»Sonya? Sonya! Wach auf!« Völlig benommen öffnete ich die Augen – und vor mir stand … Yeti?

»Du, ich würde dich ja schlafen lassen, aber ich hab draußen was entdeckt, das wäre der optimale Stillsessel für dich!«, flüsterte das Wesen leise, aber bestimmt. Nein, es war doch nicht der Yeti, da stand meine Mutter in einem Outfit, das gegen jedes Vermummungsverbot verstieß und durchaus fürs Gassigehen am Polarkreis geeignet war. »Mama?! Was ist passiert?«

»Pst, leise!« Sie deutete auf meinen selig neben mir pennenden Freund, zog die Fellmütze (ein Original aus den Siebzigern) ab und pustete ungeduldig den Schnee aus ihren dunklen Locken.

»Hab ich doch gerade gesagt: Ich habe eben beim Gassigehen ein echtes Schmuckstück im Sperrmüll gefunden! Auf, zieh dir was Warmes an, ich kann das Ding alleine nicht schleppen!«

Ich träumte anscheinend immer noch: »Du hast Schmuck im Müll gefunden? Und der ist so schwer, dass ich dir tragen helfen muss?« Meine Mutter stöhnte entnervt auf und zischte: »Jetzt komm, raus aus der Kiste! Nachher schnappt uns den noch einer weg.«

Nach 35 Jahren des Zusammenlebens mit Marlene Kraus wusste ich, wann es angeraten war, einfach das zu tun, was sie wollte.

Ein paar Minuten später stand ich also, dick eingepackt wie ein Michelin-Männchen, im Schneetreiben. Es war Anfang März, kurz nach Mitternacht und weit und breit keine Menschenseele auf der Gasse.

»Komm, das Ding steht direkt an der Ecke!« Meine Mutter stapfte energisch voran und ich, immer noch völlig wirr, brav hinterher. Hey, ich war im fünften Monat und fiel spätestens um zehn in komatösen Tiefschlaf.

»Da, siehste ihn? Gott sei Dank, er ist noch da!« Ich war allerdings gerade vollkommen schneeblind und sah gar nix, außerdem: Wer bitte schön sollte sich bei diesem Dreckswetter draußen rumtreiben? Außer meiner Mutter natürlich. Mama stoppte und wedelte hektisch den Schnee von einem undefinierbaren Haufen.

»Guck dir das Möbel doch mal an!« Zärtlich strich sie die zentimeterdicke Schneeschicht beiseite und legte einen wuchtigen barocken Sessel frei. »Und so was stellt jemand auf den Sperrmüll!«, schimpfte sie. Allmählich begriff ich. Meine Mutter hatte sich von Schnee und Kälte nicht abhalten lassen und auf ihrer Abendrunde mit den Doggies im Sperrmüll getrüffelt. Trüffeln ist eine Kraus'sche Krankheit, die sie mir zu hundert Prozent vererbt hatte.

»Oh Mama, der ist super.« Meine Mutter grinste triumphierend: »Sag ich doch! Der perfekte Stillsessel. Oder meinst du, ich hol dich für jeden Schrott aus dem Bett?« An dieser Stelle schwieg ich ausnahmsweise ganz diplomatisch. Auch die Entscheidung zum Stillen war für mich, im Gegensatz zu meiner Mutter, noch lange nicht gefallen ...

»Komm, du schiebst, ich ziehe. Getragen wird das Monster keinen Zentimeter, Fräulein! Verstanden?« Klare Kommandos waren Mamas Stärke. »Aye-aye, Sir!«

Und so schoben Mutter und Tochter Kraus den riesigen Sessel durchs nächtliche Schneegestöber. Die Beute wurde vorläufig in die Diele gestellt und begutachtet. »Also, der Bezug ist 'ne Vergewaltigung für den Sessel! Echt räudig, und die Polsterung ist total durch«, stellte ich nüchtern fest, als der Schnee runtergefegt war.

»Ach, komm! Das machste doch gern neu.« Mama kannte meine Leidenschaft fürs Restaurieren alter Möbel mit Potenzial. »Wir müssen nur schauen, wie wir das Teil vor deinem Kerl verstecken. Der bekommt sonst einen Anfall, was wir hier wieder angeschleppt haben.«

Leider war bei meinem »Mann im Haus« der Gehirnbereich »Heimwerken, Kreatives & Co.« schlichtweg nicht existent. Schraube oder Nagel? Zwischen beiden bestand für meine bessere XY-Hälfte keinerlei Unterschied. Mein Faible für »Schrott« – wie er sich ausdrückte – betrachtete er dementsprechend als hartnäckige psychische Störung. »Ach was!«, sagte ich. »Er soll den Sessel zu dir nach oben bringen, da möbel ich ihn auf und präsentiere dann später den fertigen Thron fürs Kinderzimmer.«

Direkt nach dem Aufwachen wurde also der arme Kerl sofort missbraucht, allerdings nicht so, wie er sich das wünschte. Nur mit großem Murren fand der megaschwere Sessel den Weg in den Wohnbereich meiner Mutter. Voller Vorfreude machte ich mich dann auf zu meinem ganz persönlichen Sexshop – dem Baumarkt – und kaufte Material. Wieder zu Hause ließ ich alle wichtigen Aufgaben liegen und stürzte mich euphorisch auf mein Opfer.

Ich riss Bezug und Polsterung runter, beizte den alten dunklen Lack ab, schliff das Holz, lackierte, polierte, lackierte erneut und polsterte das Ding.

Endlich war der Sessel bereit für sein neues Kleid, den Bezug. Nach etwa drei Tagen und insgesamt rund zehn Arbeitsstunden erstrahlte das Sitzmöbel in einem ganz neuen Look. Das ehemals dunkle und wuchtig wirkende Holz hatte ich seidenmattweiß gestrichen und den scheußlich bunten geflockten Bezug durch einen in hellblauem Vichy-Karo ersetzt. Meine Mutter kürte das Werk noch mit zwei kleinen Kissen in Rosa und Zartgelb – und fertig war der Vorlesesessel. Oder meinetwegen auch der Stillsessel.

»Sieht super aus, das Ding!«, lobte Mama mein Schaffen und ließ sich in die Kissen plumpsen. »Oh, und irre bequem ist er auch.«

Selbst meinem Freund gefiel der neue Look fürs alte Möbel. Ich war stolz wie Oskar und mein Nestbautrieb zumindest für eine Weile befriedigt ...

Etwa eine Woche nach Fertigstellung unseres Babythrons kam Frau Fädler bei uns vorbei, eine liebe, hilfsbereite Nachbarin, Mitte sechzig und immer auf einen Plausch mit meiner Mutter aus.

»Frau Kraus, ich wollte mich nur aus der Kur zurückmelden ...« Nach ein paar Minuten hatten es sich die Ladys am Esstisch mit einem Teechen gemütlich gemacht und waren am Schnattern.

»Jetzt stellen Sie sich mal vor, was mein Mann, das Arschloch, wieder angestellt hat ...«

Ich war gerade auf meinem Pilgerweg in Richtung Kühlschrank und blieb schmunzelnd stehen. Die häuslichen Streitigkeiten der Fädlers waren in der Nachbarschaft legendär: unüberhörbar lautstark, hemmungslos deftig und temperamentvoll, aber niemals gewalttätig (von ein paar Wurfgeschossen mal abgesehen). So wurde rituell und regelmäßig gezofft. Allerdings nur, um kurz danach auf eine Art und Weise Versöhnung zu feiern, wie man es einem Seniorenpärchen nur schwer zutrauen würde.

»Dieser Schweinehund!«, echauffierte sich Frau Fädler weiter. »Da bin ich mal zwei Wochen aus dem Haus, und was macht der?« Meine Mutter hatte mich in der Küche entdeckt und arbeitete mit mäßigem Erfolg daran, ein Grinsen zu unterdrücken. »Was hat er denn verbrochen, Frau Fädler?«

»Der Saukerl hat die Gelegenheit genutzt und meinen alten Lieblingssessel auf den Müll gestellt! Können Sie sich das vorstellen?« Das Schmunzeln meiner Mutter erstarb in Millisekunden und wich dem geschockten Gesichtsausdruck eines Berufsverbrechers, den man in flagranti bei einem Millionenraub mit einhergehender Körperverletzung ertappt hatte. Frau Fädler musste blind sein, wenn sie die Tätowierung mit dem Schriftzug SCHULDIG! auf der Stirn meiner Mutter nicht sah. Höchste Zeit für Agentin Kraus junior im Dienste des Kinderzimmers ein sofortiges Geständnis zu verhindern – ich flitzte an den Esstisch.

»Na, so ein Schlawiner! Wie sah der Sessel denn aus?« Die Chancen standen zwar schlecht, dass es sich beim Corpus Delicti nicht um »meinen« Sessel handelte, aber die Hoffnung stirbt bekanntlich zuletzt.

»Ach, das war eigentlich ein altes, schrabbeliges Ding, aber eben so gemütlich ...« Meine Mutter war immer noch stumm, und ich versuchte sie mit Blicken wie Laserpfeile davon abzubringen, bereitwillig zu beichten.

»Frau Fädler, war er denn wertvoll?« Die Frage war rein rhetorisch. Freiwillig würde ich mein Prunkstück nicht rausrücken. Hier galt es, Zeit zu schinden, um von meiner paralysierten Mutter abzulenken.

»Na ja, wertvoll bestimmt nicht. Das alte Zeug ist ja heute nix mehr wert. Ihr jungen Leute wollt ja nur noch Designer-Möbel.« Ich nickte eifrig.

»Wo hatten Sie den Sessel denn her?« Okay, wenn sie jetzt erzählte, das Möbel sei eine Erinnerung an ihre Lieblingstante, dann würde meine Mutter sofort plaudern, und ich musste meinen Thron wohl oder übel doch hergeben.

»Puh, ich glaub, wir haben den Sessel vor gut und gerne vierzig Jahren auf dem Trödel gekauft. Der Bezug hat mir immer so gut gefallen ...« Ich entdeckte ein kurzes Zucken im Gesicht meiner Mama. »Aber mein Mann wollte das schwere Trumm schon ewig loswerden, um Platz zu schaffen. Jetzt hat er so einen schicken Massagesessel gekauft. Frau Kraus ...«, jetzt wandte sie sich wieder an meine Mutter, »... Sie müssen mal rüberkommen und dieses Gerät ausprobieren. Ist wirklich recht angenehm!«

Meine Mutter blickte kurz von ihren Fingerspitzen auf und stammelte dann: »Oh, äh, ja! Gern!«

»So, jetzt muss ich mich aber um den Saustall kümmern, den mein Victor zu Hause angerichtet hat. Man kann Männer einfach nicht alleinlassen!« Mit diesen Worten erhob sich Frau Fädler und war Sekunden später aus dem Haus.

Immer noch etwas blass blickte mich meine Mutter kritisch an.

»Nein, Mama! Ich hab so lang dran gearbeitet, ich geb ihn nicht zurück – auf gar keinen Fall!«, quengelte ich, bevor sie lospredigen konnte.

»Okay«, verkündete meine Mama todernst. »Ich weiß auch nicht, aus welcher Altkleidersammlung wir noch mal *so einen schönen Bezug* herbekommen würden.« Sie grinste ...

Kurz zu meiner Verteidigung: Mit ihrer Hightech-Massageliege ist Frau Fädler sehr glücklich und wirkt rundum viel entspannter als früher. Auch in unserem Kinderzimmer war sie mittlerweile schon ein gutes Dutzend Mal, um den Nachwuchs zu knuddeln. Das weiß-pastellige Sitzmöbel, auf dem sie ihren Hintern geparkt hatte, ist ihr – bis dato – glücklicherweise aber nicht bekannt vorgekommen.

DIE ABSICHERUNG DES BAUOBJEKTS – EIN BISSCHEN ORGANISATION, DAMIT DER EINZUG REIBUNGSLOS KLAPPT

Für jeden Hausbesitzer ist es selbstverständlich, sein Eigenheim ordentlich gegen alle Eventualitäten abzusichern – der nächste Wasserschaden kommt bestimmt. Und natürlich soll unser Baby auch vor Unbill aller Art so gut wie möglich geschützt sein. Um ein bisschen Bürokratie und Papierkram kommen wir da leider auch mit einem Minimenschen, der noch lange nicht lesen und schreiben kann, nicht herum. Gerade weil dieser Minimensch uns nach seiner Ankunft garantiert effektiv von jeglichem Lesen, Schreiben und ziemlich sicher auch Denken abhalten wird (also auch davon, Anträge und Formulare auszufüllen oder Informationsschriften zu begreifen), ist es eine ziemlich gute Idee, wenn wir rechtzeitig vor der Geburt unser Birnchen anwerfen. Und zum Beispiel über die folgenden Punkte nachdenken ...

▪ Was passiert mit meinem Kind, wenn ... ich über den Jordan hüpfe?

Okay, okay, ich gebe es zu, das ist jetzt vielleicht auf den ersten Blick so gar nicht die Sonya Kraus, die Sie in meinen vorherigen Büchern kennengelernt haben. Die Sonya, der die Sonne aus dem A... strahlt und deren »Religionen« Good Vibrations und Think Pink sind. Aber eben weil ich gern positiv denke, habe ich mir diese zum Glück vollkommen theoretische Frage gestellt. Um die Sache nämlich abhaken zu können und mir in Zukunft keine unnötigen Sorgen mehr zu machen! Die beruhigende Antwort lautet in meinem Fall: Wenn ich den Löffel abgebe, kommt mein Kleiner automatisch zum Kindsvater (was für mich absolut okay ist, im Unterschied zu einer alleinerziehenden Mama, die aus gutem Grund alleinerziehend ist). Dann fiel mir allerdings plötzlich die noch etwas unschönere Frage ein: Wohin kommt mein Kind, wenn uns beiden gleichzeitig was passiert? Ist unwahrscheinlich, aber trotzdem möglich: Da braucht es bloß einen schweren Autounfall, bei dem wir – Gott bewahre! – beide im Wagen sitzen. Und ich will jetzt gar keine weiteren Worst Case Scenarios ausmalen. Aber es ist einfach wichtig zu wissen: Gibt es in so einem Fall wohlgesonnene nahe Verwandte, die sich kümmern könnten (und wollten)? Und: Würde unser Spross tatsächlich automatisch bei denen landen oder bei jemand ganz anderem? Oder wäre die nächste Station gar das Kinderheim, weil wir die letzten Mohikaner unserer Sippe sind?

Damit hier nichts schiefläuft, sollten wir mit potenziellen Kümmerern unseres Vertrauens sprechen – etwa Patentanten, Omas und Opas oder, falls es keine in Frage kommende Verwandtschaft gibt, auch guten Freunden. Denn die sollten natürlich einverstanden und vor allem auch in der Lage sein, so einer Verantwortung nachzukommen. Anschließend folgt der wichtigste Schritt:

> Wir hinterlegen unseren Wunsch unbedingt mit Brief und Siegel beim Notar – denn so ein Schrieb darf auf keinen Fall in der Schreibtischschublade verstauben.

Diverse Ausfertigungen in der Verwandtschaft zu verteilen, um das Notar-Honorar zu sparen, bringt leider nüscht – der Jurist muss sein. Im Ernstfall (der nie eintreten möge) entscheidet dann zwar trotzdem das Jugendamt im Sinne des »Kindeswohls«, wohin die Waise kommt – aber offiziell geäußerte und am besten rational nachvollziehbare Wünsche der Eltern fließen in die Entscheidung ein. Wenn wir unsere vor Jahren nach Timbuktu ausgewanderte Schulfreundin als Wunsch-Erziehungsberechtigte benennen oder den völlig mittellosen und in einer Ein-Zimmer-Butze lebenden Cousin, deckt sich das möglicherweise nicht mit den Wunschkandidaten des Jugendamtes. Da haben Großeltern oder in der Nähe lebende Blutsverwandte mit geregeltem Einkommen, die unser Kind regelmäßig zu Gesicht bekommen (werden), deutlich bessere Karten.

Noch was! Falls wir einen neuen Partner haben, kann der unter bestimmten Umständen nach einer Weile des Zusammenlebens die Stiefkind-Adoption beantragen. Wenn der leibliche Vater nicht mehr lebt, sowieso. Ansonsten muss der Erzeuger einverstanden sein oder darf aus anderen Gründen nicht (mehr) als Sorgeberechtigter in Frage kommen (vielleicht, weil er im Gefängnis Däumchen dreht oder kein Interesse an seinem Spross zeigt).

- **Unser Kind braucht einen Namen – und zwar einen guten!**

Sie finden, Namen sind Schall und Rauch? Reine Buchstabenfolgen ohne tiefere Bedeutung? Absolut nicht! Ein Name schürt Erwartungen – und der falsche kann sogar die Zukunft verbauen: Kürzlich bin ich über die Untersuchung einer Absolventin der Uni Oldenburg gestolpert. Sie hatte 500 Grundschullehrer nach ihrer Einschätzung von Kindern befragt – allein auf Basis des **Vornamens**. Man sollte ja erwarten, dass Pädagogen in der Lage sind, Dinge einigermaßen objektiv zu beurteilen. Aber weit gefehlt! Bei der Befragung kam raus, dass die Pauker extreme Vorbehalte gegenüber Mädchen haben, die Chantal, Mandy oder Jacqueline heißen, bei den Jungs belegten erste Plätze in den Negativcharts Namen wie Kevin, Dennis oder Marvin. Diese Kinder wurden allein aufgrund ihres Namens von den Lehrern als verhaltensauffälliger und dümmer eingestuft! Angeblich auf Erfahrungswerten beruhend, weil Kids mit exotischen Namen doch häufiger aus der Unterschicht stammen. Ja, nee, is klar, liebe Lehrer, fragt euch mal, wer hier der wirkliche Dösbaddel ist!

Aber das war noch nicht alles: Als besonders schlau wurden Kinder mit Namen wie Sophie, Charlotte, Maximilian oder Alexander eingeschätzt.

Für die Kinder können solche Vorurteile gravierende Folgen haben, denn in anderen Studien kam heraus, dass Lehrer bei Schülern, die sie für besonders schlau halten, eher Fehler übersehen. Bei vermeintlichen Doofies werden hingegen Diktate und andere Tests superpenibel korrigiert und schlechtere Noten verteilt.

Aber auch noch ein paar andere Namen wecken, sagen wir, interessante Assoziationen. Als ich nach der Niederkunft im Krankenhaus an der Tafel mit den Namen der Neugeborenen vorbeischlurfte, stach mir ein gerade geschlüpfter »Osama« ins Auge – dahinter prangte ein ultradeutscher Name wie Schulze oder Meier. Ich hatte es gerade noch geschafft zu denken: »Das arme Kind kann vermutlich nur froh sein, dass es nicht Adolf heißt«, da kam mir ein trotz sengender Hitze komplett verhülltes schwarzes Tschador-Nachtgespenst entgegen. Ich konnte gar nicht verhindern, mich zu fragen, ob ich da gerade Frau Schulze begegnet war ...

Ich habe meinem Kleinen jedenfalls gleich zwei Vornamen gegeben, die ich – nein – nicht verrate. Am Ende liest das hier noch sein zukünftiger Grundschullehrer und zieht Rückschlüsse von meiner Haarfarbe auf die Intelligenz meines Sohnes (da muss man aufpassen!). Aber auf diese Weise hat mein Süßer immer Ausweichmöglichkeiten, falls sich einer der Namen als hinderlich rausstellt.

Der Vorname ist allerdings nur die eine Seite der Medaille, auch der **Nachname** will sorgfältig gewählt sein! Wenn beide Eheleute (was für ein Wort!) nach der Hochzeit ihren Geburtsnamen behalten haben, hat man nämlich auch hier die Qual der Wahl: Innerhalb eines Monats nach der Geburt muss man bestimmen, welchen Namen das Kind trägt. Doppelnamen sind dabei verboten, sonst entstehen schnell unschöne Schlangennamen.

Bei unverheirateten Eltern – wie meinem Freund und mir – wird's interessant. Normalerweise bekommt das Kind lediger Mütter automatisch den Nachnamen der Mama. Bei uns lief das anders:

Wir haben kurz nach der Geburt
eine gemeinsame Sorgerechtserklärung abgegeben.
In diesem Fall kann man – wie verheiratete Paare –
innerhalb eines Monats nach der Geburt einen der
beiden Nachnamen für das Kind festlegen.

Nachdem sich »mein« Kindsvater allerdings in meiner Schwangerschaft ein paar Klöpse geleistet hat, habe ich darauf hingewiesen, dass Sorgerecht von »Sorgen« kommt, und meine Einwilligung gegen das Versprechen gedealt, dass auch er in Zukunft die Kacke vom Baby-Popo kratzt und weitere Dienste übernimmt. Tja, was soll ich sagen: Er hat sich drauf eingelassen, und nun trägt unser Baby den klangvollen Namen seines Clans. Das wiederum war übrigens ein Tipp von meiner schlauen Löwenmama. Marlene sprach die weisen Worte: »Sonya, überleg doch mal: Unsere Kraus-Familie ist klein, die von deinem Schatz eine Riesensippe. Wenn er deren Namen hat und uns was passiert, dann gehört er ganz automatisch zu denen.« Sorry, Babe, jetzt kennst du meine wahren Beweggründe.

- ▪ **Versicherungen**

Nicht gerade ein Rock'n'Roll-Thema? Stimmt. Umso wichtiger, dass wir wissen, worauf es ankommt. Dann können wir die Sache so schnell es geht abhaken und lassen uns von findigen Versicherungsvertretern und anderen verdächtigen Subjekten, die pünktlich zur Geburt anschwirren werden wie hungrige Blutsauger, keinen Unsinn aufschwatzen. Merke: Wirklich wichtig sind erst mal nur zwei Versicherungen.

1. Sind beide Eltern gesetzlich krankenversichert, ist das Kind in einer gesetzlichen **Krankenversicherung** automatisch beitragsfrei mitversichert – die Versicherung muss allerdings von der Geburt in Kenntnis gesetzt werden. Sind beide Eltern privat versichert, *muss* das Baby ebenfalls privat versichert werden.

Sobald aber ein Elternteil privat versichert ist, der andere nicht, wird's kompliziert. Dann sind die Möglichkeiten je nach Einkommenshöhe sehr unterschiedlich. Was tun? Ganz einfach rechtzeitig bei beiden Versicherungen nachfragen. Und falls das Kind gesetzlich versichert wird, ist eine private Krankenhauszusatzversicherung eventuell ratsam.

2. Die **Haftpflichtversicherung** halten Experten für *die* Versicherung überhaupt. Sie ist nicht nur überaus wichtig, sondern auch unschlagbar günstig (ab etwa 50 Euro im Jahr zu haben). Es wird dann für den Fall gehaftet, dass jemand anderes durch das eigene Verschulden zu Schaden kommt. Denn das kann ohne Versicherung den finanziellen Ruin bedeuten. Kinder und Lebenspartner sind im **Familienhaftpflichttarif** automatisch mitversichert. **Wichtig ist jetzt nur: Kontrollieren, ob man nicht noch im Singletarif versichert ist – und in diesem Fall schnell auf Familie umsatteln.** Sollte man bei der Gelegenheit allerdings feststellen, gar keine Haftpflicht zu haben, wird's höchste Zeit – husch, husch.

Das war's auch schon – mehr Extraversicherungen sind erst mal nicht zwingend nötig. Eine weitere finde ich als pragmatisches Sparfüchslein aber trotzdem ganz interessant. Wenn wir eine Geldanlage mit zusätzlichem Schutz paaren möchten (zum Beispiel, wenn eine gewisse Neigung zu Katastrophen in der Familie vorliegt), wäre eine **Unfallversicherung mit garantierter Beitragsrückzahlung** für unser Würmchen eine Überlegung wert. Die kostet nur ein paar Euro monatlich, und zu einem vereinbarten Zeitpunkt – beispielsweise zum 18. Geburtstag unseres Sprösslings – gibt's alle Beiträge plus Überschussbeteiligung zurück. Jippieh! Ein paar tausend Euro rechtzeitig zum Führerschein. Finanzprofis raten übrigens sowohl vom piefigen alten Sparbuch ab als auch von Ausbildungsversicherungen – viel zu schlechte Konditionen.

▪ Schaffe, schaffe, Häusle baue ...

Wenn mein Sohnemann auch nur zu einem Bruchteil nach mir kommt, wird er irgendwann ein Eigenheim haben wollen. Aber so ein guter alter Bausparvertrag, wie er mir noch mein Häusle anfinanziert hat, ist nach meinen Recherchen leider auch nicht mehr das Gelbe vom Ei: miese Zinsen – und vom Staat gibt's auch erst mal nix dazu. Besser angelegt sind Kindergeld und Geldgeschenke der lieben Verwandtschaft, wenn wir einen individuellen **Sparplan** erstellen (lassen), bei dem das Geld alle paar Jahre zu frischen Konditionen festgelegt wird. Klingt zwar nicht so schick und erfordert mehr Einsatz, bringt aber mehr. Wo wir gerade bei der Kohle sind, fällt mir ein:

▪ Kindergeld, Elterngeld und andere Monetengeschichten

Muss man zwar erst nach der Geburt beantragen, aber man kann sich ja jetzt schon mal informieren und die Sache vorbereiten – zum Beispiel rausfinden, wo und wie man das Elterngeld beantragen muss, das ist nämlich je nach Bundesland verschieden. Infos gibt's unter www.elterngeld.com. Kindergeld wird bei der Familienkasse der Arbeitsämter beantragt (www.arbeitsagentur.de). Je nach Einkommenssituation und Familienkonstellation sind außerdem noch andere Zuschüsse wie Kinderzuschuss oder Betreuungsgeld möglich.

▪ Kita-Platz beantragen

oder eine andere Kinderbetreuung organisieren, das Spektrum reicht hierbei von der Leih-Oma bis zur Elterninitiative. Auch wenn das erst in ein oder zwei oder vielleicht auch drei Jahren ansteht – die Wartelisten sind endlos. Je früher das geregelt ist, desto besser. Das Thema hatten wir schon an anderer Stelle, aber eine kleine Erinnerung kann nicht schaden.

Das war logischerweise noch nicht alles an Orga! Insbesondere für den Veröffentlichungstermin unseres Babys gilt es noch einiges mehr in die Wege zu leiten und zu entscheiden. Etwa, ob man eine Hausgeburt haben möchte, im Geburtshaus oder im Krankenhaus entbinden will. Und in welchem. Ich habe Respekt vor allen abenteuerlustigen Frauen, die sich eine Hausgeburt trauen, bin aber als Stadtkind doch in der Zivilisation zu sehr verhaftet und wollte dementsprechend da entbinden, wo die Neugeborenen-Intensivstation direkt gegenüber ist ...

Die meisten der Dinge, die für die Geburt organisiert werden müssen, ergeben sich entweder von selbst, man wird vom Gynäkologen routinemäßig darauf hingewiesen oder in jedem 08/15-Mutti-Ratgeber oder Informationsblättchen für Schwangere mit der Nase drauf gestoßen. Darum walze ich hier nicht alles noch mal aus, sondern beschränke mich auf ein paar wichtige »Highlights«:

▪ Das Geheimnis der »Beleghebamme«

Beim Thema Hebamme litt ich schlicht und ergreifend an einem Informationsdefizit – vor dem ich Sie, liebe Leserin, bewahren möchte. Ich dachte: Och, nach der Hebamme guckste dich mal ein paar Wochen vor der Geburt um. Außerdem ging ich davon aus, dass im Krankenhaus sowieso eine Dame dieser Zunft rumspringt, wenn's ans, nun ja, Eingemachte geht. Letzteres war so ziemlich das Einzige, mit dem ich richtiglag.

Als ich anfing, mich nach einer Hebamme zu erkundigen, die mich im letzten Part der Schwangerschaft »begleiten« würde, erntete ich nur höchste Belustigung: »Wie bitte? In acht Wochen ist der Termin?« An dieser Stelle folgte dann entweder leises Kichern, ein dezentes Räuspern oder ein halber Hustenanfall vor Lachen und zum Schluss die Erläuterung: »... sagen wir so: Bei Ihrem nächsten Kind hätte ich noch was frei ...«

Was ich nicht auf dem Schirm gehabt hatte: Es gibt Hebammen, die im Schichtdienst am Krankenhaus arbeiten, die Schwangeren entbinden, die gerade so »anfallen«, und sich nach acht Stunden in den Feierabend verabschieden. Falls die Geburt länger dauert (was bei Erstgebärenden Usus ist), übernimmt dann eine neue Kollegin die nächste Schicht. Aber es gibt auch sogenannte Beleghebammen. Diese freiberuflichen Hebammen kann man »belegen«, das heißt, für die gesamte Schwangerschaftsbegleitung und die Nachbetreuung im sogenannten Wochenbett buchen. Diese Ladys dürfen nicht nur entbinden, sondern auch Vorsorgeuntersuchungen machen (statt des Gynäkologen, nicht zusätzlich). Die Kasse zahlt!

Allerdings sollten Sie sich frühzeitig zu Beginn der Schwangerschaft drum kümmern, sonst geht es Ihnen möglicherweise wie mir.

Später hatte ich dann aber doch noch pures Glück: Ich hatte mich bereits damit abgefunden, eben keine »persönliche« Hebamme zu haben, als mein Handy klingelte. Dran war eine alte Klassenkameradin, Esther. Ich war ungefähr so verblüfft, als hätte sich gerade Papst Benedikt gemeldet. Was für eine unerwartete Überraschung! Von Esther hatte ich seit dem ersten und einzigen Abitreffen vor über zehn Jahren nix mehr gehört, damals hatte sie sich gerade an der Uni für Psychologie eingeschrieben. »Und? Was machst du so heute? Bist du Psychologin?«, erkundigte ich mich. Esther lachte: »Ach, das Studium, das hab ich dann doch noch an den Nagel gehängt. Aber psychologisch tätig bin ich trotzdem – ich bin Hebamme. Hab von einer Kollegin gehört, dass du noch eine suchst. Weißt du, ich könnte mir da was freischaufeln ...« Tja, manchmal heißt auch ein Glückspilz eben Sonya.

RETTUNG AUS DER NABELSCHNUR?

Ich gebe es zu, ich hab's getan: Ich habe mein Nabelschnurblut bei einer Nabelschnurblutbank einfrieren und lagern lassen. In diesem doch sehr speziellen Blut sind Stammzellen enthalten, die – glauben Wissenschaftler – dem Kind irgendwann mal das Leben retten können, wenn es eine Krankheit bekommt, die mit einer Stammzellentherapie behandelt werden kann. Dazu gehört zum Beispiel Leukämie, aber da die Stammzellen eine Art Formwandler sind und neben Blutzellen zu allen möglichen Zellen werden können – etwa Leberzellen, Nervenzellen, Muskelzellen oder auch zu insulinbildenden Inselzellen in der Bauchspeicheldrüse –, haben sie noch ein riesengroßes weiteres Heilpotenzial. Zumindest theoretisch, denn es ist leider noch nicht ganz sicher, ob die Zellen nach langjähriger Lagerung noch »funktionieren«. Außerdem gibt es noch keine Technik, um alle verschiedenen Gewebe aus den Stammzellen zu züchten. Aber wer weiß, was in zehn Jahren ist. Und wie heißt es so schön? Versuch macht kluch! Die Lagerung kostet bei den meisten Anbietern um die 2.500 Euro für 20 Jahre, abgerechnet wird in monatlichen Miniraten, danach muss der Vertrag verlängert werden, sonst wird das Blut vernichtet. Alternativ kann man sein Nabelschnurblut auch spenden – das kostet selbstverständlich nix.

- **Kriegerin oder Kaiserin: Die Wahl der »Waffe« bei der Geburt!**

Es ist einfach gemein, bei so einer Schwangerschaft muss man sich ständig zwischen großen und kleinen Übeln entscheiden. Auch wie wir unser Kind bekommen wollen, gehört zu diesen blöden Entscheidungen, bei denen auf jeder Seite gravierende Vorteile mit gravierenden Nachteilen bezahlt werden müssen. In meiner Branche ist der geplante Kaiserschnitt ziemlich en vogue, da man ganz wunderbar disponieren kann, wann der Sprössling endlich »Hallo Mami!« sagt. Auch die »Save your love channel«-Bewegung plädiert geschlossen für die Schnipp-Schnapp-Methode – zugunsten eines unverändert eng-elastischen Intimbereichs. Klingt natürlich erst mal verlockend! Gar nicht zu reden von der Schmerzfreiheit während der Geburt! Davon, dass dafür aber die an etwa 90 Prozent aller Bewegungen beteiligte Bauchmuskulatur mal eben glatt zerteilt wird und die vorn eingesparten Schmerzen quasi wochenlang hinterher abbezahlt werden müssen, ist natürlich nicht die Rede. Und da man als stillende Milchkuh sowieso in den meisten Fällen erst mal null Bock auf Poppen hat, kann man sich untenrum eigentlich auch ganz in Ruhe mit den im Drogerie-Markt frei verkäuflichen Intimhanteln – Verzeihung: Beckenbodentrainern – wieder in Form bringen.

Und auch wenn ein Kaiserschnitt unseren Liebeskanal erst einmal »rettet« – irgendwie scheint sich Mütterchen Natur, die alte Sadistin, schon was bei der Sache der natürlichen Geburt gedacht zu haben. Meine Nachbarin beispielsweise bekam ihr Baby per Kaiserschnitt und hatte anfangs einfach keinen Bezug zu ihrem Kind. Blöderweise war das Baby ein Schrei-Kind, und so ein bisschen mehr emotionale Bindung wäre bei der ganzen Anstrengung und Überforderung doch eine große Erleichterung gewesen.

Neuere Forschungen haben außerdem gezeigt, dass Kinder, die als Kaiserschnittbabys auf die Welt gekommen sind, rund 20 Prozent häufiger Asthma, Lebensmittelallergien und den gefährlicheren Diabetes des Typs I bekommen. Warum das so ist, weiß man noch nicht. Forscher vermuten, dass diese Kinder möglicherweise zu »clean« geboren werden und nicht, wie Kriegerinnen-Babys, die ganze Sauerei, inklusive mütterlicher Darmbakterien, abbekommen, die direkt das kindliche Immunsystem in die Startlöcher zwingen. Wofür ich mich entschieden habe? Geduld – da komme ich noch drauf. Doch bevor wir zur Randale kommen, machen wir im nächsten Kapitel erst mal einen Ausflug zu einem Menschen, der bisher in diesem Buch eher am Rande vorgekommen ist: keinem Geringeren nämlich als dem Co-Architekten auf unserer Baustelle ...

🗨 UNTERBODEN-STRETCHING FÜR EINE LEICHTE GEBURT

Vorab: Den folgenden Tipp habe ich nicht selbst ausprobiert! Leider bin ich erst nach der Geburt darauf gestoßen (schöne Scheiße!) – wer weiß, vielleicht hätte ich mir damit einiges erspart ... In seinem Buch *Hebammenyoga* (Systemed Verlag) gibt das Autorenpaar den Tipp, ab spätestens dem siebten Monat täglich die Scheide zu dehnen. Ja, richtig gelesen! Klingt ungewöhnlich, aber nach einer Sekunde Nachdenken auch irgendwie plausibel, immerhin haben wir es mit einem Muskelschlauch zu tun, und Muskeln sind nun mal dehnbar. Und so funktioniert's: Täglich von jeder Hand je einen Finger einführen und die Vagina zunächst in Längsrichtung – nach vorn und nach hinten – auseinanderziehen. So lange, bis man die Dehnung gut merkt. Diese Position wird gehalten, bis die Spannung nachlässt, dann wird noch ein bisschen weiter gedehnt – insgesamt etwa zwei Minuten. Das Ganze wiederholt man anschließend in Querrichtung. Die Autoren versprechen, dass mit dieser Vorbereitung das Kind leichter zur Welt kommt und sich Dammrisse vermeiden oder zumindest reduzieren lassen. Dass man sich vorher brav die Pfoten desinfiziert, versteht sich hoffentlich von selbst. Ach ja, falls wir dank Babybauch nicht mehr drankommen, muss der werdende Vater ran. (Falls Sie das ausprobieren, freue ich mich über Erfahrungsberichte!)

Teil 4

UNSER CO-ARCHITEKT –
~~FORMERLY~~ KNOWN AS LOVER

Mädels, wir dürfen uns auf die Schulter klopfen: Wir kommen zu 95 Prozent hervorragend ohne Männer aus. Ich jedenfalls bin sehr happy, dass ich mich selbst versorgen, die Bude renovieren und zur Not auch einen Reifen wechseln kann. Doch in einigen Bereichen würde ich ungern auf (m)einen XY-Chromosomenträger verzichten. Sex fände ich solo zum Beispiel deutlich weniger spannend. Und auf unserer Baustelle Baby ist männliche Mithilfe wirklich unerlässlich. Vielleicht wird das irgendwann in der Zukunft mithilfe von Gen- und Klontechnik einmal anders, aber bis dato stammt selbst eine anonyme Samenspende immer noch von einem Mann. Der Kindsvater spielt also in jedem Fall eine Rolle bei unserem Konstrukt. Wie groß oder klein die ist und wie viel unser Bestäuber später mit anpackt, liegt zu einem großen Teil in unserer Hand – eben darum geht's unter anderem in diesem Teil des Buches.

Beginnen wir mit einer kommunikativen Meisterleistung, die uns nun abverlangt wird. Denn sobald der zweite Streifen im Schwangerschaftstest unmissverständlich leuchtet, stellt sich erst einmal die Frage: Wie sag ich's meinem Mann?

🗨 DIE VERKÜNDUNG

»Du Schatz, ich bin schwanger!« wäre natürlich auch eine Idee gewesen, um meinem Kerl beizubringen, dass er Vater wird. Nur so ganz einfach wollte ich es ihm auch nicht machen. Das 3D-Ultraschallbild in meinem Mutterpass war nun doch ziemlich eindeutig und ich voller Freude, die mein Männe gefälligst zu teilen hatte! Nach unserem ersten und einzigen »ausführlichen« Gespräch über die gemeinsame Familienplanung ein gutes Jahr zuvor (Sie erinnern sich: »Du, sag mal, könntest du dir vorstellen, Kinder mit mir zu haben?« »Hmmm ...«) durfte ich mir da jedoch leider nicht allzu sicher sein. Darum wollte ich ihn testen, ihm die Gelegenheit geben, selbst draufzukommen, dass meine Umstände plötzlich anders waren – und dabei seine Mimik genauestens studieren. Die Erfahrung hatte gezeigt: Bei meinem Exemplar von Mann funktionierte das mit den Antworten nonverbal einfach besser.

Statt die frohe Botschaft also mal eben in einem Satz auf dem Silbertablett zu servieren, hatte ich etwas Besonderes vorbereitet. Das Geschlecht meines Untermieters war ja noch nicht festzustellen. Also hatte ich gleich zwei Paar niedlichste Babystiefelchen erstanden, eins in Babyrosa, eins in Himmelblau. Als gemischtes Doppel wurde dann ein rosa und ein blaues Stiefelchen in eine kleine neutrale Schachtel verpackt und mit Schleife garniert. Fertig war die Bombe!

An einem lauschigen Winterabend, mein Kerl lag nichtsahnend und entspannt vor der Glotze auf der Couch, war der Zeitpunkt für die Zündung gekommen ...

»Ach, ich hab hier noch eine Kleinigkeit für dich …« Ich drückte ihm die Geschenkbox in die Hand.

»Oh. Danke!« Angespannt wie ein Deckhengst kurz vor dem Sprung verzog ich mich auf einen unauffälligen Beobachtungsposten am Esstisch, um von dort aus zu observieren, wie mein Freund geistesabwesend am Schleifchen nestelte. Los jetzt, zerreiß das Scheiß-Band! Bei Unterwäsche funktionierte das doch auch immer. Stattdessen hielt der Typ tatsächlich inne, um mit offenem Mund die Glotze anzuschmachten: Sportnachrichten! Fußball!

Man hätte sich für diese Situation sicherlich keine romantischere Untermalung vorstellen können … Ich hätte laut »Scheiße« schreien können, beherrschte mich aber gerade noch. Ja, natürlich hätte ich auch Kuschelrock auflegen können, aber ich wollte die Situation unbedingt so unverfänglich wie möglich gestalten …

So, die Bayern hatten also mal wieder gewonnen – welche Überraschung! –, es konnte also weiter an der Schleife gefummelt werden. Hurra, nach zwei weiteren Minuten war Fort Knox tatsächlich geknackt. Mann arbeitete sich durch zwei Lagen Seidenpapier und hatte endlich die Stiefelchen freigelegt.

Ein Blick in die Schachtel: Die Brauen wurden irritiert zusammengezogen. Mann setzte sich auf und griff in die Box, nach den Babyschuhen, und starrte dann hochkonzentriert auf das, was man da in den Händen hielt. Hatte ich kleine Aliens in die Schachtel gepackt? Der Gesichtsausdruck deutete stark darauf hin. War das Bilderrätsel tatsächlich so schwer? Dann – endlich! – sah ich den Geistesblitz einschlagen. Der Kopf schnellte hoch, feuchte Pippi-Augen suchten Blickkontakt, und ich wurde mit der Kraft eines Turbobräuners angestrahlt. Es wurde schlagartig ein paar Lux heller im Raum und mir zehn Grad wärmer ums Herz. Innerlich jubelnd wollte ich mich schon zum großen Happy

End auf die Couch stürzen, als dem Turbobräuner plötzlich der Stecker gezogen wurde. Das Strahlen verschwand in Millisekunden – und ich wurde entsetzt angestarrt. Oh Hilfe, wo war mein schnulziges Finale? Hieß es jetzt: Herzlich willkommen im Horrorfilm? Hatte ich Ähnlichkeit mit Freddy Krueger, oder warum gaffte mein Typ mich jetzt mit geschockten Kinderaugen an? Toll, genau so hatte ich mir das erträumt. Doch die Grusel-Show war noch nicht zu Ende: Mein Freund starrte wieder auf die Stiefelchen, hielt sie mir entgegen und fragte ängstlich mit heiserer Stimme: »Zwillinge?!?« »Was?« Ich stand auf dem Schlauch.

Er, etwas gefasster: »Bekommen wir Zwillinge?«

Irgendwas war bei meiner nonverbalen Kommunikation wohl mächtig schiefgelaufen. Wo, zum Kuckuck, kam denn bei meinem Kerl plötzlich so viel Fantasie her? Ich konnte einfach nicht länger und fing an zu lachen: »Wie kommst du denn darauf?«

»Na, einmal Rosa, einmal Hellblau ...« Er deutete auf die Ministiefel.

»Leider muss ich dich da enttäuschen. Wir bekommen nur *ein* Baby, aber ich weiß eben noch nicht, ob Junge oder Mädchen.«

Und da war es wieder, das Turbobräuner-Strahlen mit ein paar Tausend Watt. JuchHu!

Happy End? Nein. Happy Start ...

Nun weiß also auch unser Männe Bescheid! Und falls er jetzt nicht in Panik abgehauen ist, erwartet ihn eine spannende Zeit an der Seite von uns Neu- oder Demnächst-Mamas. Denn die meisten teilen (wie ich) Wohnung, Sofa und Zeitungs-Abo – kurz: den Alltag – mit ihrem Co-Architekten und beabsichtigen, diesen Zustand auch nach der Schwangerschaft fortzuführen. Lassen Sie uns darum fast forward zu einem wichtigen Thema spulen, das in der rosaroten Mami- und Baby-Literatur meist sträflich vernachlässigt wird: Wie die Liebe die Belastungsprobe Baby übersteht – in der Schwangerschaft und auch danach.

9 ½ MONATE ODER: SO RETTEN WIR UNSERE LIEBESBEZIEHUNG

Manchmal ist das Leben einfach ungerecht! Während wir zum Wohle des Erhalts künftiger Steuerzahler peu à peu wie ein Hefeteig auseinandergehen, gehen die Mit-Erzeuger unserer Leibesfrucht schon mal gern woanders hin: Ausgerechnet Papas in spe und frischgebackene Väter haben eine rätselhafte Tendenz zum Fremdschnackseln.

Der bekannte amerikanische Paarberater und Mediator M. Gary Neuman schreibt in seinem Buch *The Truth about Cheating: Why Men Stray and What You Can Do to Prevent It* (zu Deutsch: Die Wahrheit übers Fremdgehen: Warum Männer streunen und was Sie tun können, um das zu verhindern), dass fast ein Drittel aller Männer in einer festen Partnerschaft irgendwann einmal in fremden Betten landet. Und als wäre das nicht schon schlimm genug, kommt eine Studie der Universität von Colorado zu dem deprimierenden Ergebnis, dass Partner von Schwangeren statistisch gesehen noch FÜNF (!!!) Mal häufiger fremdgehen als ihre Kumpels – verkneifen Sie sich lieber die Wahrscheinlichkeitsrechnung und den Gedanken an die in der Studie nicht erfasste Dunkelziffer.

Bevor Sie als werdende Mama nun aber Schweißausbrüche bekommen, weil Ihr Typ sich gerade nicht in Sichtweite befindet, oder als Noch-nicht-Schwangere die abgesetzte Pille wieder aus der Schublade kramen: Erst mal tief durchatmen und bis zehn zählen. Fragen Sie Dr. Sonya Love. Und die sagt:

Keine Panik!

Wir können durchaus was tun, um das Bömbchen zu entschärfen – und zwar mit wenig Aufwand und ganz entspannt. Unser Experte Neuman liefert praktischerweise auch gleich den Grund für 92 Prozent der männlichen Seitensprünge. Trommelwirbel,

Spannung, Nervenkitzel ... Die überraschende Antwort hat drei Buchstaben. Sie lautet:

SEX!

Na, sind Sie auch so beeindruckt wie ich? Applaus für diese unglaubliche Forscherleistung, Mr. Neuman. Da wären wir doch nie von selbst draufgekommen, bestimmt gibt's dafür in absehbarer Zeit den Nobelpreis!

Aber, hey, mal im Ernst: So sehr das jetzt nach Binsenweisheit klingt, so wichtig ist es, sich diese Tatsache auf der Zunge zergehen zu lassen. Paarberater Neuman stellte nämlich weiter fest, dass es dabei keineswegs auf die Qualität, sondern vor allem auf die Frequenz ankommt. Die umgekehrt proportionale Gleichung lautet ergo:

> Je weniger daheim gepimpert wird,
> desto größer die Gefahr eines Seitensprungs.

Tja, so einfach ist das. Aber ganz ehrlich: Hatten Sie was anderes erwartet? Wie ich schon in *Baustelle Mann* anmerkte: Ein Kerl denkt mit zwei Körperteilen. Mit seinem Schwanz und mit seinem Schwanz. Nun bin ich ja eine Anhängerin der Think-Pink-Bewegung – und, positiv gewendet, folgt aus obenstehender Erkenntnis dann doch:

Je mehr wir mit unserem Lover auf der Matratze turnen, umso geringer wird die Wahrscheinlichkeit eines Seitensprungs.

Das hört sich schon viel netter an, nicht wahr? Doch Sie ahnen es vielleicht, genau das *kann* jetzt eine echte Schwierigkeit darstellen. Frau Evolution, the funny old bitch, hat hier mal wieder ihre Finger im Spiel. Wieso sollte es zur Abwechslung denn aber auch plötzlich reibungslos laufen zwischen Männlein und Weiblein?

DAS PROBLEM: ÖSTROGEN GEGEN TESTOSTERON

Es ist ja so: Wir streichen in unserem Nestbauwahn mal eben gut gelaunt das Haus mit ökologisch korrekter Farbe um, bepflanzen jede Ecke im Wintergarten mit rosa Bougainvillea und könnten vor lauter Energie Bäume ausreißen. (Zumindest mir ging das so.)

Bei all diesen Aktivitäten turnen wir unserem Liebling ständig mit unseren brandneuen, prallen und extrem appetitlichen XXL-Porno-Hupen vor der Nase herum. Das arme, derartigen optischen Schlüsselreizen ausgelieferte Männchen weiß deshalb oft gar nicht mehr, wohin vor lauter Sabber. Das ist die eine Seite.

Die andere Seite ist: Mutter Natur, die ignorante Kuh, hat uns nicht nur mit diesem sagenhaften Balkon beschenkt. Sie hat uns auch mit ein paar raffinierten Hormönchen so programmiert, dass uns als werdender Mama der Sinn nach allem Möglichen steht. Bei mir war es das Eis mit Schoko-Topping, anderen ist nach Limo mit Möhrensaft. Und natürlich freuen wir uns über ausgedehntes Strampelanzug-Shopping mit der besten Freundin oder ertappen uns regelmäßig beim Sperrmüll-Trüffeln für Kinderzimmerschätze. Ja, ich habe sogar von Mädels gehört, die plötzlich angefangen haben, Platzdeckchen zu häkeln. Der ganz normale Nestbautrieb eben. Bis dahin völlig in Ordnung. Blöd ist nur, dass alle anderen Triebe oft auf einer Skala im unteren Bereich zwischen »etwas weniger dominant als sonst« bis »nicht vorhanden« vor sich hin dümpeln.

Der Mann an unserer Seite kommt jedenfalls bei der Samba der Östrogene nicht immer in einer tragenden Rolle vor. Es sei denn, er soll sich um unseren Kasten alkoholfreies Malzbier kümmern, den uns die Hormone zu kaufen befahlen. Doch ausgerechnet in seiner eigenen Lieblingsrolle als Liebesgott ist der Lastenträger manchmal ein bisschen in Vergessenheit geraten. (Ausnahmen bestätigen wie immer die Regel, es gibt Schwangere, die während der gesamten Schwangerschaft ganz besonders scharf sind – in diesem Fall kann ich nur sagen: Herzlichen Glückwunsch! Leben Sie's aus!)

Den ultimativen Dienst hat Mr. Lover ja aus Perspektive der leider furchtbar unromantischen Natur schon geleistet und uns mit seinem Erbgut beglückt. Ist das Tor einmal geschossen, ist es der Evolution anschließend vollkommen schnuppe, wie sich der Torschütze auf der Ersatzbank fühlt, auf die wir ihn trotz seiner Glanzleistung jetzt gern setzen. Schließlich haben wir Wichtigeres zu tun: Wir sollen die Ankunft des neu angekauften Nachwuchs-Spielers vorbereiten!

LIEBE GEHT DURCH DIE NASE: DIE ISS

Der Grund für ein (möglicherweise! – vorübergehendes!) verringertes Interesse liegt unter anderem in unserer durch die Schwangerschaft veränderten Riechkolbenfunktion. Oder genauer gesagt: Darin, dass wir auf die Sexuallockstoffe unseres Bestäubers jetzt anders reagieren.

Auf der Pirsch und noch ohne Braten im Ofen hatte Mütterchen Natur unser Näschen noch als ISS (Idealer-Samenspender-Spürnase) programmiert: Männer, die im Vergleich mit unserem eigenen sehr unterschiedliches Erbgut haben – was gesunden Nachwuchs verspricht –, fanden wir da rasierklingenscharf. Der Haken: Sobald wir von Mr. Gene Perfect tatsächlich schwanger sind, wird in unserem Schnupperdetektor ein neues Programm gestartet. Dann werden wir tendenziell auf familiäre Gerüche gepolt. Motto: Auf Mama ist stets Verlass, auf Männe nicht immer. Wir suchen darum in der Nestbauphase die Nähe zu unseren Blutsverwandten – unserer loyalen und verlässlichen Festung von früher eben.

Doofer Nebeneffekt: Unser Lover kann da geruchstechnisch nicht mithalten. Das heißt zwar nicht, dass er uns stinkt – so schlimm ist es wiederum nicht –, aber er macht uns eben auch nicht mehr einfach nur durch das Schnuppern an seiner starken Brust heiß. (Genaueres zu der bahnbrechenden Studie, die zu diesen Erkenntnissen geführt hat, finden Sie übrigens in Teil II des Buches.)

So kommt es dann zu alarmierenden Szenen wie diesen: Wir liegen abends im Bett und segeln bereits süßen Träumen entgegen (Nestbau macht glücklich, aber vor allem unglaublich müde). Ausgerechnet jetzt wittert unser Männe jedoch endlich seine Chance auf ein kleines bisschen Liebe. Sachte robbt er heran und legt vorsichtig eine Hand von hinten um unseren begehrten D- bis E-Körbchen-Balkon. Und wir? Wir schieben ihn mit einem sanften »Och, nö, jetzt nicht« weg. Und dann hört er nur noch ein leises: *Ratzepüh!*

An dieser Stelle darf ich eine kleine Preisfrage stellen:

Was passiert, wenn man einem ausgehungerten Straßenköter längere Zeit – sagen wir: gut neun Monate lang oder noch deutlich länger – ein schmackhaftes Würstchen vor die Nase hält und jedes Mal mit einem lauten »Ätsch« wieder wegnimmt, wenn er danach schnappt? Genau! Der Kleine bekommt erstens richtig Hunger und geht zweitens möglicherweise bei der Nachbarin fressen, die ein bisschen freigebiger mit den Leckerlis umgeht!

Wollen wir uns so etwas Gemeines vorstellen? NEIN!
Wollen wir das lieber verhindern? JAAAA!

An dieser Stelle eine kleine Warnung vorab: Nichts wird einen notorischen Frauenhelden je von der Jagd abhalten. Das können wir uns gleich wieder von der Backe putzen – denn der geht mit und ohne schwangere Freundin fremd. Leider müssen wir für eine 100-prozentige Treue-Garantie selbst den bravsten Buchhalter-Typen entweder um die Ecke bringen oder im Keller anketten. Und ich stifte Sie bestimmt nicht zu Straftaten an!

Nein, hier geht es darum, die unter erschwerten Hormonbedingungen gesteigerte Fremdvögel-Wahrscheinlichkeit wieder auf ein vernünftiges Maß zu senken. Auf dass unser Bald-Papa und Familienunternehmer nicht auf fremden Baustellen herumstromert und neue Grundstücke in Augenschein nimmt, die er »bebauen« könnte ...

Dabei hilft schon ein einigermaßen kühler Kopf und eine gezielte Strategie! Und zwar eine, die den positiven Nebeneffekt hat, dass sie unseren Papa in spe nach dem Belohnungs- und Beschäftigungsprinzip schon mal für kommende Aufgaben trainiert und konditioniert. Falls Sie das gerade an das Prinzip einer Hundeschule erinnert, dann liegen Sie gar nicht so falsch.

Was für unsere lieben Wauwaus gut ist, kann auch für andere Schwanzträger nicht ganz verkehrt sein. Darum kommt hier ...

... UNSERE KLEINE PAPA-SCHULE

ziemlich frei nach Nietzsches Vorschlag:

> *Wenn man keinen guten Vater hat,*
> *soll man sich einen anschaffen.*

SCHRITT 1: DAS HOME-INCENTIVE-SYSTEM (H.I.S.)

Gute Chefs wissen: Nur ein rundum zufriedener Mitarbeiter wird auch in stressigen Zeiten dem Unternehmen loyal und treu verbunden bleiben.

Zum Erhalt der Arbeitslaune gibt es darum sogenannte Incentives. Das sind Schmankerl wie Gehaltserhöhungen, Bonuszahlungen oder Betriebsausflüge.

Vielleicht klingelt's gerade in Ihrem Erinnerungsspeicher: Ein solcher Incentive-Trip, bei der sich die männlichen Mitarbeiter einer großen Versicherung auf einer Orgie in Budapest mit Damen vom Erotikfach verlustierten, sorgte vor einer Weile für große Empörung.

Interessanterweise aber erst, als die Öffentlichkeit – die auch die daheim gebliebenen Ehefrauen umfasste – davon Wind bekam.

Vorher waren die betroffenen Mitarbeiter eigentlich rundum happy mit der Popp-und-Sauf-Sause, hatten in der Firmenzeitung von »Party total« frohlockt und wären ihrem tollen Arbeitgeber mit den pikanten Ideen sicher auf ewig verbunden geblieben.

Doch verlassen wir nun unsere Beispielmännchen von der Versicherung und widmen wir uns nicht länger dem unschönen Verlauf, den diese ganze Geschichte dann noch genommen hat ... Halten wir stattdessen lieber fest: **Nichts macht ein Männlein glücklicher und treu ergebener, als wenn man seine angeborenen Grundbedürfnisse stillt.**

Dazu gehören:

a) genügend Bier und Essbares im Kühlschrank
b) das Wort mit den drei Buchstaben.

Punkt a) hat er in der Regel selbst in der Hand, lediglich für b) ist er auf eine Erfüllungsgehilfin angewiesen.

Und genau darum ist Sex auch das magische Stöffchen, mit dem wir unseren Architekten-Assi zu einem loyalen Mitarbeiter unseres Familienunternehmens konditionieren können, der trotz Überstunden und Nachtarbeit nach Kräften mithelfen und seltener zu konkurrierenden Jung-Unternehmen abwandern wird. Unser unschlagbarer Wettbewerbs-Vorteil: Unser Incentive gibt's nicht in Budapest, im Puff oder bei Babsi im Sekretariat. Unser Incentive-Leckerli gibt's zuhause. Eine unwiderstehliche Kombination, denn eins geht einem Mann wirklich über alles: Bequemlichkeit!

Moment mal, hat die Kraus nicht gerade eben noch davon gefaselt, dass viele werdende Mamas weniger Bock auf die Schnackselei haben? Exakt! Denn wären wir dauerscharf, gäbe es ja auch kein Problem, dann würde ich diese Zeilen nicht schreiben.

Zum Glück ist aber »weniger Bock« nicht dasselbe wie »gar keiner«. Und das, was da ist, können (und sollten) wir nutzen und ausbauen. Außerdem gibt es noch andere Wege, unsere Lust auf Liebe anzufachen, als die über die Nase. Und selbst, wenn sich unsere Libido vorübergehend komplett verdünnisiert haben sollte: Es gibt immer Möglichkeiten!

Schließlich kommt es, wie Paar-Experte Neuman so nüchtern festgestellt hat, nicht auf die Qualität an, sondern allein auf die Quantität.

Hier geht es also nicht darum, mit Ihrem Mann in ungezügelter Leidenschaft sämtliche Kamasutra-Techniken durchzuprobieren, und auch nicht um zeitaufwändige und extravagante Fünf-Sterne-Events im Schlosshotel mit Champagner (an dem wir ja gerade sowieso höchstens mal nippen dürften) und dem ganzen romantischen Pipapo.

Ich meine: Hallo? Wir reden hier über heterosexuelle Männer, nicht über unseren besten Freund, in dessen feuchten rosaroten Träumen Frauen höchstens als unbedeutende Statistinnen oder gar nerviger Störfaktor vorkommen. Will sagen:

Im Zweifel tut es jetzt auch
die Zwei- bis Fünf-Minuten-Terrine:
aufsetzen, heiß machen, warten, bis es kocht.
Und fertig!

Es geht schlicht um den Sachverhalt, dass ein durchschnittlicher Mann nach einer gewissen Zeit Druck auf dem Reifen hat und dann an nix anderes mehr denken kann als daran, wie er ihn wieder loswird. Lassen Sie ihn in diesem Zustand nicht vor die Tür! Helfen Sie ihm dabei, bevor es eine andere tut!

Nicht, dass wir uns missverstehen:
Wir wollen uns auf keinen Fall selbstlos aufopfern!
Im Gegenteil, es geht hier eher darum, das Angenehme
mit dem Nützlichen zu verbinden!

Kommen wir darum zum Motivationsteil:

OH, BABY! WARUM SEX MIT BABYBAUCH EIGENTLICH EINE SPITZENIDEE IST

Von ein bisschen mehr Sex (mehr Sex im Sinne von: mehr Sex als so gut wie gar keinen mehr) profitieren wir jetzt selbst jede Menge. Sie glauben mir kein Wort? Dann vertrauen Sie vielleicht statt meiner Wenigkeit der Soziologie-Professorin Denise Donnelly von der Georgia State University. Sie sagt: »Glückliche Paare haben mehr Sex, und je mehr Sex ein Paar hat, umso glücklicher ist es.« Das gilt mit und ohne Schwangerschaft und mit und ohne Kind. Es ist also grundsätzlich immer schlau, die Sex-Frequenz zu erhöhen. Und schwanger ist es (theoretisch zumindest) noch schlauer. Hier eine kleine Hitparade mit meinen Lieblingsfakten zum Thema:

Platz 1: Unser Orgasmus – jetzt neu: vielfach schneller, einfacher und intensiver!

Hatten wir schon in den Top 11 der Schwangerschafts-Highlights. Auch wenn wir nicht so viel Lust haben und uns vielleicht aufgedunsen und unsexy fühlen; ab dem dritten Schwangerschaftsmonat beschert uns das Geschnackel einen intensiveren Orgasmus als sonst. Der Grund für das verbesserte Höhenflug-Potenzial: Die Geschlechtsorgane sind viel besser durchblutet, springen darum schneller an und laufen auch richtig rund. Also besser nicht direkt abwinken, wenn Schatzi sich hoffnungsvoll anpirscht, sondern einfach mal ausprobieren. Versuch macht kluch!

Platz 2: Wenn Papi und Mami pimpern, ist das gut fürs ungeborene Baby!

Sex in der Schwangerschaft ist nicht gefährlich, ganz im Gegenteil. Studien belegen, dass Frauen, die regelmäßig Sex haben, seltener Fehlgeburten erleiden. Und Psychologen haben herausgefunden, dass sexuell aktive Paare auch nach der Geburt besser kommuni-

191

zieren und die Betreuung des neuen Erdenbürgers konfliktärmer meistern.

Dem Baby schadet jedenfalls selbst ein multipler Mega-Orgasmus nix, das schwimmt sicher in seiner wohltemperierten Wellness-Landschaft. Das Kleine bekommt sogar von den Glückshormonen der Mama über die Nabelschnur (und später über die Muttermilch) eine dicke Portion ab. Vorsicht ist nur geboten bei bestimmten Risikofaktoren – etwa dann, wenn Mehrlinge unterwegs sind, wenn Blutungen auftreten und wenn, wie bei mir im letzten Drittel der Schwangerschaft, die Gefahr zu früh einsetzender Wehen besteht. Im Zweifelsfall immer den Arzt oder die Hebamme fragen.

Manchmal haben allerdings auch die werdenden Väter Angst. Am weitesten verbreitet ist die Sorge, dem Kleinen durch die Untergeschoss-Action zu schaden und irgendwas kaputt zu machen. Weil aber Männer am ehesten Experten glauben (eher jedenfalls als Büchern von TV-Moderatorinnen), fragen Sie am besten beim nächsten Ultraschall Ihren Gynäkologen im Beisein Ihres Schatzis, ob Sex in der Schwangerschaft schädlich ist – und lassen Sie dann den Fachmann die Überzeugungsarbeit leisten.

Platz 3: Statt Null-Bock Win-Win.

Wie wär's mit einem Deal? Sie tun ihm einen Gefallen – z. B. mit dem, was professionelle Damen »Handentspannung« nennen –, und er »darf« Ihnen im Gegenzug die Fußreflexzonen oder den Bauch zur Vorbeugung von Schwangerschaftsstreifen massieren. Oder Sie bekommen die Massage vorher und erlauben ihm, sie nicht nur auf die Füße zu beschränken. Es besteht Hoffnung, dass sich unser anfängliches Zögern doch noch in etwas Schärferes verwandelt – siehe oben ...

Platz 4: Ménage à trois – with a little help of our friends.

Ja, es kann sein, dass uns unser Schatz momentan durch seine bloße Anwesenheit nicht so in Stimmung bringen kann wie sonst.

Und vermutlich funktionieren auch unsere liebsten Tantra-Stellungen »dank« implantierten Gymnastikballs nicht so lockerflockig wie gewöhnlich. Aber Mr. V. Brator, unser zuverlässiger batteriebetriebener Freund, hat noch selten dabei versagt, uns in Wallung zu bringen. Lassen Sie ihn das Warm-up übernehmen, und Sie können sicher sein: Schatzi wird mit Begeisterung dazustoßen.

Platz 5: Wenn das Baby auf sich warten lässt, kann Sex sogar den Startschuss für die Wehen geben.

Sperma enthält einen Stoff namens Prostaglandin, und der kann Wehen auslösen. Keine Panik: Dieser Mechanismus greift erst kurz vor der Geburt, vor einer Frühgeburt durch Sperma-Invasion muss man darum keine Angst haben!

Platz 6: Nutzen wir die Chance, solange es noch geht.

Wenn nämlich – wie bei mir zum Schluss – vorzeitige Wehen drohen, verbietet das der Onkel Doktor. Und nach dem Touchdown ist in schätzungsweise 90 Prozent aller Partnerschaften erst mal ein paar Monate Zwangspause. Zum einen, weil mit einem Säugling plötzlich rund um die Uhr Remmidemmi herrscht. Zum anderen, weil ein Dammriss oder Kaiserschnitt heilen muss und vor allem das Stillhormon Prolaktin die Lust blöderweise zusätzlich dämpft, sobald der Molkereibetrieb eröffnet ist – bei mir ging zumindest in der Stillzeit gar nix mehr. (Bei beiderseitiger Lust, die auf ein gemeinsames Zeitfenster trifft, steht aber auch jetzt dem fröhlichen Matratzenhüpfen nichts entgegen. Zu den speziellen Tücken, die hier nach der Geburt warten, komme ich noch.)

Bei aller Pragmatik aber bitte immer schön entspannt bleiben und dran denken: Sex soll Spaß bringen und keine Pflichtübung sein. Einfach mal locker probieren – wenn's wirklich keinen Bock macht, ist es erlaubt, jederzeit aufzuhören. Aber wenn es funkt, verpassen wir nicht nur unserer Beziehung eine Frischzellenkur, sondern auch unserem eigenen Befinden. Mit dem Bonus, der unseren Baustellen-Mitarbeiter bei der, äh, Stange halten soll, belohnen wir uns eigentlich selbst.

All das soll jedoch nicht darüber hinwegtäuschen: Auch ich hatte erst mal ein paar Schwierigkeiten mit dem Anlasser, habe dann aber meinen ganz eigenen Lösungsansatz gefunden.

💬 STOP AND GO STATT STOSSVERKEHR – DESTINATION LIBIDO

»Samenraub in der Besenkammer«, diese Schlagzeile ist aus gutem Grund das Erste, was mir einfällt, wenn ich an Männer mit hochschwangeren Frauen denke. Boris Becker amüsierte sich, wie schon gesagt, damals in der Besenkammer eines Londoner Edeljapaners mit einer exotischen Dame – während seine Frau Barbara mit vorzeitigen Wehen im Krankenhaus lag. Da der Quickie im Kämmerlein bekanntermaßen nicht ohne Folgen blieb, würde Sherlock Holmes folgern: Bum-Bum-Boris bumste wohl auch noch ungeschützt.

Okay, dass Männer egoistische Arschlöcher sein können, war für mich schon damals nichts wirklich Neues. Trotzdem empfand ich die Geschichte als so grausam, dass sie sich wie Säure tief in mein Gedächtnis geätzt hat.

Inzwischen war ich also dann selbst schwanger, und wie eine Leuchtreklame am Times Square blinkte diese fiese Story beim Thema Sex ständig in meinem Kopf auf. Eigentlich sollte doch nun aber – laut Schwangerschaftsratgeber – die Zeit für genussvollen Stoßverkehr angebrochen sein!? Die Frau in anderen Umständen konnte unter Umständen zu gigantomanisch heftigen multiplen Orgasmen abheben.

… Ah ja! Super! Dunkel erinnerte ich mich auch an eine »Sex and the City«-Folge, in der Miranda, hochschwanger und mit einer Figur wie Barbapapa, um Sex bettelte.

Ich aber hatte mit der Sache nur dieses eine winzige Problem: Seitdem ich schwanger war, hatte irgendjemand meine Libido ausgeknipst. Ein verkehrsberuhigtes Leben im Kloster erschien mir zur Zeit verlockender als eine ekstatische Nacht in der Kiste. Dass mein Freund allerdings sicher keine Lust auf ein neunmonatiges Zölibat hatte, war mir, auch ohne nachzufragen, völlig klar.

Mist. Was war bloß »out of order« bei mir? Warum nicht die kleinste Spur von wilder Geilheit? Und was sollte ich die nächsten Monate mit meinem Kerl anstellen? »Schatz, Sex wird völlig überbewertet, lass uns Händchen halten ...« Oder vielleicht Alternativen anbieten: »Du, mir ist gerade nicht nach Sex, aber Schokoeis mit Soße fänd ich jetzt obergeil ...« Meine einzige Lust war nämlich zurzeit die auf Eis. Moment, möglicherweise war das doch die Lösung! Lustige Leckspiele rund um den großflächig mit Speiseeis eingeschmierten Lörris? Ach nee: Leider doch keine so brillante Idee, bekanntermaßen vertragen sich Kälte und Keule nicht besonders gut. Schade eigentlich ...

Um ein klärendes Gespräch kam ich wohl nicht herum. Aber wie sollte das bitte schön aussehen?

»Hör mal, ich sehe mit meinen Monsterbrüsten zwar gerade aus wie eine Pornoqueen, aber durch die Schwangerschaft ist mir gerade – also wahrscheinlich auch die nächsten sechs bis acht Monate – so gar nicht nach poppen. Hab bitte Verständnis.« Von einem werdenden Papa konnte man das doch erwarten, oder? Wohin ihn dieses Verständnis im Zweifel bringen würde, konnte ich mir allerdings auch gut vorstellen. Da war sie wieder: die Besenkammer. Eine sehr schlaue, lebenserfahrene Dame hatte zwar einmal zu mir über das beste Stück des Mannes geäußert: »Na und? Es ist ja kein Stück Seife, es nutzt sich nicht ab!« Aber konnte ich mich damit anfreunden? Antwort: NEIN! Mit mir gab es keinen Freifahrtschein zum Fremdgehen und auch keine Zehnerkarte für die FKK-Oase. Die Frage war nur: Was gab es dann mit mir? Nix?

Am Ende servierte ich meinem Freund das Libido-Dilemma auf wenig dramatische Art, stattdessen jedoch versehen mit einem fetten Augenzwinkern und einer kleinen Challenge: »Du, ich werde ja jetzt Mama und sollte mich nun endlich wie ein anständiges, braves Mädchen verhalten. Du musst dich also schwer ins Zeug legen, um mich demnächst rumzukriegen! Für den Notfall hab ich dir hier aber schon mal ein kleines Do-it-Yourself-Paket zusammengestellt. Bitte schön, mein Schatz.«

Der Inhalt? Anspruchsvolle Erwachsenenunterhaltung à la *Schwänzel und Gretel, Prinzessin auf der Eichel* oder *Räuber Fotzenglotz*. Romantische Titel eben, die jede Menge märchenhaften Spaß versprachen.

Ob der Notfallkoffer jemals zum Einsatz kam, habe ich bis heute nicht erfragt. So viel kann ich aber verraten: Mein Kerl nahm die eben erwähnte Herausforderung an und ließ sich seinerseits was einfallen! (Sie fragen, was mein Superlover genau mit mir angestellt hat? Tipp: Lesen Sie noch mal den vorherigen Abschnitt, die Lösungen sind da versteckt.) Und nach anfänglich harten – oder besser gesagt wenig harten – Zeiten stieg mein Lust-Pegel tatsächlich an. Von rolliger Wuschigkeit konnte man zwar nicht gerade sprechen, aber ein Hauch von Erregung befiel mich – und ich griff zu ...

Darauf ein pimmelhoch jauchzendes Halleluja!

SCHRITT 2: THINK PINK – KONTROLLE IST GUT, VERTRAUEN IST BESSER!

Tata! Ich verrate Ihnen jetzt ein Geheimnis: Eine der tragenden Säulen einer super Beziehung ist Vertrauen. In der Schwangerschaft, nach der Schwangerschaft·und zu jedem anderen Zeitpunkt auch. Zugegeben, das mag jetzt angesichts der eben zitierten Fremdgeh-Statistiken ein bisschen schwerfallen.

Und vielleicht fragen Sie sich auch, ob ich mir da nicht mit blonder »Logik« selbst widerspreche – schließlich ging es doch hier um Maßnahmen, die unseren Schatz vom Stöbern in Fremdbetten ablenken sollen, oder etwa nicht?

Antwort: FALSCH! Dazu beizutragen, dass sich der Erzeuger unseres Sprösslings auch in der aufregenden Ausnahmesituation des Vaterwerdens wohlfühlt und nicht nur unsere, sondern auch seine Grundbedürfnisse erfüllt werden, hat mit Misstrauen nix zu tun. Man könnte es auch artgerechte Haltung des Menschenmännchens nennen.

Berufsverbot für Miss Marple

Absolut nicht artgerecht sind jedenfalls eifersüchtige Sticheleien und Kontrolletti-Gehabe. Damit erzeugen wir massenhaft Bad Vibrations und erreichen höchstens das Gegenteil von dem, was wir wollen: Wir treiben ihn schlimmstenfalls direkt in die Arme der Konkurrenz.

Ganz zu schweigen davon, wenn der Super-GAU eintrifft und er uns beim heimlichen Schnüffeln in seinem Facebook-Account erwischt. Ein Kavalierinnen-Delikt, finden Sie? Mitnichten! Ein Vertrauensbruch, der uns schwach und unattraktiv aussehen lässt! Wollen wir das? Neiiiin!

Aber stellen Sie sich ruhig mal vor, Sie ignorieren meine Warnung und finden bei Ihrer Agenten-Tätigkeit tatsächlich irgendwas. Wahrscheinlich wird es kein handfester »Beweis« sein, nichts, das reicht, um ihn vor die Tür zu setzen, sondern höchstens ein vages Indiz. Das zwar etwas bedeuten könnte, aber nicht muss. Eine verdächtige Nachricht, ein unbekannter Name bei Facebook. Tja, und dann? Fragen können Sie wohl kaum, ohne Ihre Deckung aufzugeben. Und selbst wenn: Sollte er seine Unschuld beteuern, glauben Sie ihm vermutlich kein Wort. Es wird Sie wahnsinnig machen, vertrauen Sie mir – oder zur Furie. Beides ist Gift fürs Selbstbewusstsein und nagt an Ihrer Beziehung.

Dr. Sonya Love rät also dringend: **Finger weg von der Ermittlungsarbeit!**

Stattdessen: Setzen Sie lieber ganz bewusst Scheuklappen auf und schenken Sie Ihrem Bald-Papi Vertrauen. Ob er es nun verdient haben mag oder nicht. Das bringt ganz subtil Stärke rüber. Denn:

Eine der wirkungsvollsten Vorbeuge-Maßnahmen
gegen Untreue ist eine Haltung, die zum Ausdruck bringt,
dass er wirklich keinen Grund zur Untreue hat.

Ein Paradox? Nö. Ganz ehrlich, welches sollte das sein: Er hat doch die tollste Frau auf Erden zuhause, und die ist sogar noch bald Mama seines Nachwuchses. Wenn Sie signalisieren, dass Sie die Konkurrenz nicht fürchten, signalisiert ihm das, dass Sie keine haben. Weil nämlich alle anderen Mädels im Vergleich mit Ihnen B-Ware sind.

Er wird unterbewusst die Message empfangen: Ich müsste ziemlich blöd sein, diese Wahnsinns-Frau aufs Spiel zu setzen. Apropos: Er wird auch gar keine Zeit dazu haben. Denn jetzt zündet:

SCHRITT 3: GEGEN DEN GEBÄRNEID: WIR ERNENNEN IHN ZUM BAULEITER!

Laut Fremdgeh-Fachmann Mr. Neuman gibt es neben Sex noch einen sehr wichtigen weiteren Grund, der Männer in aushäusige Laken treibt: Männer wollen bewundert werden. Sie wollen das Gefühl haben, ein toller Larry zu sein, der eine Frau glücklich machen kann. Idealerweise sind diese Frau natürlich wir.

Wenn wir ihm nun aber ständig vermitteln, dass wir im Prinzip gerade blendend ohne ihn auskommen – und zwar nicht nur sexuell –, ist das psychologisch gesehen nicht gerade ein raffinierter Schachzug.

Natürlich brauchen wir ihn, mal abgesehen vom Akt der Zeugung, nicht zwingend, um ein Kind zur Welt zu bringen und großzuziehen.

All das weiß unser Männe zwar irgendwo tief drinnen sowieso. Und er wäre nicht der Erste, der darüber schwer frustriert ist. Aber merke:

Männer hassen nur eins noch mehr
als die allmähliche Glatzenbildung auf ihrer Denkkugel:
überflüssig zu sein und irgendwas Tolles
nicht zu können oder zu dürfen.

Nicht umsonst sprach Onkel Siggi Freud vom Gebärneid. Dabei geht's natürlich nicht um das Gebären an sich, da würde kein noch so abgebrühter Kerl mit einer Frau tauschen wollen. Es geht mehr ums Prinzip: Sie kann was, das ich nicht kann, und ich habe keine Chance, das selbst zu erleben. Nicht mal, wenn ich mich ganz doll anstrenge. Buhu!

Erinnern Sie sich dran: Unsere drolligen Schwanzträger wollen zeitlebens den Ritter und Retter spielen, und das ist ja eigentlich ein feiner Zug. Geben Sie ihm also Gelegenheit, diese edle Eigenschaft auszuleben. In seinem eigenen Heim. Wie? Ganz einfach:

Machen Sie ihn zum Co-Bauleiter Ihres Nestbauprojekts und übertragen Sie ihm Verantwortung. Und geben Sie ihm um Himmels willen etwas zu tun!

Durch gezielte Beschäftigungstherapie fühlt sich unser Papa-Proband nicht nur wichtig und nützlich, die Sache hat auch zwei weitere positive Nebeneffekte:

- Er gewöhnt sich bereits vor der Geburt daran, dass sich sein Beitrag zu unserem Langzeit-Projekt »Kind« nicht nur auf eine Samenspende beschränkt, und lernt, dass hierbei auch in Zukunft immer wieder Arbeiten anfallen werden, für deren Erledigung er gleichfalls Verantwortung trägt. Als da wären: Windeln wechseln, Fläschchen geben, Breichen von den Küchenfliesen kratzen etc.

- Auch für uns als werdende Mama ist das eine wichtige Übung. Nur wenn wir üben, zu delegieren und zu vertrauen, bleibt nach der Geburt nicht alles an uns hängen. Mädels, wir investieren hier in unsere Zukunft!

Die Anschaffung des **Kinderwagens** ist zum Beispiel eine hervorragende Einstiegs-Aufgabe für den Papa-Aspiranten: In der Welt der vier Räder kennt der Mann sich in den meisten Fällen naturgemäß aus, hier fühlt er sich zuhause. Ein Vehikel anzuschaffen, zu beurteilen und zu bedienen, das ist ihm vertraut, die Berührungsängste sind gering.

Wichtig: Bremsen Sie sich und beschränken Sie Ihre Einflussnahme auf das Mindestmaß. Er soll sich schließlich nicht gegängelt oder kontrolliert fühlen, und Erfolgserlebnisse heben die Stimmung: Er soll beispielsweise darauf achten, dass der Kinderwagen zusammengeklappt auch ins Auto passt – und zwar nicht nur dann, wenn das dazugehörige Kind auf dem Dachgepäckträger platziert wird. Falls er Ihnen nach ausführlicher Marktforschung beflissen und etwas erstaunt berichtet, dass es derzeit keinen Buggy auf dem Markt gibt, der so platzsparend ist, dass er auch in seinem schicken Roadster zu verstauen ist, lassen Sie ihn selbst herausfinden, welche Konsequenz daraus zu ziehen ist. Geben Sie ihm allerdings den wertvollen Tipp, dass es weder die Variable »Kinderwagen« noch die Variable »Kind« sind, die in dieser kniffligen Gleichung weggekürzt werden können.

ACHTUNG! Es ist wahrscheinlich, dass die Wahl Ihres Mannes nicht auf dasselbe Kinderwagen-Modell fällt, das auch Sie ausgesucht hätten. Seien Sie hier unbedingt tolerant und leihen Sie sich rechtzeitig das Riechfläschchen von Omi: Wenn Sie den Preis hören, könnte es nämlich sein, dass Ihnen kurz etwas schummerig wird! Sehen Sie es positiv: Auch der Hightech-Buggy, in dem theoretisch ein gewisser Herr Vettel das nächste Rennen bestreiten könnte, erfüllt seinen Zweck. Was stört es schon, dass das Teil aus ultraleichtem Carbon hergestellt und mit Großstadtdschungel-Navi, Pollenfilter und Hundehaufendetektor-Scheinwerfer ausgestattet ist (einen Wagen mit diesen Features hat übrigens Designerin Jette Joop entworfen). Und so ein leichtgängiger und sich auf Knopfdruck selbst zusammenfaltender Buggy wie derjenige, der kürzlich auf einer Messe vorgestellt wurde, hey, ist doch durchaus praktisch zu nennen. Gut, ein Extra-Karabinerhaken gegen Diebstahl wird in solchen Fällen möglicherweise notwendig sein. Aber nichtsdestotrotz hat so ein Schlitten einen nicht zu unterschätzenden Nebeneffekt: Der stolze Einkäufer wird seine Errungenschaft auch selbst (vor)führen wollen, und dem Baby ist es sowieso schnuppe. Und freuen Sie sich drauf: Falls Ihnen das gute Stück mal überlassen wird, werden Sie sofort von Männern umschwärmt. Ich spreche da aus Erfahrung. Am Fußgängerüberweg, im Park, im Supermarkt, von überall eilen die Tech-Freaks herbei und raunen mit gesenkter Stimme: »Boah, Carbon? Geil!« Mit dem richtigen Kinderwagen ist der nächste Flirt in trockenen Tüchern – wenn es schon das Baby, das drin liegt, nicht ist.

Weitere mögliche Recherche-Objekte, an denen unsere Jungs ihren Forscherdrang austoben können, sind zum Beispiel das **sicherste Kinderbett**, die **funktionalste Babyschale**, der **ergonomischste Auto-Kindersitz**, der **schadstoffärmste Hochstuhl**, das **reichweitenstärkste Babyphon**, das **pädagogisch wertvollste Spielzeug**, die **beste Babybadewanne**, **optimale Kindersicherungen** für Schränke, Steckdosen und Herd. Für weniger praktisch veranlagte Typen eignen sich auch Recherchen zu **Elterngeld, Kindergeld, Kinderausweis, Steuerfreibeträgen** und ähnlichen

Amtssachen – weitere Anregungen finden sich im vorherigen Kapitel. Es gilt einfach, den Papa-Anwärter sinnvoll zu beschäftigen.

Beachten Sie bei der Aufgabenverteilung aber unbedingt folgende Punkte:

- **Vergeben Sie niemals zu viele Aufgaben auf einmal**, um den Probanden nicht zu überfordern. Immer nur eine nach der anderen, Stress ist kontraproduktiv, und überzogene Erwartungen frustrieren ihn.

- **Leiten Sie die Aufgabenverteilung nie mit abfälligen Worten ein** wie: »Du kannst schließlich auch mal was machen!« Sagen Sie stattdessen lieber: »Schatz, ich brauche deine Hilfe, ich komme hier wirklich nicht klar.« Das weckt seinen ritterlichen Beschützerinstinkt und schlägt jeden Widerwillen k.o.

- **Loben Sie ihn unbedingt ausgiebig** für die erzielten Ergebnisse und Arbeitsfortschritte. Bewundern Sie seine Fähigkeiten und befühlen Sie schwärmerisch seinen Bizeps, wenn er den Wickeltisch zusammenbaut. Ganz ausgebuffte Bald-Mamas greifen hier zu den Mitteln der klassischen Konditionierung und belohnen jeden Mini-Fortschritt mit Sex (siehe Schritt 2). Nichts motiviert einen Mann zuverlässiger. Aber kein Stress: Ab und zu reicht auch.

Ist einmal der Anfang mit einfachen Anschaffungen gemacht, können Sie ihm sogar komplexere Aufgaben übertragen. Er könnte zum Beispiel herausfinden, wie man einem Baby am besten das Durchschlafen beibringt, wie man ein Fläschchen auf die optimale Trinktemperatur erwärmt, wie eine beruhigende Babymassage funktioniert oder was man tun kann, wenn das Kleine Blähungen hat. Ihrer Fantasie sind hier kaum Grenzen gesetzt. Überlegen Sie sich einfach, was praktisch wäre und für was Sie nach der Geburt nicht allein zuständig sein wollen.

Auf diese Weise erlebt er unsere Schwangerschaft (und die Zeit danach) als ein Abenteuer, bei dem er mitmachen darf – so was beglückt Jungs einfach! Aber er fühlt sich nicht nur wichtig und gebraucht, sondern hat zudem auch weniger Zeit zum Herumstromern, weil er sich ja intensiv in das Themenfeld »Baby« einarbeiten muss ...

Als kompetenter Kenner der Materie wird er sich dann übrigens auch nach der Geburt verantwortlich fühlen.

Und dies hat einen weiteren wunderbaren Nebeneffekt: Einer soziologischen Studie der Universität Oregon zufolge haben Frauen mehr Lust auf Sex, wenn ihr Süßer sich für die Hausarbeit und Kinderbetreuung ebenfalls zuständig fühlt. Wer nicht alles allein erledigen muss, hat eben den Kopf freier für angenehme Dinge.

Und jetzt kommt's:

MEIN GESTÄNDNIS!

Tja, nun muss ich etwas beichten: Wie unverzichtbar Punkt 3 ist, das habe ich auf die harte Tour gelernt! Auch wenn ich hier so schlau daherquatsche: Bei der Aufgabe, meinen Partner, wie es so schön heißt, »in die Schwangerschaft mit einzubeziehen«, habe ich elendiglich versagt. Nein, nein, mein Freund hat mich nicht betrogen (glaube ich jedenfalls). Das lag allerdings vielleicht auch daran, dass er irgendwie gar nicht so richtig mitbekommen hat, dass bei mir ein Untermieter eingezogen war. Mein Zustand blieb für ihn bis zum achten Monat – da hat er mich zum ersten Mal zum Ultraschall begleitet – ungefähr so abstrakt wie für mich die Sphären der Quantenphysik.

Und das Schlimme daran: Ich kann ihm das nicht einmal zum Vorwurf machen! Schließlich gab ich mir alle Mühe, ganz die alte – nicht schwangere – Sonya zu sein und ihn möglichst nicht mit unschönen Details wie schweren Beinen durch vermehrte Wassereinlagerung oder gar meiner Angst vor dem blutigen Finale zu behelligen. All das ignorierte ich nämlich selbst nach Kräften.

Hey, ich war doch »bloß« schwanger und nicht krank!

Mit überheblichem und etwas ungläubigem Lächeln hörte ich darum zu, wie ein guter Kumpel meines Kerls davon schwärmte, wie er seiner Gattin vor der Geburt mit Inbrunst regelmäßig den Damm mit Öl massiert habe, damit der in »spannenden« Situationen schön geschmeidig bliebe. Als der Übervater dann auch noch von seinen Abenteuern im Geburtsvorbereitungskurs fabulierte, war ich stolz drauf, so eine piefige Veranstaltung erst gar nicht zu besuchen. Und selbst wenn ich es getan hätte, wäre ich natürlich nie auf die Idee gekommen, meinen »armen« Freund zum Mitkommen zu zwingen! Stattdessen arbeitete ich bis kurz vor Schluss weiter wie ein Ackergaul, schleppte meine Taschen selbst und war wie immer das Tough Cookie in Person. Tja, und dann passierte die Sache mit Mykonos, und das Schicksal bestrafte mich für meine Arroganz.

🗨 ICH BIN DANN MAL WEG?
WIE ICH BEINAHE ZUR ALLEINERZIEHENDEN WURDE

»Du willst was???« Vor lauter Schreck segelte meine Gabel auf den Boden, ein Kellner eilte beflissen herbei und brachte mir eine neue. Ach, wären doch nur alle Männer so zuvorkommend! Der jedenfalls, der mir gerade beim Lunch gegenübersaß, gehörte definitiv nicht zur mitdenkenden Sorte.

Vielleicht hatte sich ja aber auch der Druck in meinem Bauch schon auf das Innenohr übertragen. Oder hatte ich da eben richtig gehört?

Hatte mein Freund mir etwa gerade verkündet, dass er für fünf Tage nach Mykonos fliegen wolle? Mit Geschäftsfreunden? Zum »Closing« irgendeines megawichtigen Monsterdeals, der so ultrabombe gelaufen war, dass man das dringend auf einer griechischen Insel feiern musste? Mykonos war bei meinen rosarot verzauberten Prinzen legendär. Von einigen wilden Weibern wusste ich allerdings, dass auch heterosexuelle Vergnügungen dort nicht zu kurz kamen.

Im nicht schwangeren Zustand war das schon schwere Kost, die jede einigermaßen normal tickende Frau zum Kotzen fand. Doch jetzt kam der Hammer: »Mensch, Sonya, flieg doch einfach mit!«

Mitfliegen!?! Ja, das hatte er tatsächlich gesagt! Sprachlos – ein bei mir sehr seltener Zustand – blickte ich an mir hinab auf meinen »Zustand«. Kurz zur Erklärung: Ich war im neunten Monat.

Diese Tatsache allein hätte sensiblere Männer womöglich davon abgehalten, sich weiter als bis in den Hobbykeller von ihrer mächtig trächtigen Frau zu entfernen. Mein Modell Mann war da, drücken wir's mal diplomatisch aus, robusterer Natur.

Er hatte einfach nicht begriffen, dass ich schwanger war. Nicht weiter schlimm, es blieben ihm ja noch knappe vier Wochen, um sich mit dem Gedanken anzufreunden ...

Vielleicht auch weniger, denn seit etwa fünf Wochen schluckte ich Wehenhemmer, als wären es Smarties. Um zu verhindern, dass mein kleiner Untermieter seine Einraumwohnung schon vorzeitig kündigte, hatte mein Arzt mir nicht nur Arbeits-, sondern auch striktes Flugverbot verordnet. Diese Tatsache war meinem Freund selbstverständlich bekannt!

Daher wunderte ich mich: Sollte ich nach Mykonos schwimmen? Hatte mein Kerl beim Thema »Wassergeburt« irgendwas nicht ganz kapiert?

Ich verdrehte die Augen.

Wieder einer dieser Momente, in denen ich bereute, bei Google nicht doch mal »anonymer Samenspender« eingegeben zu haben. Wieso tut Frau sich eigentlich so einen Typen an, wenn man Papi auch im Katalog bestellen kann? Tja, jetzt war's zu spät zum Sperma-Shopping ...

Äußerlich noch gelassen, innerlich völlig fassungslos, versuchte ich stolz Haltung zu bewahren. Doch ich spürte, wie feuriger Zorn die Sprinkleranlage in meinen Augen startklar machte. Oh verdammt! Nein, Sonya! Jetzt bloß nicht auf klammernde Heulsuse machen und losflennen!

Meine Blase rettete mich.

Diese war zu der Zeit nämlich mit fünf Millilitern maximal gefüllt und schickte mich zum hundertsten Mal an diesem Tag pinkeln.

»Sekunde ...«, flüsterte ich mühsam beherrscht, »... bin gleich wieder da!« Und flüchtete auf das rettende stille Örtchen. Nachdem ich meine drei Tröpfchen losgeworden war, schaute ich mir im Spiegel über dem Waschbecken tief in die Augen, versuchte vergebens eine ganze Armee von Emotionen niederzukämpfen und fragte mich: Was nun? Was tun? Konnte ich ihm den Trip verbieten? Selbstverständlich konnte ich! Verdammt noch mal! Der tickte wohl nicht ganz richtig. Wut durchströmte in heißen Wellen meine Adern, und wie eine Neonreklame überzogen hektische Flecken mein beachtliches Dekolleté. Ein untrügliches Zeichen, dass einer der sehr seltenen, aber legendären Kraus'schen Totalausraster bevorstand, eine Gemütslage, in der man Messer und Schusswaffen von mir fernhalten sollte. Hatte mein Arzt, als er mir das Arbeiten verbot, nicht irgendwas von »Bloß keine Aufregung ...« gefaselt? Eine Moderation live vor 50.000 Menschen in der Arena auf Schalke war ein tiefenentspannter Trancezustand im Vergleich zu dem Adrenalin-Tsunami, der meinen Körper gerade überflutete!

Mir war klar, wollte ich nicht »Damentoilette« als Geburtsort im Pass meines Babys stehen haben, musste ich mich dringend runterfahren. Ich ließ mir kaltes Wasser über die Pulsadern laufen (bildete ich mir das ein, oder hatte es gerade gezischt?), atmete tief durch und vollendete die Reaktorkühlung mit einem kehligen »Ohhhhmmmm«.

Die Dame, die gerade aus einer der Pipi-Pöttchen-Parzellen zum Waschbecken trat, bedachte mich mit einem Blick, den man auch ohne intensiven Mimik-Check als »Achtung! Irre!« lesen konnte. Als sie meinen Bauch erspähte, entspannte sie sich sofort und fragte ganz besorgt: »Geht's Ihnen gut?«

»Ja, danke. Ist nur verdammt heiß heute.«

Die Lady schenkte mir ein mitfühlendes Lächeln, verschwand aus der Toilette und hatte mich mit ihrem Hauch von Empathie auf normale Betriebstemperatur zurückgebracht. Schön, dass zumindest Wildfremde sich um mich sorgten. Mein Freund legte dagegen mal wieder die emotionale Intelligenz einer Amöbe an den Tag. Mykonos! Verdammt noch mal, ich sollte es ihm einfach verbieten! Aber etwas zu verbieten war nun so gar nicht mein Stil.

Außerdem wünschte ich mir, dass er ganz von selbst erkennen würde, dass man seine hochschwangere Frau nicht mal eben so allein ließ. »Ruhig, Blondie, ganz ruhig bleiben«, ermahnte ich mich. Höchste Zeit, die Angelegenheit pragmatisch zu sehen und den Worst Case zu analysieren: Wenn es hart auf hart kommen würde, wie sollte mir ein Show-Macho, der kein Blut sehen konnte und dem bei CSI in der Glotze schon flau wurde, im Kreißsaal helfen?

Selbst mit meinem besten schwulen Freund Julius wäre ich da besser bedient. Moment mal! Ein Geistesblitz traf mich. Ja, Julius! Eigentlich als Patenonkel in spe vorgesehen, hatte er soeben die Chance auf eine ganz neue Rolle bekommen. Ich lächelte mich – ob der Genialität meiner Idee – ein kleines bisschen selbstverliebt im Spiegel an. Schöner Einfall. Böses Mädchen.

Tja, Reisende soll man ziehen lassen, natürlich nicht ohne dem Spaßtouristen noch ein kleines »Andenken« mitzugeben ...

Hoch erhobenen Hauptes watschelte ich nach guten zehn Minuten zurück zu dem treusorgenden zukünftigen Kindsvater, der völlig vertieft sein Blackberry bearbeitete. Von der Sorge, dass ich eventuell in den Fluten der Klospülung versunken oder vielleicht auf dem WC zusammengebrochen sein könnte, keine Spur!

Ich ließ mich lautstark auf die Bank plumpsen und hatte – Hurra! – seine Aufmerksamkeit.

»Fein, flieg!«, flötete ich charmant gönnerhaft.

»Wirklich?«

Nein, Arschloch, nicht wirklich! Aber ich biss mir auf die Zunge. Stattdessen hörte ich mich zuckersüß sagen: »Klar! Logo!« Dank meines warmen Lächelns, auf das meine Schauspiel-Mentoren am English Theatre stolz gewesen wären, verflüchtigte sich sein Misstrauen langsam. Er ließ seine Deckung sinken, und ich konnte endlich zustechen.

»Aber ich sag dir eins, mein Lieber, solltest du bei der Geburt des Kleinen nicht wenigstens vor der Kreißsaaltür stehen, heißt das Kind so wie mein bester schwuler Freund: Julius Trautvetter junior!«

Das Schöne, wenn man über ein Dutzend Jahre mit demselben Mann liiert ist: Er weiß, wenn's kein Witz ist und man es verdammt ernst meint. Ich hatte gerade einen brutalen Treffer gelandet.

Mein Gegenüber war für Sekunden fassungslos, berappelte sich aber recht schnell zu alter Souveränität.

»Sonya, das kannst du doch dem Kleinen nicht antun!«

Ach ja? Für einen kurzen Augenblick flammte in mir das starke Bedürfnis auf, ihm mit ca. 100 Dezibel klarzumachen, WER hier WEM WAS antat. Stattdessen entsann ich mich der Granitplatte, unter der ich meine Emotionen und mein Temperament begraben hatte. Diskutieren? Garantiert nicht!

Mit Grabesstimme verkündete ich nochmals ganz langsam: »Julius. Trautvetter. Junior.« Unterstrichen wurde das Gesagte durch einen Blick, so kuschelig wie Trockeneis.

In diese herzliche Atmosphäre hinein setzte uns die Kellnerin den Hauptgang vor. Sehr zufrieden mit mir selbst atmete ich genüsslich mein Essen ein. Es war einfach schön zu spüren, dass die kämpferische Amazone in mir auch bei einem Taillenumfang von 107 Zentimetern noch lebendig war!

Ein paar Tage später, an einem heißen Donnerstag im Juli des Megasommers 2010, hatte ich endlich die sichere 36. Schwangerschaftswoche erreicht! Hurra. Das Baby besaß ab jetzt Landeerlaubnis. Wie mit meinem Arzt besprochen, setzte ich die Wehenhemmer ab.

Davon völlig unbeirrt, verabschiedete sich »der Mann an meiner Seite« tags drauf in den so irre wichtigen Kurzurlaub mit seinen Geschäftsbuddys. Nicht ohne – haha! – zu erwähnen, dass sein Opa seine Oma einstmals mit einem Köfferchen vor dem Krankenhaus abgesetzt habe, um sie einen Tag später mit Köfferchen und Kind dort wieder abzuholen. Tolle Geschichte, oder?

Mich verführte diese Aussage meines Neandertalers wiederum dazu, noch schnell anzubringen, in welchen Jubel Julius verfallen war, als ich ihm berichtete, dass ich meinen Spross eventuell nach ihm benennen würde. Was soll ich sagen, es war ein ungemein herzlicher Abschied!

Völlig verrückt: Im Gegensatz zum heterosexuellen Mann in meinem Leben hatte sich der homosexuelle mal wieder als echtes Goldstück erwiesen. Mit dem wunderbaren Statement »Ach Sonya, mach dir keinen Kopp. Wenn alle Stricke reißen: Ich bin da. Dann könnten wir eigentlich auch gleich heiraten, ziehen den Lütten gemeinsam groß und gehen dann zusammen auf

Männerfang!« hatte Julius mich zum Lachen und Weinen gleichzeitig gebracht. Das Niedliche daran: Es war ihm absolut ernst damit!

Nun gut, es war ja gar nicht gesagt, dass es tatsächlich in den nächsten fünf Tagen losgehen würde. Vor August hatte ich ja auch gar keine Zeit zu gebären! Die nächsten drei Wochen waren akribisch verplant, der neue Erdenbürger sollte gefälligst seinen errechneten Termin einhalten!

Das Babyzimmer war noch nicht ganz fertig, in meinem Wintergarten musste noch eine Palme gekappt werden, und Buch Nummer 3 über positives Denken wollte auch noch irgendwie fertiggepinnt werden. Die Wut im Bauch musste eben schlau genutzt werden, als Dampfantrieb für Erledigungen aller Art. Freitag und Samstag, bei Temperaturen um die 30 Grad, legte ich also den Turbo ein: Der Baumarkt wurde frequentiert, die Palme scheibchenweise abgesägt, der Keller aufgeräumt. Ich war einfach nicht zu stoppen.

Aber es half alles nix! Jedes Mal, wenn mein Freund sich artig per Telefon meldete, gärte es in mir.

»Ach ja, ist schon ganz nett hier, aber wir gehen immer so wahnsinnig spät essen, und du weißt ja, das vertrage ich gar nicht. Und abends kühlt's ziemlich ab ...« Wie schön für ihn! In Frankfurt kühlte im wahrsten Sinne des Wortes nichts ab. Nachts fiel die Außentemperatur nicht unter 25 Grad, und mein Stimmungsbarometer zeigte immer noch auf *stinksauer*.

Dass die Kombination lavaheiße Wut, blinder Aktionismus und heftigste Hitze tatsächlich wie der ultimative Schnelle Brüter fungierte, hatte ich Dumpfbacke leider überhaupt nicht auf dem Schirm.

Erst am Samstagabend, als ich mich vor die Glotze wuchtete, um mir das WM-Spiel um Platz 3 zwischen Uruguay und unseren Jungs anzuschauen, merkte ich, dass ich es mal wieder etwas übertrieben hatte. Mein Bauch war hart, die Beine fühlten sich schwer an, und ich glühte wie eine Supernova. Höchste Zeit, sich in die Falle zu verabschieden, wo ich sofort komatös tief einschlief ...

... um pünktlich um sechs Uhr am Sonntagmorgen aufzuwachen. Ah, was hatte ich wieder für wirres Zeug geträumt! Schwer gerädert hievte ich meine Haxen aus dem Bett, doch der obligatorische Gang zu meiner Pipi-Pilgerstätte wurde zur Tortur. Autsch! Heftiges Bauchzwicken trieb mich wieder zurück in meine Koje. Das hieß wohl erst mal brav im Bettchen bleiben und ausruhen. Heute Abend war endlich WM-Finale. All meine Freunde guckten bei Steffi, und extra für mich hatte die Gute ein Sixpack Malzbier in den fünften Stock geschleppt. Damit wollte ich Strohwitwe es wild krachen lassen. Im Moment fühlte es sich allerdings so an, als würde bei mir gerade was krachen. Mittlerweile lag ich schon seit über einer Stunde völlig regungslos, als hätte man mich an die Matratze getackert, auf meinem Bett. Aber besser fühlte ich mich leider immer noch nicht.

Und was macht man im zarten Alter von 36, wenn es einem mittelprächtig schlecht geht? Man ruft die Mama an!

»Mama, kannste mal runterkommen?« Glücklicherweise lebte meine Mutter genau über mir. »Mir geht's nicht so gut ...«

Mir war bis dato nicht klar gewesen, dass meine Mutter das Beamen beherrschte, aber nach maximal drei Sekunden stand sie an meinem Bett: »Was ist? Geht's los?«

»Ach Quatsch! Nur ein bissl Bauchzwicken«, beruhigte ich sie – aber vor allem doch mich. »Ist aber besser, du gehst mit den Hunden raus!«

Meine Mutter musterte mich misstrauisch. »Ich glaube, da geh ich nur mal 'ne kleine Runde ...« Mit einem typischen »Mir kannst du nix vormachen!«-Blick verschwand die zukünftige Oma. Heiliger Bimbam, der Ausdruck auf dem Gesicht meiner Mutter brachte mich endgültig um meine Contenance.

Es war Sonntagmorgen, 7:30 Uhr. Konnte ich da meine Hebamme anrufen? Auf keinen Fall! Mir Weichei saß wahrscheinlich gerade nur ein Pups quer. Dafür wollte ich eine hart arbeitende Frau mit vier Kindern nicht aus den Federn klingeln.

Bis fünf nach acht hielt ich durch.

»Esther, Entschuldigung, dass ich dich am Sonntagmorgen störe, hier ist die Sonya ...«

»Ist doch kein Problem ...« Esther war ganz entspannt. »Was ist denn? Geht's los?«

»Nee, nee!« Waren jetzt alle um mich herum gaga? Aus Filmen wusste man ja, wie eine gebärende Frau sich gebärdete: wie eine Besessene! Mit unsäglichen Schmerzen hatte mein seltsames Seitenstechen so absolut gar nix zu tun. »Nee, mein Bauch ist ziemlich hart und tut auch ein kleines bisschen weh. Sind das vielleicht Übungswehen?« Als werdende Mutter hatte ich mich selbstverständlich gebildet und diverse Schwangerschaftsratgeber durchgearbeitet. Esther aber lachte mich nur aus: »Glaub mir, dein Bauch hat schon genug geübt. Miss doch mal die Abstände.«

Ich war irgendwie überfordert. »Welche Abstände?«

»Mann, Sonya, die deiner Wehen!«

WEHEN? HEUTE? Auf keinen Fall!

»Esther, das sind keine Wehen, das tut gar nicht richtig weh ...«

Meine Hebamme lachte: »Keine Sorge, das kommt noch! Miss die Abstände und ruf mich zurück!«

Klack, sie hatte aufgelegt. Hektisch schnappte ich mir mein Handy, machte die Stoppuhr klar und horchte angestrengt in mich hinein ...

»Hallo, Esther, ich bin's, Sonya. Also ich glaube, so alle acht bis neun Minuten wird's ein bissl schlimmer.«

»Na, dann bekommen wir wohl ein Sonntagskind!«

»Was?« Sie meinte doch hoffentlich nächsten Sonntag?!

»Sonya, falls es dir nicht aufgefallen sein sollte: Du bist schwanger! Und heute bekommst du dein Baby.«

Oh mein Gott!

»Sonya? Bist du noch dran?«

Ich erwachte aus meiner Schockstarre: »Ja. Und jetzt?«

»Jetzt warten wir, bis die Wehen heftiger werden und so etwa alle fünf Minuten kommen. Dann rufst du mich an, und wir treffen uns im Krankenhaus. Allerdings kann das beim ersten Kind eine kleine Ewigkeit dauern ...«, hörte ich Esther wie durch einen langen Tunnel hindurch erklären.

Eine kleine Ewigkeit konnte ich gerade gut gebrauchen. Ich musste noch so viel organisieren, bei mir eine anständige Unterbodenwäsche durchführen und dafür sorgen, dass mein Kerl beikam.

»Wenn irgendwas ist oder dir Sorgen bereitet, Sonya, ruf mich an!«

»Okay! Danke, Esther.«

Als Allererstes hatte ich aber das dringende Bedürfnis, jemand anderes anzurufen. Zitternd – oh Hilfe, es ging tatsächlich schon los – wählte ich die Handynummer meines Freundes. Trotz all des Theaters war ich wirklich froh, gleich seine Stimme zu hören. Ich brauchte jetzt dringend jemanden, der mich beruhigte. Ich wartete eine gefühlte Stunde auf ein Geräusch in der Leitung, hörte aber zunächst nur mein eigenes, wild schlagendes Herz. Und dann eine freundliche Stimme, die mir Folgendes mitteilte: »This number is not available right now. Please try again later ... Der angerufene Teilnehmer ist zur Zeit nicht erreichbar, bitte versuchen Sie es zu einem späteren Zeitpunkt noch einmal ... This number ist not ...« Es dauerte ziemlich lange, bis ich begriff, was mir da ins Ohr gesäuselt wurde. Und mit an Sicherheit grenzender Wahrscheinlichkeit kann ich behaupten, in meinem ganzen Leben noch nicht so doof aus der Wäsche geschaut zu haben. Ich war fassungslos! Wir bekamen unser erstes Kind, und mein Freund war nicht nur allein in Urlaub gefahren, er hatte auch noch das Handy aus? Nein, das konnte nicht sein, selbst er würde so was nicht bringen. Bestimmt hatte er nur gerade keinen Empfang! Ich probierte es erneut ... Danach nochmals ... Nach fünf Minuten wieder. Spätestens jetzt hatte aber auch ich kapiert: Doch, ja – sein Handy war aus! Bevor ich wie eine Cruise Missile in die Luft gehen konnte, holte mich ein Schmerz, den man nur mit viel Schönfärberei noch als »Bauchzwicken« bezeichnen konnte, auf den Boden der Tatsachen zurück. Ich durfte jetzt keine Energie aufs Aufregen verschwenden. Meine Umstände waren gerade aufregend genug.

Vielleicht war ihm ja auch das Handy geklaut worden? Die Mordpläne, die mir durch den Kopf gingen, waren eventuell völlig unberechtigt.

Ich fand die Nummern seiner Geschäftspartner und hinterließ auf diversen Mailboxen lustige Nachrichten, die sich in etwa so anhörten: »Ehm, ja, hallo, Michael! Hier ist die Sonya. Könntest du vielleicht meinem Freund ausrichten, dass wir ein Kind bekommen. Ehm, also ... heute. Wäre schön, wenn er mich mal anrufen könnte ...«

Die Diebstahl-Theorie konnte ich getrost knicken – und er sich das gemeinsame Sorgerecht! Trotzdem kam ich meiner Informationspflicht nach und unterrichtete meinen zukünftigen Ex-Freund auf äußerst emotionale Weise davon, dass sein Baby heute auf die Welt kommen würde: per SMS. »Julius Trautvetter junior kommt. Heute!«

Unter das Kapitel »Der Mann an meiner Seite, mein Fels in der Brandung« zog ich gedanklich einen dicken, fetten Strich. Es war nun Zeit, sich mit wirklich wichtigen Dingen zu beschäftigen, etwa: Wohin mit meinen Hunden, wenn meine Mutter gleich mit ins Krankenhaus musste?

Ich rief meine Freundin Steffi an.

»Sag, Sonya, tickst du nicht mehr ganz, es ist noch nicht mal neun!« Steffi hörte sich nach Minimum 1,5 Promille Restalkohol an.

»Sorry, Steffi, kannst du die Hundis nehmen? Ich muss ins Krankenhaus.«

»Was issen los?«

»Äh, ich bekomme ein Baby? Ich hatte das mal erwähnt, vielleicht erinnerst du dich ...«

»Ach du Scheiße!«

Ja, so könnte man's auch bezeichnen. Steffi sprach mir da gerade aus dem Herzen.

»Bleib, wo du bist! Ich bin in 'ner Viertelstunde bei dir!« Und aufgelegt hatte sie.

Über Steffis Fahrtüchtigkeit konnte ich mir nicht lange Sorgen machen, denn da stand schon meine Mutter vor mir.

»Hab's doch gleich gewusst! Es geht los, ne?«

Mamas kann man auch im zarten Alter von 36 Jahren nichts vormachen. »Ja, Mama, heute wirst du Oma.«

»Hast du der Hebamme Bescheid gesagt?«

»Ja, Mama«, presste ich heraus und floh ins Bad, denn ich wusste, welche Frage als Nächstes kommen würde. Was sollte ich bitte auf »Wo ist dein Freund?« antworten? Der ist leider, leider im Moment telefonisch nicht erreichbar?

Unter der Dusche erwischte mich die nächste Nestflucht-Attacke meines Untermieters. Ich ging in die Knie. Oh verdammt! So langsam wurde die Situation ungemütlich!

Ich hatte mich gerade einigermaßen berappelt, als das Handy klingelte. Endlich! Ich hechtete ans Telefon, soweit das mit meinem Baby-Spoiler möglich war: »Babe?«

»Äh, Sonya? Hier ist noch mal Esther. Mir ist gerade was eingefallen: Wenn du das Martyrium verkürzen willst, dann leg dich in die heiße Badewanne, oder geh noch mal um den Block. Das regt die Wehentätigkeit an.«

Badewanne? Ich alte Badenixe hatte seit Wochen auf mein geliebtes Geplansche verzichten müssen, eben genau weil mein Bauch schon zu aktiv war.

»Esther, toll. Danke, das mach ich.«

Kaum hatte ich aufgelegt, klingelte es auch schon an der Haustür. Sekunden später stand Steffi mit einer Zopfgummi-Haarpalme auf dem Kopf und einer bestimmt zehn Kilo schweren Wassermelone unterm Arm bei mir im Bad.

»Hallo, Freundin!«

»Steffi, was willst du mit der Wassermelone? Schleppst du das Ding mit dir rum, um zu wissen, wie ich mich fühle?« Meiner verkaterten Freundin war alles zuzutrauen.

»Nee, ich hab so 'nen Brand. Ich dachte, die knacken wir jetzt noch zusammen. Ich hol mal ein Messer.« Okay, meine Freundin war eindeutig noch volltrunken.

Während ich mich mit der Grazie von Moby Dick in die Badewanne gleiten ließ, nahm Steffi auf dem Klodeckel Platz, bearbeitete die Melone und fütterte mich liebevoll mit mundgerechten Stückchen.

Es war eine so skurrile Situation, dass ich eigentlich laut losgelacht hätte, wären da nicht diese miesen Schmerzen gewesen, die alle paar Minuten mein Wohlbefinden störten, und meine Mutter, die alle zehn Minuten fragte »Hat er jetzt angerufen?« und mich jede halbe Stunde unbedingt ins Krankenhaus verbringen wollte. Als ich ihr nach meiner ausgiebigen Badesession verklickerte, dass ich mit Steffi und den Hundis noch mal eben eine kleine Runde drehen wollte, war sie dem Herzinfarkt nahe.

Meine Wehen kamen jetzt erst alle sieben Minuten, ich ließ mich also nicht beirren, schnappte mir Steffi und meine Hundis und tapste los in Richtung Feld, das nur wenige Meter von meinem Haus entfernt liegt.

»Sag mal, was willst du denn mit dem Kopfkissen?«, fragte die Frau, die mit einer Mega-Melone unterm Arm bei mir aufgekreuzt war.

Die nächste Wehe nahm mir die Erklärung ab. Ich spürte sie kommen, schmiss das Kissen auf den Feldweg, ließ mich darauf auf die Knie sinken, kippte mit Oberkörper und Armen nach vorne und streckte den Poppes in die Höh. Es war die einzige Position, in der der Schmerz, der wie tausend Durchfall-Attacken meine Eingeweide durchfuhr, auszuhalten war.

Während ich mich noch am Boden quälte, brach Steffi in schallendes Gelächter aus!

Als ich endlich stand, war Madame immer noch am Gackern. Romeo und Franky standen in Habachtstellung um uns herum. Ich war gereizt!

»Was, zum Teufel, ist denn bitte hieran so megawitzig?«

Steffi konnte kaum antworten. »Deine Yoga-Show ist natürlich auch dufte, aber du solltest erst mal die Blicke von Joggern und Radfahrern sehen, wenn du da unten, im kurzen Sommerkleidchen, zu Allah betest ...« Sie war schon wieder am Glucksen. Dass wir mittlerweile fast elf hatten und jede Menge Leute auf den Wegen unterwegs waren, musste mir irgendwie entgangen sein. Schnurzpiepegal! Ich war beschäftigt.

Nach zwei weiteren Wehen, die von Steffis Lachanfällen musikalisch begleitet wurden, klingelte mein Handy.

»Ja?« Ich hatte gerade echt keinen Nerv für Höflichkeiten.

»Sonya?«

»Ach nee, der Urlauber!«

»Wie geht's dir?« Was sollte ich denn bitte darauf antworten? Danke, gut?

Mit eisiger Stimme verkündete ich: »Hab mich nie besser gefühlt. Danke der Nachfrage.«

Er ignorierte meinen Sarkasmus. »Sag mal, geht's wirklich los?«

Ich musste wahnsinnig blöd sein, denn ich hatte mir den Typen nicht nur selbst ausgesucht, sondern ihn auch immer für überdurchschnittlich intelligent gehalten.

»Nein, nicht wirklich. Ich tu nur so!«

»Okay, also der letzte Flieger für heute geht in 40 Minuten, den schaffe ich nicht mehr ...«

»Entschuldige, dass ich dich unterbreche, aber für deine Reise-Orga hab ich jetzt echt keine Zeit. Entweder du bist da oder eben nicht. Tschüss!« Und damit beendete ich das Gespräch.

Sofort klingelte es wieder. Ich drückte das bimmelnde Ding Steffi in die Hand und widmete mich stöhnend meinem Kissen.

»Ist gerade etwas schlecht ...«, hörte ich meine Freundin sagen. »Mann, die liegt auf'm Boden, windet sich wie irre und stöhnt vor Schmerzen. Oder glaubst du, das, was du da im Hintergrund hörst, ist Chopin?« Ach, meine Steffi war einfach die Beste.

Ich hörte noch ein »Ja, ja ...«, was sich eindeutig nach »Leck mich am Arsch« anhörte, und dann legte sie auf.

»Ich soll dir ausrichten, Kräuschen, er versucht alles, um herzukommen.«

»Ist mir jetzt auch egal«, schnappte ich, was wirklich der Wahrheit entsprach. »Sag lieber mal, wie's mit meinem Timing aussieht!«

Steffi blickte auf ihre Uhr und wurde, trotz ihrer Sommerbräune, ein bisschen blass. »Alle fünf Minuten! Wir sollten schauen, dass wir heimkommen!«

Nach drei weiteren Bodenturnübungen meinerseits kamen wir endlich mit meinen stark verstörten Hunden zu Hause an. Meine Mutter hatte schon den gepackten Klinikkoffer sowie die Autoschlüssel in der Hand.

»Ich wollte gerade aufs Feld fahren und euch holen!«

»Ist, glaub ich, besser, wenn ich fahre!« Da war ich mir zwar nicht so sicher, aber ich legte keinen Einspruch ein, als Steffi meiner Mutter den Schlüssel abnahm. Und so startete unsere kleine Reisegruppe in Richtung Krankenhaus ...

Fünf Stunden später, in einem gemütlichen kleinen Zimmerchen, das großkotzig als »Kreißsaal 3« bezeichnet wurde, war ich immer noch stöhnend und grunzend mit Ausdruckstanz der besonderen Art beschäftigt.

Laut Esther flutschte alles ganz prima. Unter »flutschen« verstand ich allerdings was ganz anderes. Während mein Baby sich fleißig feiern ließ, hatte mein Freund im 30-Minuten-Takt Rapport darüber abgelegt, wo er sich gerade befand: Um Mykonos zu verlassen, hatte er tatsächlich einen Helikopter gechartert, war in Athen gestrandet und bettelte jetzt am Counter um ein Ticket für die ausgebuchten Maschinen nach Frankfurt.

»So, Sonya, dein Muttermund ist jetzt etwa acht Zentimeter geöffnet, bei zehn können wir loslegen.« Loslegen? War meine Hebamme irre? »Esther! Loslegen? Damit bin ich seit heute Morgen um sechs beschäftigt!«

»Na ja, wenn du noch eine PDA möchtest, dann wäre jetzt der richtige Zeitpunkt.«

»Gib mir Heroin, Kokain, Quecksilber – egal! Aber mach, dass das aufhört!«

Kurze Zeit später hatte ich meinen Schuss für Weicheier in die Wirbelsäule bekommen und rannte selig high und vergnügt auf der Entbindungsstation herum. Denn jetzt galt es, noch schnell das Runde durchs Eckige zu schießen. Mein Golden Goal: eine Entbindung vor dem Anpfiff! Nicht, dass ich ernsthaft auf das Malzbier bei Steffi spekulierte. Aber ein Baby während des WM-Finales zur Welt zu bringen? Keine gute Idee!

Zwei Stunden später war es dann endlich so weit. Applaus, Applaus, Applaus: Er kam – pünktlich zum Anpfiff: der Papa!

»Dein Freund steht vor der Tür. Möchtest du ihn dabeihaben?«, wollte Esther wissen.

»Auf gar keinen Fall! Jetzt kann ich den auch nicht mehr gebrauchen.« Mein Bauchgefühl, von dem ich ja im Moment mehr als genug hatte, sagte mir, dass mein Finale eventuell etwas turbulent werden würde. »Mama, ich glaub, du gehst jetzt auch besser raus ...«

Als hätte der kleine Kerl nur auf den großen gewartet, begann jetzt auch mein ganz persönliches Endspiel.

»In einer halben Stunde haben wir's geschafft«, meinte meine Trainerin Esther optimistisch. Und dann kam es, das berühmte Kommando: »Pressen!«

Tja, drücken wir's mal harmlos aus. Bei mir ging es – wie in Südafrika – in die Verlängerung. Und leider blieb mir auch ein Elfmeterschießen nicht erspart.

Mein »Endspiel« dauerte insgesamt unfassbare drei Stunden. Genauere Schilderungen erspare ich allen Lesern (jedenfalls an dieser Stelle), weil ich einfach mal voraussetze, dass Sie sich nicht für Filme wie *Das Kettensägen-Massaker* oder *Blutlust* erwärmen können.

Mittlerweile war das Kreißsaal-Team um zwei Krankenschwestern, einen Arzt und eine Assistenzärztin angewachsen.

Als das winzige Würmchen dann endlich auf mir lag, erlebten die versammelte Mannschaft und ich noch ein echtes Highlight: den Starauftritt des frischgebackenen Vaters. Die Tür ging auf, und mein kreidebleicher Inselurlauber stand stumm und bewegungslos im Türrahmen, die Klinke wie einen Rettungsanker fest umklammert. Man sah ihm an, ER hatte gerade entbunden!

»Oh, hallo!«, begrüßte Esther ihn fröhlich. »Willst du vielleicht die Nabelschnur durchschneiden?« Sie hielt ihm aufmunternd eine Schere entgegen.

Wie bei einem Chamäleon bewegten sich seine Augen plötzlich schielend völlig unabhängig voneinander. Das linke sondierte hektisch den Raum, während das rechte erst mich, danach den Kleinen scannte, um dann geschockt auf der dargebotenen Schere zu verharren. Auch das andere Auge wanderte daraufhin in Richtung Schneidewerkzeug. Seinem Gesicht nach hätte man annehmen können, ihm wäre die Nabelschnur zum Durchknabbern gereicht worden. Der ganze Mann zuckte zusammen, die Augenlider flatterten, und er öffnete den Mund. Oh, oh, ich ahnte Schlimmes. Doch statt den Fußboden mit weiteren Körperflüssigkeiten zu düngen, hielt mein Kerl sich ritterlich, schüttelte energisch den Kopf und gab die denkwürdigen Worte: »Äh-äh!« von sich. Tja, und weg war er.

Wow! Mein Held! Mein Retter in der Not. Ja, oder so ähnlich ...

Mir war's wurscht, denn so langsam setzte bei mir eine Droge ein, gegen die die PDA ein läppisches Schnäpschen gewesen war: das Mutterglück!

Ich schaute dieses winzige Wesen an, und mein Herz öffnete sich. Quatsch, es riss auf wie der Schlund eines Vulkans. Statt vernichtender Lava strömten jedoch die heißen Liebesstrahlen einer Supernova aus meinem Herzen. Es war unglaublich! Liebe, pure, reine, unendliche Liebe durchströmte mich.

Felsenfest davon überzeugt, dass ich nie etwas mehr lieben könnte als meine Hundis – erst recht keinen Kerl –, wusste ich jetzt: Ich hatte mich kräftig geirrt. Das hier waren ganz neue Dimensionen ...

Mit den elterlichen Sorgen ging es allerdings auch gleich los, als Esther mir mein Baby zum ersten Check-up entwendete. Bange Minuten. Dann war endlich klar, dass der kleine Kicker mit Komplettausstattung geliefert worden war. Alles dran, was dran gehörte!

Mein Baby wurde, vom Schmierfilm befreit, wieder bei mir geparkt. Ich spürte, ich war dem Paradies ein Stückchen näher gekommen und völlig happy-high.

Dieser Zustand wurde sofort ausgenutzt. Der Doc fing an zu flicken, was von meinen erogenen Zonen noch übrig war. Währenddessen waren diverse Krankenschwestern damit zu Gange, das Schlachtfeld zu säubern. Erst jetzt bekam ich mit, dass rund um mein Bett säckeweise rot gebatikte Handtücher und Bettwäsche eingesammelt wurden – und die gegenüberliegende Wand auch abstrakte Graffiti in Blutrot verpasst bekommen hatte.

Das kleine Monster, das so friedlich auf mir schlief, hatte ganze Arbeit geleistet.

Mutter Natur ist doch eine blöde Schlampe! Das Runde muss durchs Nadelöhr – wer kommt auf so eine Scheiß-Idee? Warum können wir Mädels nicht ganz lässig und schmerzfrei Babys auf die Welt bringen, die das Format einer schlanken Coladose haben, und sie dann gemütlich, wie die Beuteltiere, in einer Hautfalte ausbrüten? Wieso, zum Henker, konnten Männer schmerzlos Kinder kriegen? Mein Neid auf alle, die im Stehen pinkeln können, potenzierte sich mit jedem Nadelstich. Nach einer weiteren schmerzvollen Stunde war mein Totalschaden repariert. Mini-Me und ich waren endlich gästetauglich, Oma und Superdad konnte Einlass gewährt werden.

»Huhu ...« Mein Freund sah wieder einigermaßen okay aus. »Es tut mir so leid, dass ich vorhin gleich wieder gegangen bin. Aber erst höre ich dich drei Stunden wie 'ne Mischung aus

Hardcore-Porno und *Der Exorzist* brüllen, und dann komme ich hier rein und suche überall das Schaf, das geschächtet worden ist!«

»Das Schaf heißt Sonya.« Er lächelte gequält. »... und du kannst es wiedergutmachen: Hol mir 'nen Hamburger, 'ne Coke und 'nen Sechser-Chicken. Und frag die anderen auch, ob sie was wollen!«

Hallo, es war kurz vor Mitternacht, ich hatte seit der Melone nichts mehr gefuttert, einen Ironman *hinter mir* und einen Milchsauger *an* mir. Ohne Murren und Diskussionen über Acrylamat & Co. zischte er artig ab.

Eine Viertelstunde später war unser Futter da, und während alle entspannt schmatzten, sah sich mein Freund zum ersten Mal, ganz vorsichtig, sein Baby an, und etwas sehr Seltsames passierte mit ihm. Seine Augen wurden groß, traten leicht hervor – und wie bei Dagobert Duck die Dollarzeichen erschienen bei meinem Kerl Herzchen in den Augen. Ich schwöre, genau so war's! Dieser Typ, den ich schwanger zwei Mal verlassen wollte, der sich so rücksichtslos in den Kurzurlaub verdrückt und sich neun Monate echt beschissen verhalten hatte, verliebte sich gerade unsterblich. Es war um ihn geschehen. Game over. Aus und vorbei. Für immer und ewig.

Unser kleines Bengelchen benötigte nur Sekunden, um aus einem Anti- einen Übervater zu machen, der aus seinem Büro aus- und bei mir im Krankenzimmer eincheckte. Dort versorgte er mich die nächsten Tage liebevoll mit Vollpension aus meinen Lieblingsrestaurants, vertrieb Reporter und Fotografen aus dem Krankenhausflur und war kurz davor, gegenüber einer Krankenschwester tätlich zu werden, die bei seinem Baby beim Blutabnehmen danebenpikste.

Bis heute hat sich daran nichts geändert, der Kleine hat den Großen voll im Griff, und wenn ich die beiden zusammen sehe, bin ich sehr froh, dass mein Kleiner doch kein Julius junior geworden ist ...

Ein Mann ist nicht komplett,
bis er das Baby gesehen hat,
das er gezeugt hat.
(Sammy Davis jr.)

Wir lernen daraus: Unbedingt von Anfang an den Papa in spe zu allen Ultraschall-Untersuchungen mitschleppen und keine Ausreden wie »wichtige Geschäftstermine« gelten lassen. Das Baby schon ungeboren live sehen zu können und seinen Herzschlag zu hören erleichtert Männern das Verständnis ungemein, was uns da den Bauch so seltsam ausbeult.

Ach ja, und raten Sie mal, wer mir nach der Geburt mitleidig und mit leisem Seufzen die Wange getätschelt hat? Minnie, die Freundin des Dämme massierenden Superpapas: »Ach, Sonya, du hättest einfach mal öfter weinen sollen. Dann wäre das alles nicht passiert.« Mittlerweile weiß ich: Minnie hat leider verdammt recht.

Darum mein Tipp an alle Tough Cookies unter den schwangeren Mädels: Einfach mal öfter den Tränenkanal öffnen und nicht immer tapfer Superwoman spielen!

Manche Männer brauchen einfach deutliche Signale. Die Jungs kapieren sonst erst im Kreißsaal, warum wir vorher den 20-Kilo-Koffer nicht selbst schleppen konnten und warum wir vielleicht ein klitzekleines bisschen betreuungsintensiver waren als sonst.

Auch wenn es da natürlich feine Unterschiede zwischen den Männern gibt ...

PAPPA ANTE PORTAS: SONYAS KLEINE TYPOLOGIE (WERDEN)DER PAPIS

Kein Mann ist wie der andere, und auch Väter sind logischerweise nie gleich. Trotzdem kann man die Jungs ganz gut in Grüppchen einteilen. (Kleine Warnung: Bitte nicht allzu ernst nehmen, auch wenn das berühmte Körnchen Wahrheit drinsteckt, versprochen!)

Der Fürsorgliche

Früher hatte ich so meine Schwierigkeiten mit diesem Typus – inzwischen habe ich erfahrungsbedingt (ich sage nur: Mykonos) meine Meinung etwas geändert und sehe diese Spezies durchaus positiv.

Dieser Mann ist extrem besorgt, gewissenhaft und oft »schwangerer« als seine Liebste. Das heißt, er nimmt aus Solidarität kräftig mit zu (leider nach der Geburt oft nicht wieder ab), massiert hingebungsvoll Dämme, Bäuche und andere expandierende Gewebe seiner Partnerin mit kostbarstem Öl, auf dass diese auch unter spannenden Bedingungen haltbar und elastisch bleiben. Er ist ein wandelndes Lexikon, denn er liest alles, was ihm an Büchern und Artikeln über Schwangerschaft, Geburt und Kleinkindbetreuung in die Finger kommt. Löblich!

Er will natürlich unbedingt bei der Geburt dabei sein und »mithelfen«, obwohl er kein Blut sehen kann und schon nach zwei Minuten ohnmächtig aus dem Kreißsaal getragen werden muss. Doch abgesehen von diesem kleinen Aussetzer steht dieser Mann zu seinem Kind und zur Mutter, auf ihn können Sie sich verlassen. Sie können sich allerdings auch drauf verlassen, dass er alles besser weiß und sich nach der Geburt zur Überglucke entwickelt – insbesondere, wenn es ein Mädchen ist.

Ein Vater zu sein, nun, ich weiß nicht,
ob das unter Veränderungen fällt,
aber seit ich Vater bin, will ich schneller wieder nach Hause.
Das Baby ist der Grund, dass ich lebe,
und der Grund, weshalb ich überhaupt zur Arbeit gehe.
(Richard Dean Anderson)

Der Show-Macho

Hier haben wir mein Exemplar, das Sie ja soeben kennengelernt haben. Show-Machos sind besonders sexy, sehr männlich und verfügen über einen leistungsfähigen Kalkulations-Prozessor im Hirn, der leider mit der Emotionalen Intelligenz um den Speicherplatz konkurriert. Es ist nicht so, dass sie nicht vorhanden wäre – sie klemmt nur manchmal ein bisschen. Woran man das erkennt? An Dialogen wie den folgenden:

Ich: »Baby, irgendwie fehlt mir ein bisschen emotionaler Beistand.«
Mann (mit Fragezeichen in den Augen): »Emotionaler Beistand? Was meinst du damit?«
Ich: »Na ja, ich war doch auch noch nie schwanger, und ich fühl mich einfach ein bisschen liebebedürftiger als sonst. Kannst du dich nicht ausnahmsweise mal lieb um mich kümmern?«
Mann (zückt triumphierend seine Sporttasche, in der auf feuchten Handtüchern zwei Kartons prangen): »Mensch, Sonya, aber das tu ich doch: Ich hab dir 'ne Pizza ›Salami doppelt Käse‹ mitgebracht. Und hier ist auch eine tolle DVD: *Saw 4* – soll obergeil sein. Ich werf mal den DVD-Player an.«

Tja, was soll man da noch sagen? Für Show-Machos ist die weibliche Psyche ein Labyrinth, das sie lieber nicht betreten. Können sie auch gar nicht, denn dazu müssten sie ja erst mal den Eingang finden.
Mit der Geburt wird, wie eben gesehen, plötzlich alles anders – denn im Herzen ist auch der schlimmste Show-Macho ein emp-

findsames Wesen, der Macho ist eben nur Show. Sobald das Baby da ist (und kein abstraktes Ultraschallbild mehr) und der Show-Macho es in die Hand nehmen kann, geht die Verwandlung vor sich.

Auch bei meinem war das so. Ich hörte förmlich, wie dieses etwas schwergängige männliche Herz in Zeitlupe aufging: »Aaaach soooo! Deeeeshalb! Jeeeetzt versteeeeeh iiiich!« Also, Mädels, keine Sorge, wenn ihr diesen Typ Mann erwischt habt – das wird schon.

Mr. »Ich bin dann mal weg«

Dieser Mann vögelt gern und viel. Gern auch gern und viel mit verschiedenen Mädels, und zwar am liebsten ohne Gummi, weil er dann »mehr fühlt«. Ansonsten fühlt er allerdings relativ wenig. Denn wenn beim Fühlen »was passiert«, tut er erst völlig überrumpelt und kriegt dann auch sehr schnell kalte Füße: »Oh Gott, ey, Scheiße. Die Alte ist schwanger, da hab ich ja gar keinen Bock drauf.« Also entscheidet er sich für die Strategie »Aus den Augen, aus dem Sinn« und taucht ab. Wahlweise nach Hinterindien, zu seiner Mama, auf den Einhandsegler, mit dem er den Pazifik überquert, ins Delirium oder den Untergrund. Vorher ändert er möglicherweise noch alle seine Telefonnummern und, je nach Raffinesse, auch Namen und Pass.

Falls er doch aufgespürt wird, zweifelt der Kneifer nach der Geburt auch gern mal an, dass das Kind von ihm ist (obwohl es meistens jeder sehen kann), und besteht auf einem Vaterschaftstest.

Dieser Typ Mann ist hin und wieder in Nachmittags-Talkshows zu besichtigen, wo unter diversen Pöbeleien das Resultat des Vaterschaftstests vorgelesen wird. Oft springt dann noch eine weitere Dame mit Kleinkind aus der Kulisse und enthüllt: »Geronimo ist auch von dir!« Wenn sie sich beweistechnisch in die Ecke gedrängt fühlen, berufen sich Ich-bin-dann-mal-weg-Männer auch gern auf den Begriff des »Samenraubs«.

Der Scharfschütze

Dieser Mann nimmt den evolutionären Auftrag, seinen Samen zu streuen, sehr ernst und lehnt Kondome als unchristlich ab. Vermutlich von seinem Unterbewusstsein gesteuert befruchtet er mit Eifer ein Ei nach dem anderen. Und das, obwohl er keineswegs die Absicht hat, das Leben mit der jeweils begatteten Dame zu verbringen – er hat nämlich zuhause schon ein beringtes Ehe-Exemplar, meistens bereits seit der Schule. Eine unverheiratete Variante dieses Typs steht offiziell in Gottes Diensten und hat sich laut Job-Beschreibung nicht für Fleischeslust zu interessieren. Aber was kümmert den Dödel schon der Job seines Trägers?

Die Begattung findet darum stets im Geheimen statt, mit Zimmermädchen, Geliebten oder Hausangestellten. Der Scharfschütze ist meist sehr konservativ und befindet sich oft in einer gewissen Machtposition. Zum Beispiel als Politiker mit Filmstar- und Bodybuilding-Vergangenheit in Kalifornien, Thronfolger eines Kleinstaats, Fußballgott, hochgestellter Geistlicher oder auch nur Manager einer großen Firma. Nett: Der Scharfschütze zieht sich meistens nicht aus der finanziellen Verantwortung, sondern zahlt zumindest Schweigegeld, Verzeihung: Unterhalt.

Harry, der Hengst

Eigentlich sieht er gar nicht aus wie ein Zuchtgaul, wenn überhaupt, dann höchstens wie ein unscheinbarer Bürohengst. Und genau darum ist er irre stolz darauf, dass dank seines Sprösslings nun keiner mehr daran zweifeln kann, dass auch er eine funktionstüchtige Liebes-Kanone besitzt.

Das Wissen allein reicht ihm aber nicht: Während seine Gattin allein mit dem Kind zu Hause rotiert, rennt unser kleiner Potenzprotz auf Geschäftsreisen oder der Betriebsfeier mit dem Bild seines frisch geschlüpften Babys rum – und baggert, dass es den Damen vor Dreistigkeit die Sprache verschlägt. Den Beweis seiner fruchtbaren Manneskraft hält er nämlich für ein astreines Beischlaf-Bewerbungsfoto, auch andere Frauen sollen seiner Ansicht nach von seinem Supersamen profitieren. Motto: »Das könnte auch dein Kind sein, Süße!« Harry wundert sich tatsächlich, wenn die Masche nicht funktioniert. Das Konzept weiblicher Solidarität verstehen Harrys nämlich einfach nicht.

Der Debattierer

Er ist eine milde bis besonders perfide Variante des Ich-bin-dann-mal-weg-Papis. Zwar verschwindet er nicht (gleich), sondern offenbart seine Rückgratlosigkeit stattdessen auf der verbalen Ebene. Von der Schwangerschaft in Kenntnis gesetzt sagt er Dinge wie »Meinst du, es ist der richtige Zeitpunkt für Nachwuchs?«. Zuweilen zeigt er sich auch völlig überrascht: »Wie konnte das passieren? Ich dachte, du nimmst die Pille!« Vor der Popperei hat ihn das alles allerdings herzlich wenig interessiert. Ganz Unverfrorene machen auf »verständnisvoll« und dabei gleich klar, wo für sie der Hase lang läuft: »Traust du dir das denn zu, so ein Leben als Alleinerziehende?«

Wenn man Männer dieses Typs reden hört, klingt das oft so, als wäre eine Abtreibung das Gleiche, als würde man einen Tampon wieder rausziehen. Ich bin der Meinung: Solchen Jungs sollte man mal eine kleine rektale Tamponade bereiten, damit sie wenigstens ansatzweise ein Gefühl dafür bekommen, wie das ist, wenn etwas ein- und wieder ausgeführt wird. Nur aus diesem Grund wäre ich ja auch als friedliebende Person eigentlich gegen die Abschaffung der Wehrpflicht: Das eine Mal den Finger im Popo bei der Musterung, das gönne ich den Jungs ...

Der Debattierer versucht sich auch nach der Geburt übrigens gern mit dem Hinweis »*Ich* wollte das Kind schließlich nicht« jeder Verantwortung zu entziehen. Zum Glück sind Gerichte da anderer Meinung.

Der Sunday-Dad

Diese Variante des Papas war eigentlich ganz gut zu ertragen, jedenfalls *bevor* das Baby das Licht der Welt erblickt. Da war noch

Gleichberechtigung schick, man kochte gemeinsam, wechselte sich brav ab mit dem Obenliegen und ging sogar zusammen zur Schwangerschaftsgymnastik. Doch kaum wird Vaddi Vater, ist die Rollenverteilung klar: Muddi macht alles, Pappi macht auch alles ... was Spaß macht: den Stammhalter der Familie präsentieren, mit dem Baby in der Wanne planschen und im elterlichen Bett mit dem Kleinen kuscheln. Ansonsten wird weiter gelebt und gearbeitet wie zuvor. Nur sonntags wird »auf Familie« gemacht und das Ergebnis seiner Lenden spazieren geführt. Was Mama alles leistet? Ist selbstverständlich. Fläschchen waschen, Wickeltasche packen, beschissene Windeln wechseln? Frauensache, was sonst! Das Einzige, was da hilft, ist mal kräftig auf krank zu machen: Hier sind alle Tricks erlaubt! Halten Sie das Fieberthermometer an die Glühbirne, malen Sie sich Flecken ins Gesicht und simulieren Sie oscarreif die Todkranke. Hauptsache, Sie trauen sich, wirklich mal alles einfach liegen zu lassen, und vertrauen ihm, dass er das Baby nicht kaputt machen wird. Wichtig: Versperren Sie alle möglichen Fluchtwege! Instruieren Sie Omas, Putzfrauen und Babysitter, nicht erreichbar zu sein, und nötigen ihm somit ein kurzzeitiges Zwangspraktikum als Familienmanager ab. Er wird an seine Grenzen stoßen, endlich lernen, wie man Fläschchen macht und Ihre Leistung plötzlich mit ganz anderen Augen sehen.

Na, haben Sie ein paar Jungs wiedererkannt? Es gibt natürlich noch jede Menge Variationen und Mischformen – entscheiden Sie selbst, in welche Kategorie Ihr persönliches Exemplar fällt.

Teil 5

NACH DEM EINZUG DES DIKTATORS: VOM WIEDERAUFBAU, DEM MOLKEREI-BETRIEB UND ANDEREN HERAUSFORDERUNGEN ALS NEU-MAMI

Kaum zu glauben: Plötzlich ist der Rohbau fertig! Ein komplettes Baby mit allem Drum und Dran wird aus dem Replikator (uns) ausgespuckt. Spock würde sagen: »Faszinierend!« Doch damit ist unsere Baustelle Baby natürlich noch lange nicht geschlossen, ganz im Gegenteil, denn an so ein süßes Kleines wird ja quasi ständig angebaut, und neue tolle (und auch einige weniger tolle) Funktionen kommen täglich dazu. Man könnte es auch so ausdrücken: Es wächst! Und wir wachsen mit, und dabei meistens über uns hinaus. Denn wie man sich an das Leben in einem neuen Haus gewöhnen muss, bringt auch unsere neue Situation ganz eigene Anforderungen mit sich …

.... wobei die ganz am Anfang oft erst mal darin bestehen, peu à peu die eigene Bude wieder so weit in Schuss zu kriegen, dass man wenigstens die simpelsten Dinge »erledigen« kann. Für Männer ist die Lektüre der nächsten Anekdote strengstens verboten, und lange habe ich überlegt, ob ich dieses Geschichtchen überhaupt schreiben soll: Es nicht zu tun wäre vornehm, aber schrecklich unaufrichtig. Es doch zu tun ist ein Tabubruch und sicher schockierend.

Aber es ist nun mal eine Geschichte, die zum Kinderkriegen gehört wie die Nabelschnur zum Bauchnabel. Und um dem Ganzen schon vorab ein wenig den Horrorfaktor zu nehmen: Jawohl, ich würde alles wieder ganz genauso machen ....

💬 THE DAY AFTER

In der Tat, es soll sie geben, diese Superweiber, die morgens per Hausgeburt ein Baby auf die Welt pressen, wenige Stunden später schon wieder Wäsche waschen und abends den Ehegatten bespringen.

Genau zu denen gehörte ich ... nicht!

Himmel, was hatte dieser knapp 3.000 Gramm schwere Winzling nur mit mir angestellt? In der Birne war ich happy und völlig hormon-high, ich strahlte vor Liebe, als hätte ich Plutonium gefressen, und war von einer Wochenbettdepression so weit entfernt wie Rainer Calmund von Size Zero. Aber es gab auch Schattenseiten ...

20 Stunden waren seit dem Touchdown meines Babys vergangen. Und ich lag immer noch brav aufgebahrt im Krankenhaus. Meine Hebamme hatte mir dringlichst eingebläut, mindestens zwei, besser drei Tage nicht aufzustehen.

Lustig, denn an Stehen war gar nicht zu denken, selbst Sitzen war Folter. Wie eine Diva thronte ich also auf meiner rollbaren

Liegewiese und kommandierte meinen Freund herum. Er sollte gefälligst auch ein bisschen leiden! Bereitwillig und tapfer nahm er dieses Joch auf sich.

Gleich nach der Entbindung war er mit mir in ein sogenanntes Familienzimmer eingezogen, wo er damit beschäftigt war, seinen Sohn anzubeten und mich zu betüddeln. Irgendjemand hatte ihn anscheinend mit Pattex ans Baby gepappt, denn nur gelegentlich entschwand er mal für ein Stündchen, um die Milchkuh (mich) mit hochwertigem Futter zu versorgen.

Diese kurzen Momente der Privatsphäre nutzte ich, um die allerdringlichsten menschlichen Bedürfnisse zu verrichten, denn meine kleinen Ausflüge, bestehend aus normalerweise zirka zehn Metern Fußmarsch, waren nicht gerade schön anzuschauen: Wie eine Seekuh rollte ich mich vom Bett, glitt zu Boden und robbte dann liegend, nur mit den Armen als Hilfsmittel, Richtung Klo. Ziel der »Aktion Seehund« war, meinen Beckenboden so wenig wie möglich zu belasten.

Doch spätestens beim Aufsitzen aufs Pöttchen zweifelte ich daran, jemals wieder Sex zu haben. Schon der Gedanke an einen o.b. Mini trieb mir den Angstschweiß auf die Stirn. Gut, auf's Poppen konnte man ja notfalls auch die nächsten zehn bis zwanzig Jahre verzichten ...

Die aktuelle Bedrohung für meinen Beckenboden war zwar ähnlich beängstigend wie Sex, jedoch leider unaufhaltsam und unausweichlich. Nun ja, es gab eben dringende tägliche Verrichtungen, die sich nicht bis nach der Menopause aufschieben ließen, falls ich mir nicht gleich noch einen künstlichen Darmnebst Blasenausgang legen lassen wollte.

Verdammt! Wie überlebten das bitte Frauen mit Viereinhalb-Kilo-Kindern? Mein Kleiner war ja mit noch nicht mal drei Kilo ein echter Slimliner. Wer hatte sich diese beschissene Fehlkonstruktion der menschlichen Geburt eigentlich ausgedacht?

Vielleicht hätte ich doch der sehr großen Kaiserschnitt-Fangemeinde beitreten sollen?! Eine geplante Entbindung war ja in meiner Branche fast Pflicht. Der Slogan »Save your love channel!« machte plötzlich verdammt viel Sinn. Die Vorstellung, bäuchlings aufgeschnitten zu werden, hörte sich zwar auch nicht nach Spaß an, aber meine pragmatische Denkweise, getreu dem Motto »Wo es reinkam, kommt es auch wieder raus!«, war wohl doch etwas naiv.

Während des nächsten Unterbodenchecks, bei dem ich für Arzt und Schwestern brav die Beine spreizte, wollte ich es dann genau wissen:

»Herr Doktor, ist denn bei mir alles normal gelaufen?«

»Na ja, also die stereotype, ganz normale Geburt gibt es selten. Sie hatten fantastische kraftvolle Wehen. Bei den Presswehen hat leider die Muskulatur Ihres Beckenbodens auch fleißig mitgemacht, um nicht zu sagen, dichtgemacht, und das Baby festgehalten ...«

»Aha! Und wie haben Sie den Kleinen dann befreit?«

Mir fehlte jede Erinnerung, am Ende des Gefechts, nach zweieinhalb Stunden Presswehen war ich irgendwann völlig weggetreten.

»Nun, dem Baby ging es gut, aber Sie haben schlapp gemacht.« Jaaaah, ich erinnerte mich dunkel, ich hatte um Gnade gewinselt. Stolz und Scham waren eben das Erste, was bei einer Geburt in der Nierenschale landete. »Herr Doktor! Bitte Tacheles, ich will es wissen!«

»Wir mussten schneiden, um die Saugglocke anzusetzen. Sie kamen uns allerdings mit einer extrem kräftigen Wehe zuvor und schossen uns das Baby förmlich in die Arme.«

Ahhhh ja. Das musste der Augenblick gewesen sein, als alle hysterisch »Nicht mehr pressen!« schrien. Mir war schlecht.

»Leider ist dabei dann der Damm noch weiter gerissen.«
Okay, jetzt war mir kotzübel.

Ich versuchte, meine Übelkeit mit Galgenhumor zu kurieren: »Wow! Wie die blutigen Graffiti an die Wand kamen, hätten wir damit wohl auch aufgeklärt ...«

Mein Doc lächelte leicht gequält. »Machen Sie sich keine Sorgen! Das ist jetzt vielleicht ein bisschen unangenehm, aber das heilt wieder.«

Ein bisschen unangenehm? Ich verspürte gerade unsägliche Lust, dem Doktor mein spitzes Knie in die Weichteile zu rammen und ihm dann zu verkünden: Das ist jetzt vielleicht auch ein bisschen unangenehm, aber das heilt ja wieder!!!

»Frau Kraus, ich hatte im Vorgespräch ja schon nach Leistungssport gefragt. Dass Sie keinen Sport machen, kann ich gar nicht glauben. Sie sind da so muskulös ...«

»Ernsthaft, Herr Doktor, ich hab seit zwanzig Jahren keinen Sport mehr gemacht und hab 'ne Kondition wie eine Achtzigjährige.« Und ich war anscheinend auch dementsprechend dement, denn kaum hatte ich den Satz ausgesprochen, fiel mir da etwas ein:

»Na ja, außer ganz, ganz früher ein bisschen Ballett ...«

Die Info, dass ich mit vier damit angefangen hatte, dann auf einem Konservatorium gewesen war, im Kinderballett der Frankfurter Oper getanzt und mit 15 meine Ausbildung zur klassischen Tänzerin abgebrochen hatte, fand ich zum jetzigen Zeitpunkt irgendwie leicht verspätet.

»Ein bisschen Ballett schadet beim Kinderkriegen gewiss nicht. Aber bei Ballerinas machen wir meistens einen Kaiserschnitt.«

»Oh! Wirklich?«

Mein ahnungsloser Doc nickte. »Selbst unserem Anästhesisten, der Ihnen die PDA gelegt hat, ist Ihre ausgeprägte Muskulatur im unteren Lendenwirbelbereich aufgefallen.«

Bei mir machte es Ding-Dong, und ein weiterer glorreicher Gedanke betrat die leeren Weiten meines Gehirns. Vielleicht hätte ich in besagtem Vorgespräch zumindest erwähnen sollen, dass ich meine welken Marshmallow-Oberschenkel per Power Plate auf stramme Schenkelchen tunte. Möglicherweise hatte die Hightech-Rüttelplatte ja auch noch ganz andere Körperpartien stramm trainiert?

Ich musste gerade sehr unglücklich geguckt haben, denn mein Arzt versuchte mich zu trösten: »Frau Kraus, keine Angst. Das schaut alles ganz prima aus. In sechs Wochen sieht man nichts mehr.«

Sehen vielleicht nicht ... Nur war mir gerade aufgegangen, was für eine Power Pussy ich anscheinend hatte. STOPP! *Gehabt* hatte! Jetzt war aus der engen Schleuse ja der Hamburger Hafen geworden. Während ich noch meinem Arzt dankte, konnte ich es nicht vermeiden, dass mir die widerlichsten Chauvi-Sprüche durch den Kopf gingen. Baguette in der Turnhalle, Bifi im Hangar ...

Bifi? Wurscht! Das Anforderungsprofil an meinen ganz persönlichen Traumtypen hatte sich seit gestern jedenfalls grundlegend geändert: Ob es wohl viele impotente Männer Mitte dreißig gab? Oder musste ich jetzt Jagd auf Rolf Eden und Co. machen? Aber selbst der hatte ja bestimmt ein Schälchen blauer Potenz-Smarties auf dem Nachttisch stehen.

Mein aktueller Mann hatte natürlich auch die spannende Möglichkeit, sich der zölibatären Lebensweise zu verpflichten. Ich wusste *jetzt* schon: Er würde begeistert sein!

Aus dem Babybettchen drang ein leises niedliches »Mähhhhäh« und ließ mich augenblicklich alles vergessen. Der Prinz war erwacht und verlangte nach Liebe, Milch und Zärtlichkeit ...

Tag 2 der neuen Zeitrechnung war angebrochen. Die Nacht hatte ich, dank Schmerztabletten, ganz gut überstanden. Leider war aber heute Morgen ein neues Leiden meines kaputten Körpers offensichtlich geworden: Man hatte mir gestern etwas Gutes tun wollen und Schwester Hilde mit einem geheimnisvollen Kästchen zu mir geschickt.

»Nüü, Frau Kraus«, verkündete sie in lieblichstem Sächsisch, »isch höb da wös, des düt Ihnen güt.«

Lächelnd griff sie in ihr Kästchen und streckte mir ... WAS? Einen Dildo entgegen!

HILFE! Oh nein! Bei mir würde die nächsten Jahrzehnte nichts mehr eingeführt werden!

Das Entsetzen muss mir im Gesicht gestanden haben, denn Schwester Hilde blickte kurz irritiert auf den Phallus in ihrer Hand. »Des issn Gühl-Gondöm, güd gegen Hämadome«, klärte sie mich auf. Lächelnd drückte sie mir das Ding in die Hand, und meine Panikattacke flaute ab.

Das Teil war soft, hatte die Konsistenz von Frozen Margarita und war damit definitiv nicht zur Penetration geeignet. Ich atmete auf. So langsam begriff ich ... »Oh, Danke schön!«

Schwester Hilde zischte zufrieden ab, und ich vergnügte mich sehr vorsichtig mit dem mit Eiswasser gefüllten Kondom. Ahhhh, tat das gut!

Tja, das Kühl-Kondom verschaffte mir etwas Linderung, jedenfalls bis zum Morgen.

Nicht das Krähen meines Würmchens riss mich dann aus dem Schlaf, sondern ein mir wohlbekanntes Brennen. Na sauber, ich hatte mir eine gepflegte Blasenentzündung gekühlt.

Aber gut, auf eine Stelle mehr, die sich wie mit einem scharfen Messer malträtiert anfühlte, kam es ja jetzt auch nicht mehr an.

Mittags hatten wir Besuch von meiner Schwägerin, einer erfahrenen Mami, und die brachte die tollsten Geschenke der Welt mit: einen Schwimmreifen – auf dem konnte ich zumindest für wenige Minuten schmerzgelindert sitzen. Und Boxershorts! String-Tangas wirkten auf mich gerade so gemütlich wie ein Nagelbrett ...

Dienstagabend orderte ich bei meinem persönlichen Chef de la cuisine Thaifood aus einem ganz speziellen Imbiss und wusste, ich hatte jetzt gute 45 Minuten, um Dinge zu tun, bei denen man kein Publikum und erst recht nicht den eigenen Kerl gebrauchen konnte.

Mittlerweile waren fast 48 Stunden seit meiner »Let's fetz!«-Geburt vergangen. Höchste Zeit, mal mutig nachzusehen, was vom medizinischen Fachpersonal immer so interessiert begutachtet wurde.

Bei meinem Vorhaben wollte ich auf keinen Fall gestört werden. Normalerweise klopften ja Schwestern und Besuch brav an, aber man konnte nie wissen! Ich robbte also aus dem Bett, löste die Bremse des zweiten Betts, in dem Superdad nächtigte, und schob das Ding kriechend vor die Tür. Mein täglicher Bewegungsbedarf war damit eigentlich schon gedeckt. Erschöpft hievte ich mich wieder auf mein Lager.

Mit Affenarmen fingerte ich an meinem Nachttischchen herum, streckte mich und erfühlte bald das Objekt meiner Begierde: den Kosmetikspiegel, mit Vergrößerungsfunktion!

So, CSI Kraus war startklar für die Untersuchung des Tatorts. Nur meine Psyche hatte gerade gar keine Lust auf eine Konfrontation mit brutalen Realitäten.

Zeit für ein aufmunterndes Selbstgespräch: Was wäre das Worst Case Szenario? Dass ich bei der Miss-Muschi-Wahl leider nicht mehr als Favoritin ins Rennen gehen würde? Selbstverständlich war das dramatisch, die Karriere-Option »Pornoqueen« rückte in weite Ferne. Das war natürlich hart, aber irgendwie doch zu verkraften.

»Auf jetzt!«, sagte ich laut zu mir, schälte mich aus den geblümten Boxershorts, spielte Käfer in Rückenlage, spreizte die Haxen, brachte das Spiegelchen in Position – und gaffte ungläubig hinein...

Was ich sah, war erschreckend. Grotesk! Das konnte nicht sein!

Traumatisiert ließ ich mich zurück auf den Rücken fallen. Licht, ich brauchte Licht!

Es war acht Uhr abends, Mitte Juli und noch vollkommen hell. Trotzdem drückte ich auf der Tastatur neben meinem Bett alle Lichter an, und das Zimmer erstrahlte im kalten Neonlicht. Dass die Gardinen nicht zugezogen waren und man mir von gegenüber bei meiner Unterbodeninspektion wunderbar zuschauen konnte, war mir gerade schnurz! Hektisch schnappte ich mir erneut den Spiegel und starrte mich an. Die Festbeleuchtung hatte nichts wesentlich verändert. Was ich dort im Spiegelchen erblickte, konnte nicht ich sein! Wo war bitte die Schwarzafrikanerin, der dieses Körperteil in meinem Spiegel gehörte? Alles war schwarz! Bis auf eine haarfeine Linie in Hellrosa sah ansonsten aber alles ganz normal aus.

Das Spiegelbild bestätigte mir dann auch – weiter oben hing tatsächlich ich käsige Kuh an dem Kohlenkeller. Exakt ab Oberkante Venushügel verblasste die Pigmentierung. Ich klappte, so gut ich konnte, den Poppes hoch – und auch da: schwarz-weiß! Ein Pandapopo!

Fasziniert begaffte ich weiter meinen Bicolor-Hintern. Doch irgendwas stimmte da nicht mit meiner neuen exotischen Hautfarbe ... irgendwie hatte die einen Stich ins Violette. Und da machte es auch in meinem stilldementen Schädel »Klick«. Meine Intimzone zierte ein Veilchen. Ein megafettes Veilchen! Als wäre das arme Ding da unten Opfer einer heftigen Schlägerei geworden.

Erleichtert ließ ich die Beine sinken, schwang mich geradezu übermütig vom Bett und beseitigte die Barrikade vor der Tür.

Mir war jetzt glasklar, warum sich mein Untergeschoss so gefoltert anfühlte. Ich war eine Kriegerin und hatte meine Schlacht siegreich, aber eben nicht ohne Blessuren überstanden.

Die Frage »Kaiser oder Kriegerin?« muss jede von uns selbst beantworten.

Hämatome und Co. sind zwar verdammt schmerzhaft – zeitweise erstrahlte ich in herrlichem Blau, dann wurde ich grün, und nach drei Wochen hätte mich jeder Gynäkologe für gelbsüchtig gehalten –, aber sie verschwinden irgendwann komplett. Ein Schnitt durch die gesamte Bauchdecke inklusive Muskeln ist dann doch komplizierter …

Bis meine Intimzone wieder voll funktionstüchtig war, vergingen gut fünf Monate. Und sie lebten enthaltsam bis an ihr Lebensende? Na ja, meinem Freund kam es sicherlich so vor. Irgendwann war ich aber bereit, meinen inneren Schweinehund zu überwinden und ein Schäferstündchen einzulegen – mit durchaus befriedigendem Ergebnis für alle Beteiligten. Darauf ein pimmelhoch jauchzendes Halleluja!

Ach, und noch etwas: Ja! Ich will …

… noch ein Baby! Nicht per Leihmutter, möglichst nicht per Kaiserschnitt, sondern genau, wie gehabt – auf die harte Tour! Der 11. Juli 2010 war zwar nicht der schönste, aber garantiert der aufregendste Tag in meinem Leben. Was für ein Abenteuer!

REPARIERT STATT RAMPONIERT: SO RENOVIEREN WIR UNSEREN KELLER NACH DEM SPIEL DER NATURGEWALTEN

Jeder Rheinuferbewohner liebt sein Domizil am Wasser – und nimmt es gelassen hin, dass beim nächsten Frühjahrshochwasser der Fluss in seinem Hobbykeller randaliert. So what? Muss halt mal wieder ein bisschen renoviert werden! Dafür gibt es eben die Traumlage am Wasser.

So eine Einstellung ist genau nach meinem Think-Pink-Geschmack. Und was ist so eine Geburt anderes als eine Naturgewalt, die uns unser Wunschkind beschert und den, äh, Hobbykeller etwas in Mitleidenschaft zieht?

Für alle mutigen Kriegerinnen, für die die Parole »Save your Love Channel« zu spät kommt, heißt es also nun stattdessen: **Revamp your Unterboden!** Das wirft natürlich erst mal die Frage auf: Geht das überhaupt? Oder haben wir es jetzt auf alle Ewigkeit mit einer zugigen Bruchbude zu tun? Die frohe Botschaft lautet: Klar geht das! Unser Liebeskanal ist nämlich ein Muskelschlauch, und Muskeln lassen sich bekanntermaßen trainieren.

Und hier stoßen wir auch bereits auf ein klitzekleines Problem: Wenn man etwas trainieren will, weiß man idealerweise, was man genau bewegen soll. Den Beckenboden, heißt es, sollen wir wieder in Form bringen, dann wird alles wie früher. Bloß die genaue Lage dieses ominösen Körperteils konnte zumindest ich Blondie mir nie so richtig vorstellen. Bizeps beugen? Alles klar! Bein heben? Kein Thema! Aber Beckenboden anspannen? Hä? Wo, bitte, ist das Teil genau, und was gehört alles dazu? Dass man den Beckenboden anspannt, wenn man pieseln muss, aber kein WC in Sicht ist, liest und hört man ja immer. Aber ist das nicht nur die Nachbarbude neben unserer Baustelle? Irgendwie schien mir das nie ganz einleuchtend.

Ergo hab ich mich endlich mal schlaugemacht: Besagter Pipi-Muskel ist ein Teil des Beckenbodens. Das gilt aber auch für unseren Afterschließmuskel und die Muskeln unserer Vagina. Genau genommen haben wir so eine Art Muskelscheibe als »Deckel« (oder eben »Boden«) unter unseren inneren Organen. Dieser Verschluss verhindert, dass Organe wie die Gebärmutter, unser Darm und auch die Blase der Schwerkraft folgen und nach unten sinken. In dieser aus drei Schichten bestehenden Muskelscheibe sind nun ein paar »Löcher«: für die Harnröhre, den Darmausgang und unsere Power Pussy (die nur vorübergehend mal gerade nicht so viel Power hat).

Darum trainieren wir diese Muskelgruppe grundsätzlich unter Zuhilfenahme folgender Beteiligter:

- Den schon erwähnten Muskelbereich, den wir beim Pipi-Abkneifen benutzen. Grundübung: Anspannen und nach innen bzw. oben ziehen. Das beugt einem Absinken unserer Blase und damit späterer Inkontinenz vor. Will keiner, kann aber beides durch eine Geburt begünstigt werden.

- Direkt nebenan liegt unser strapazierter *Love Channel*. Den spannen wir an, als stellten wir uns gezielt vor, wie wir damit etwas festhalten – sagen wir, das Schwänzlein unseres Liebsten. (Das treibt Ihnen momentan Schweißperlen der Panik auf die Stirn? Keine Sorge, dazu kommen wir gleich.)

- Am äußeren Rand des Beckenbodens liegt der Schließmuskel. Wenn wir diesem Kumpel die gleiche Behandlung (also nach innen bzw. oben ziehen) angedeihen lassen, beugt das Hämorrhoiden vor oder mildert bestehende. Denn auch diese ungeliebten Plagegeister können durch Schwangerschaft und Geburt entstehen.

Das Tolle: Egal, welchen dieser drei Punkte wir anspannen, die anderen werden automatisch mit trainiert. Das weniger Tolle: So hundert Mal täglich sollten wir hier schon Spannung aufbauen. Sie fallen bei der Zahl gerade in Ohnmacht, weil Sie sich – wie ich – nicht zu sportlichen Höchstleistungen berufen fühlen? Schon gar nicht mit maximal vier Stunden Schlaf pro Nacht und kräftezehrendem Mini-Saufkumpan an der internen Zapfanlage? Dann kann ich Sie etwas beruhigen: Wir reden hier ja glücklicherweise nicht von Sit-ups, sondern von minikleinen Muskelbewegungen, die sich unsichtbar nebenbei turnen lassen. Sagen wir, beim Zähneputzen oder Duschen.

Doch stopp! Unmittelbar, nachdem ich meinen Kleinen mit erwähnten Kollateralschäden auf die Welt geschossen hatte, wäre so ein Unterboden-Workout für mich fast ebenso unvorstellbar gewesen wie eine heiße Liebesnacht. Denn bereits die geringste Anspannung irgendeines Muskels zwischen Oberschenkel und Bauchnabel hatte wildes Funken meiner Nervenenden Richtung Birne zur Folge: »Aua! Aua! Aufhören! Aber pronto!«

Einzig folgende Übung, die mir meine Hebamme zeigte, war mit eisernem Willen und zusammengebissenen Zähnen möglich. Und ich habe mich buchstäblich dazu gezwungen – ich hatte nämlich weder Lust, mit 37 schon unter die Tena-Lady-Anwenderinnen zu gehen, noch mein Liebesleben für alle Zeiten ad acta zu legen (auch, wenn mir gerade der Sinn weniger nach Matratzengymnastik als nach Matratzenhorchen stand):

- **Das Tick-Tack-Turnen:** Mit dieser Bonsai-Turnübung können wir direkt nach der Geburt anfangen – lange bevor irgendwelche Rückbildungsgymnastik-Kurse beginnen. Das Besondere daran: Sie ist sogar geeignet für alle Mädels, die wie ich einen Unterboden-Totalschaden erlitten haben, denn nur die alleräußerste Schicht des Beckenbodens wird dabei aktiviert. Was das heißt? Ganz einfach: Wir spannen den Beckenboden nur gaaaanz leicht an, und zwar im Sekunden-Rhythmus, gleichsam zum Ticken einer Uhr (darum Tick-Tack-Übung) – insgesamt »ticken« wir schlappe 100 Mal täglich (muss aber nicht auf einmal heruntergerissen werden). Die letzte Anspannung jeder Trainingseinheit wird etwas länger gehalten, so um die vier Sekunden. Das ergibt einen Zeitaufwand von wenig mehr als anderthalb Minuten, was selbst für mich gerade noch im grünen Bereich liegt. Und ein weiterer Bonus: Bei Dammschnitten oder Dammrissen wirkt diese Übung heilungsfördernd und beugt Narbenbildung vor, da sie die Durchblutung anregt. Fazit: Es lohnt sich. **Wichtig: Im Liegen turnen, und den Kopf nicht anheben – die Bauchmuskeln sollten in den ersten Wochen auf gar keinen Fall trainiert werden.**

Sobald sich untenrum nicht mehr alles nach Folter anfühlt und uns nicht mehr bereits der Gedanke an einen Minitampon Panikattacken bereitet, können wir die Vollversion der Übungen ausführen und so kräftig anspannen, wie es nur geht (siehe oben). Wenn schließlich der Wochenfluss versiegt und sämtliche Wunden vollständig verheilt sind, können wir sogar noch einen Schritt weitergehen bei unserem Powerpussy-(Re)Building. Neben der Rückbildungsgymnastik, die meist sechs Wochen nach der Geburt beginnt und einmal wöchentlich auf dem Programm steht, greifen clevere Ladys dann zu Intimhanteln, ausgeklügelten Fitnessgeräten, die ich Ihnen jetzt vorstelle, damit die »Salami im Hangar« nicht unser Schicksal ist.

GIB DIR DIE KUGEL

- **Smartballs** gibt es in poppigen Farben zum Beispiel im Internetversand von Herstellern, die auch Vibratoren anbieten (etwa funfactory.de). Im Inneren von zwei mit Silikon überzogenen Bällchen schwingt jeweils eine Metallkugel. Diese regen unseren Liebeskanal ganz nebenbei zum Workout an. Anfangs kann es schwierig sein, die Dinger in der Vagina zu halten, darum die Tragezeit täglich etwas verlängern – der Erfolg sollte nicht lange auf sich warten lassen. Der unschätzbare Vorteil: Wir stopfen die Dinger rein und lassen sie für uns arbeiten – keine Extra-Übungen notwendig. Und irgendwann, wenn wir wieder Sex haben (dürfen/wollen), können die Smarties auch als Toys benutzt werden. Wer sie langfristig benutzt, verbessert die Orgasmus-Fähigkeit sogar enorm (übrigens auch ohne Geburt)! Kostenpunkt: um die 40 Euro.

- **Vaginalkugeln**, manchmal auch »Fembowls« genannt. Im Grunde sind die Dinger genau das Gleiche wie Smartballs. Wie der etwas sachlichere Name schon ahnen lässt, sehen sie nur etwas weniger flashy aus, sondern sind meistens in Omaschlüpferbeige oder Erdbraun gehalten. Dafür kosten die Dinger auch direkt mal nur etwa die Hälfte. Im Drogerie-Markt, im Sanitätshaus oder per Internet-Versand gibt es sie für um die 20 Euro.

- **Geishakugeln** sind sozusagen der Rolls Royce im Kugellager – und eindeutig nur für bereits Trainierte geeignet, weil sie mit zwischen 200 und 320 Gramm schon zu den Schwergewichten gehören. Dafür sind sie mit ihrer polierten Silber-, Gold- oder Edelstahloberfläche echte Schmuckstücke. Die Luxus-Teilchen, mit denen sich angeblich früher Geishas für ihre Freier in Form brachten (der Legende nach ist eine gute Geisha dazu in der Lage, einen Mann nur durch Anspannen ihrer Vaginalmuskeln zum Orgasmus zu bringen – und sich selbst gleich mit! Da sage ich nur: Hola!), kosten ab ca. 250 Euro aufwärts. Dafür sind die Teilchen so schick, dass man sich schon vorstellen kann, sie bei Gelegenheit in Zusammenarbeit mit dem eigenen Mr. Boombastic einzusetzen. Tipp: schenken lassen! (Zu beziehen z. B. über geishakugel.de.)

Neben den Anhängern solch raffinierter Kügelchen gibt es auch die Intimhantel-Fraktion. Die notwendigen Utensilien orientieren sich dabei in puncto Form etwas mehr am Original-Dödel:

ZAUBERSTÄBE

- **C.O.M.E.:** Das Mittel meiner Wahl! Der Name ist hier Programm. Was aussieht wie ein futuristischer Kauknochen für Space-Hundis wird eingeführt und dann gequetscht, was das Zeug hält. Einziger Nachteil: Mit dem Ding lässt sich schlecht unsichtbar nebenbei trainieren, weil unten eine Art Antenne herausragt, die anzeigen soll, ob man es richtig macht. Für um die 20 Euro in Apotheken und Drogerie-Märkten erhältlich.

- **Pelvic Toner** heißt übersetzt so viel wie »Beckenboden-Straffer«. Das britische Gerät sieht aus wie die Raumrakete des eben erwähnten Space-Wauzis. Das Wirkprinzip ist allerdings das gleiche. Ab 35 Euro übers Internet zu bestellen.

So, verlassen wir nun unseren Intimbereich. Denn es gibt noch einiges mehr zu tun, ist doch in der Regel ja auch einiges mehr als nur unser Unterstübchen aus der Form geraten ...

DIE WEITERE INSTANDSETZUNG ODER: WIE, ZUM TEUFEL, KRIEGT HEIDI KLUM DAS MIT DEN MODELMASSEN SO FLOTT WIEDER HIN?

Mal Tacheles geredet: Wenn es nach mir ginge, würden Heidi Klum, ihr New Yorker Fitnessfuzzi und ihr Diätkoch vorübergehend in leicht pickelige und nicht untergewichtige weibliche Teenager verwandelt und gezwungen, an *Germany's Next Topmodel* teilzunehmen. Dort würden sie dann von der gnadenlosen Jury mit allen Finessen zur Schnecke gemacht.

Genau so einen perfiden Psychoterror veranstaltet nämlich »unsere Heidi« mit allen frischgebackenen Müttern. Sechs Wochen nach der Entbindung ihres vierten Kindes schon wieder für Victoria's Secret mit Traumbody auf den Laufsteg zu treten – wenn auch nicht in Unterwäsche, sondern als Moderatorin – ist eine glatte Unverschämtheit. Die Botschaft: Du, hey, ist doch alles kein Problem, man muss nur wollen!

Wenn das nur ärgerlich wäre, ginge es ja noch. Aber falls wir anderen Muttis das zuhause nachmachen wollen, um ebenso schnell wie Frau Klum unsere alte Figur zurückzubekommen, wird die Sache schnell schwer gesundheitsgefährdend!

Und zwar sogar doppelt: Erst mal ist die Erwartung an sich selbst, auch ohne die Hilfe von Kindermädchen und Personal Trainer wieder rapp-zapp zum supersexy Vamp mutieren zu müssen, eine enorme psychische Belastung. Das andere Problem:

> Die meisten Bauchübungen sind absolut tabu, solange der Beckenboden oder die zerschnippelte Bauchdecke lädiert ist!

Wer trotzdem im Namen der Schönheit nicht von Crunches und Co. lassen kann, wird es später bereuen. Der Beckenboden ist nach einer natürlichen Geburt nämlich noch in so desolatem Zustand, dass jede »normale« Bauchübung alle Organe ohne jeden Widerstand nach unten drücken und damit den Beckenboden überdehnen und ihm damit den Rest geben würde. So kann man sich eine Blasenschwäche und Gebärmuttersenkung regelrecht antrainieren! Und nach einem Kaiserschnitt muss man oft noch länger auf jede körperliche Anstrengung verzichten. Also schön auf Dr. Sonya und vor allem die Tipps der Hebamme hören. Und die sagen unisono: Immer ruhig mit den jungen Pferden! Es ist kein Zufall, dass sogar im Rückbildungskurs frühestens nach drei Monaten regelmäßigen Beckenbodentrainings damit begonnen wird, auch die geraden und schrägen Bauchmuskeln zu stärken. So viel Geduld muss sein!

Doch keine Sorge, ich habe auch eine gute Nachricht: Bis dahin brauchen wir nicht in Sack, Asche und unserer alten Umstandsmode rumzulaufen. Stattdessen greifen wir in die bewährte Zauberkiste (deren sich garantiert auch Heidi bedient hat).

DIE INSTANT-TRAUMFIGUR: EINS, ZWEI, DREI – SCHLANK!

Nein, es muss nicht jeden Tag sein, aber die kurze Zeit, die man als frischgebackene Mami mal »raus« kommt, will man – okay: ich zumindest – ja auch gut aussehen. Dazu benötigen wir nur die richtigen Hilfsmittel. Als da wären: die guten alten Miederwaren, heutzutage wegen ihrer leicht glänzenden Oberfläche oft »Glossis« genannt. Die Dinger gehören in jeden Kleiderfundus – insbesondere in unserer Situation. Es gibt sie in Weiß, Schwarz sowie hellen und dunklen Hauttönen in jedem guten Dessous-Laden oder auch ganz bequem zum Bestellen im Internet. Für alle Neu-Mamis besonders interessant sind Radlerhosen, die schon unter der Brust anfangen, und ganze Unterkleider mit Trägern, damit trotz Doppel-D obenrum nix verrutscht. Durch die Verwendung von Einteilern oder die geschickte Kombination mehrerer dieser Zauberkleidungsstücke – zum Beispiel eine normal lange Radlerhose plus Korsage – lassen sich auch herausquellende Röllchen effektiv vermeiden.

Und wenn wir dann wieder unsere alte Figur zurückhaben – was bis zu einem Jahr dauern kann –, müssen wir die Teile keineswegs wegschmeißen: Mieder schrumpfen mit, halten ewig und quetschen lebenslang alles in Form, was nur andeutungsweise schwabbeln könnte. Problemzonen? War da was? Dabei sind die Dinger, und das ist das Wichtigste, heutzutage auch in fast allen Fällen superbequem (von der berühmten Ausnahme lesen Sie gleich).

BUGGY WOOGIE – MAMA-FITNESS NEBENBEI

Treue Leserinnen wissen, dass ich eine Freundin des Pragmatismus bin. Insbesondere, wenn es um das (für mich) leidige Thema Körperertüchtigung geht. Ich bin strikt dagegen, kostbare Lebenszeit in Mucki-Buden oder Aerobic-Tempeln zu verschwenden. Darum ist normalerweise die vibrierende Hightech-Trainingsplatte Power Plate mein erklärter Liebling. Zweimal wöchentlich zehn Minuten Rütteln reichen! Der Haken: Nach der Schwangerschaft ist der Problemzonen-Shaker tabu, Beckenboden und XXL-Vorbau legen da ein deutliches

Veto ein. Ergo beschränkte sich meine sportliche Aktivität plötzlich auf den Spaziergang mit Nachwuchs und Hunden. Kommt Ihnen das bekannt vor? Dann ist Buggy-Fitness die Lösung! Zu diesem Workout trifft man sich unter Anleitung einer Trainerin mit anderen Muttis im Park. Da wird der Buggy zum Fitnessgerät, ebenso wie Bäume, Parkbänke und, ja, auch das Baby. Zwischen den Kräftigungsübungen wird locker getrabt oder gewalkt. Kein Babysitter ist vonnöten, das Kind ist ja sowieso dabei. Das nenne ich mal Effizienz! Mehr Infos unter www.buggyfit.de, www.fit-mit-kinderwagen.de oder buggyrunners.com.

Die hipste Variante moderner Mieder heißt Spanx. Diese superdünnen Bodyformer aus den USA gibt es mittlerweile – juhu! – endlich auch bei uns (eine fixe Google-Suche spuckt gleich diverse Anbieter aus). Spanx bieten übrigens auch eine bequeme Quetsch-Kombi für Schwangere an – mit »mitwachsendem« Baucheinsatz –, das Teil formt Oberschenkel und Po und stützt den Rücken. Doch es gibt noch viel mehr Unterwäsche mit sensationellen Figur-Effekten, von denen wir jetzt besonders profitieren:

- **Push-up-Strumpfhosen**: Bringen Poppes jeder Konsistenz sofort in knusprige Brasil-Form, außerdem werden die Beine gestützt.

- **Korsagen, the next generation**: Auch »normale« Unterwäsche ist dank moderner Materialien wie Elasthan und Lycra in eine völlig neue Liga aufgestiegen. Noch vor ein paar Jahrzehnten konnte man in Korsagen kaum atmen, die aktuellen Modelle sind hingegen elastisch, atmungsaktiv und sehen trotzdem top aus! Den absoluten Wow-Effekt erzielt man nun allerdings mit:

- **Korsetts**: Für besondere Gelegenheiten – zum Beispiel die Taufe oder die Hochzeit mit dem Kindsvater! Die Dinger sind zwar weit entfernt von ultrabequem, machen aber eine Wahnsinns-figur. Gute Vollkorsetts aus dem Dessous-Laden werden hinten geschnürt, beginnen in der Mitte der Hüfte und quetschen von da aus alles nach oben, Röllchen-Gefahr effektiv gebannt! Vorsicht bei kurzen Korsetts! Sämtlicher Babyspeck wird darunter als Fettwulst herausquellen. Beim Kauf also unbedingt darauf achten, dass das Korsett den Hüftknochen ummantelt – und vorsichtshalber nicht in den ersten drei Monaten nach der Geburt schnüren, um den Beckenboden zu schonen. Im Netz gibt es eine unglaubliche Auswahl an Farben und Formen. Einsteiger-Modelle gibt's dort schon ab ca. 70 Euro. Eine gute Beratung in einem spezialisierten Korsettlädchen ist allerdings auch Gold wert, denn wie in der guten alten Zeit braucht man als »Korsett-Anfängerin« auch heute noch eine Zofe, um die Teile anzulegen.

Und noch eine ganz persönliche Anmerkung: Es ist ein unbeschreiblich weibliches Gefühl, ein Schnürkorsett zu tragen. Die Körperhaltung wird automatisch stolz und aufrecht!

Ach, fast hätte ich's vergessen: Korsetts haben neben dem Speck-weg-Effekt noch einen zweiten: Sie betonen den Balkon. Und das kann in der Stillphase schon mal ganz besondere Nebenwirkungen haben, wie das folgende Geschichtchen beweist:

🗨 THE RETURN OF THE POWERTITTE – GEHEN SIE BITTE WEITER, ES GIBT HIER NICHTS ZU SEHEN!

Wie eine Besessene klammerte ich mich an der Türklinke fest, hielt den Atem an und versuchte, den Fuß, der sich gegen mein Gesäß stemmte, zu ignorieren.

»Vaddi, zieh!«, hörte ich meine Styling-Perle Petra den Pro-Sieben-Chefmaskenbildner anbrüllen. Der Druck auf meinen

Hintern nahm an Intensität zu, und Vaddi, der eigentlich Michael heißt, zog.

Ich sah Sternchen.

»Prinzessin, geht's noch?«, raunte mir Vaddi angestrengt stöhnend zu. »Ja«, keuchte ich zurück, zu mehr hatte ich definitiv keine Luft mehr. (Ich würde gern wissen, was die zufällig an der Garderobe vorbeiflanierenden Gäste unserer Sendung angesichts dieser interessanten Geräuschkulisse gedacht haben ...) Mein zartes »Ja« war für »Tupf & Zupf«, wie ich mein Verschönerungsteam liebevoll nannte, das Go, noch mal alles zu geben.

Vaddi drückte mich mit einem kräftigen Tritt gegen die Garderobentür, umklammerte fest die Schnüre meines Korsetts, stieß einen kurzen Kampfschrei aus und ließ sich mit seinem ganzen Körpergewicht nach hinten fallen. Ich war mir sicher, es hatte gerade irgendwo in meinem Brustkorb geknackt. Aber wer braucht schon Rippen? Der Weg zur Model-Taille war bei mir eben im Moment etwas »speckig«.

Benommen, wie durch dichten Nebel, hörte ich Foltermeisterin Petra brüllen: »Verdammt, Vaddi, halt die Spannung! Die geht uns sonst wieder auseinander! Ich muss noch die Bänder fixieren!«

Mit DIE war wohl ich gemeint.

»Auf! Beeil dich!«, zischte es hinter mir zwischen zusammengebissenen Zähnen zurück. Petras flinke Finger fummelten an meinem Rücken herum, und ich spürte, wie das Korsett um einen Hauch nachgab. Mir kam's vor, als hätten meine Lungen plötzlich die Weiten einer ganzen Galaxie zum Atmen. Wenn die eigenen Eingeweide zu Mousse verarbeitet werden, wird man plötzlich sehr bescheiden. »Okay, fertig!«, verkündete meine Domina. »Vaddi, entspann dich. Sonya, es ist dir wieder erlaubt zu atmen.« Glücklich ließ ich die Klinke los, und mein Körper versuchte wieder auf eine normale Sauerstoffsättigung zu kommen.

Fehlanzeige! Flaches Hecheln war die einzige Art von Atmung, die dieses Oberteil zuließ.

»Petra? Es ist vielleicht ein bisschen zu eng ...«, beschwerte ich mich leise.

»Ach, Schmarrn! Jetzt dreh dich erst mal um!«

Mein Körper protestierte noch gegen sein Gefängnis, aber irgendwie konnte ich ihn wankend zu einem U-Turn bewegen.

»Holla! Prinzessin, das nenn ich mal einen Body. Da könnte sogar ich fast hetero werden.«

Vaddi war ganz rot im Gesicht von so viel ungewohntem Körpereinsatz, sprühte aber jetzt vor echter Begeisterung.

Petra nickte nur in Richtung Garderobenspiegel. »Motz nicht rum, schau dich an!«

Die vier Meter bis zum Spiegel erschienen mir endlos, und ich bezweifelte, dass ich in diesem Ding moderieren, geschweige denn auf Sprungtürme kraxeln könnte.

In nicht mal einer halben Stunde würde das *TV-Total*-Turmspringen im Olympiabad München beginnen. Über die Vorlieben meiner Zuschauer, was meine Outfits anbelangt, war ich mir vollkommen im Klaren: Kurz, knapp und knalleng sollten sie sein, eben megasexy bis leicht porno. Normalerweise kein Problem für mich. Allerdings war im Augenblick meine schlanke Linie aus bekannten Gründen etwas, nun ja, gestretcht worden. Von meinen Idealmaßen war ich so weit entfernt wie Tine Wittler vom stringtangatauglichen Knackpopo.

Eine Hardcore-Diät à la Heidi Klum war für mich allerdings völlig ausgeschlossen: Ich schaufelte hemmungslos und wie ferngesteuert Unmassen an Nahrungsmitteln in mich hinein, diese wurden dann in meinem vom Milchhormon Prolaktin völlig aufgeweichten Körper unmittelbar in Babynahrung umgewandelt.

Einer stillenden Frau das Essen verbieten? Achtung Lebensgefahr!

Aber wie schaffte es diese blöde Klum-Kuh, nur sechs Wochen nach der Entbindung von Kind Nummer vier perfekt in Shape über den Laufsteg zu schweben? Wusste die liebe Heidi eigentlich, was sie uns Normalsterblichen damit antat? Während ich noch im Geiste Voodoo-Puppen mit dem Gesicht unseres deutschen Vorzeigemodels folterte, fiel mein Blick in den Ganzkörperspiegel, der vorhin noch das ganze Ausmaß meines Auseinandergehens in der Körpermitte gezeigt hatte.

»Wow!«, entfleuchte es mir selbstverliebt.

»Na, Freundin, das kannste aber laut sagen.« Petra war sichtlich stolz auf ihr Körpertuning per Folter-Korsett. »Das nenn ich doch mal 'ne Sanduhr-Figur!«

Vor mir stand eine heiße Matrosin in unschuldigem weißen Faltenröckchen, schmal geschnürter Taille und weit weniger unschuldigem Dekolleté.

»Und DAS ...«, Vaddi pinselte noch einen Hauch Rouge auf meinen Molkereibetrieb, »... nenn ich doch mal Titten!«

»Also Entschuldigung«, fiel ich Vaddi gespielt entrüstet ins Wort: »Erstens sind die gerade winzig, weil frisch abgepumpt, und zweitens: Das hier, das sind Hochleistungs-Hupen, und die haben sogar auch Namen! Darf ich vorstellen: Gina, Lisa ...«

Petra prustete los. »Die Ähnlichkeit mit einer Person namens Lohfink ist rein zufällig?«

»Selbstverständlich!« Ich zwinkerte den beiden zu und himmelte mich dann wieder im Spiegel an. Vom 1,90 m-Gardemaß über die makellos braunen Beine bis zur Wespentaille war alles Fake. Die Größe verdankte ich 13-Zentimeter-Absätzen, meine Besenreiser waren dank Bein-Make-up verschwunden, und Bauch- und Hüftspeck wurden vom Korsett erdrückt. Selbst der Dolly-Buster-Busen war eine Milch-Mogelpackung, von der in ein paar Monaten nicht mal mehr die Hälfte übrig sein würde.

Aber wie heißt es so schön? Fake or real – no big deal! Die Mutti war jedenfalls hundertprozentig kameratauglich – und darüber extrem erleichtert.

»Kinder, das sieht bombe aus! Danke schön!« Ich drückte die beiden glücklich an mich. »Ach, und falls ich's noch nicht erwähnt haben sollte: Ich liebe euch!«

»Ja, Prinzessin, wir lieben dich auch ...« Vaddi verdrehte die Augen. »Aber wenn du jetzt gleich auch noch anfängst zu heulen und dir dein Augen-Make-up versaust, bring ich dich um!«

Nach den Wochen in vollgespuckten Joggern und kleidsamen Yoga-Hosen war es so schön zu sehen, dass es – egal, mit welchen Mitteln – auch noch anders ging. Außerdem war ich schwer gerührt, wie die zwei mich bemutterten, wie Vaddi & Muddi eben. Ich hatte tatsächlich Pipi in den Augen und zog – ganz ladylike – die Nase hoch.

»Ich glaub's nicht, die Kraus wird sentimental.« Petra schüttelte schmunzelnd den Kopf, »Das sind die Hormone. Mädel! Reiß dich zusammen, auf in den Kampf!«

Kampf war ein treffender Begriff:

Mir standen etwa fünf Stunden Live-Sendung bei 30 Grad Celsius und 95 Prozent Luftfeuchtigkeit bevor. Dabei war es meine Aufgabe, den prominenten Springern auf die bis zu 10 Meter hohen Türme hinterherzukraxeln, um den Todesmutigen dann zum Abschied noch pietätlos einen frechen Spruch zu drücken. Gut, auf mein Schlappmaul konnte ich mich immer verlassen, da waren keine Probleme zu erwarten. Meine Kondition war allerdings schon ohne Korsett bescheiden, um nicht zu sagen, schlichtweg nicht existent ...

Tja, mir blieb jetzt also nix anderes übrig, als meine »Zwangslage« fatalistisch zu sehen. Sollte ich mangels Sauerstoff umkippen, gab's eben eine kleine Showzugabe – aber hey, alles vollkommen egal, Hauptsache, 'ne geile Taille!

Und so trippelte ich mit meinen hohen Hacken über die feuchten Schwimmbadkacheln zu meinem Kumpel Elton, um mit ihm gemeinsam die Zuschauer in der Halle zu begrüßen.

Elton musterte mich und pfiff durch die Zähne. »Sag mal, hast du nicht irgendwann kürzlich ein Kind bekommen?«, fragte er mich grinsend. Ich hätte ihn knutschen können.

»Quatsch, wie kommste denn da drauf?«, gab ich dankbar zurück. »Hab mir nur die Brüste machen lassen.« Ach, there is no business like show business ... Und ich war back in business!

Beflügelt von lieben Komplimenten vergingen die ersten zweieinhalb Stunden wie im Flug. Das Korsett hielt, der Kreislauf auch. Petra stand sicherheitshalber immer in meiner Nähe und erwischte mich in einer Werbepause backstage prompt mit einem Kingsize-»Mars macht mobil«-Riegel.

»Freundin, wenn das Korsett platzt, gibt's einen Überschallknall mit anschließendem Speck-Tsunami! Sofort ausspucken!«, befahl sie. Energisch entwendete sie mir den köstlichen Riegel und hielt mir tatsächlich auch noch ihre Hand hin, um auch den bereits gekauten Rest zu kassieren.

»Du spinnst!«, entgegnete ich ihr.

»Keine Diskussionen! Her mit dem Zeug. Wenn du Hunger hast, trink ein Malzbier. Flüssigkeiten verteilen sich im Korsett einfach besser.« Sie meinte das anscheinend wirklich todernst. Meinen Riegel konnte sie haben, aber was schon im Mund war, gab ich selbst Petra nicht wieder her.

»Mhm. Na fein, mir soll's recht sein. Ich muss eh noch mal an dein Dekolleté.« Sprach's und packte beherzt zu. Wie eine Wilde zerrte sie an der rechten Hälfte des Korsetts und versuchte diese Seite nach oben, weiter über die Brust zu ziehen.

»Petra, keine Chance, da bewegt sich nix!«

»Mist! Irgendwie sitzt das Ding schief.« Sie ließ von mir ab und musterte meinen Balkon kritisch. »Kann es sein, dass Gina schneller wächst als Lisa?«

»Na ja, Gina ist jedenfalls weitaus produktiver ...«

»Man sieht's«, stellte Petra trocken fest. »Leider! Schieb Elti mal ein bisschen hoch.«

Nach 15 Jahren Zusammenarbeit wusste ich, wovon Petra da so kryptisch sprach. Elti war die gesprochene Version der Abkürzung »l. Ti.«, Petras Codewort für »linke Titte«. Entsprechend bezeichnete Erti – oder »r. Ti.« – die rechte Kollegin von Elti.

Wie befohlen schob ich also meine kleinere linke Brust Richtung Hals.

»So passt's.« Sie kramte kurz in ihrer Umhängetasche und zog schließlich ein BH-Polster heraus.

»Hier, leg's drunter!« Meinem Styling-Feldmarschall zu erklären, dass in dieses Mieder garantiert nirgendwo mehr etwas reinging, war aussichtslos. Also quetschte ich mit aller Gewalt das Polster unter die zurückgebliebene linke Lisa. Petra nickte, »Ja, so kannst du wieder los.« Und taterataaaah: Das Scheinwerferlicht hatte mich wieder.

Das Schöne: Wenn man so lange zusammenarbeitet wie wir, Petra und ich, vertraut man sich blind.

Das Schlimme: Man kennt den anderen so gut, dass schon ein kleiner Blick genügt, um zu wissen, dass irgendwas nicht stimmt.

Eine Dreiviertelstunde später entdeckte ich Petras sorgenvollen Blick, starr auf meinen Ausschnitt gerichtet. Kaum war die nächste Werbepause angebrochen, wurde ich von Vaddi und ihr eingekesselt.

»Oh, Prinzessin!« Vaddi schlug sich theatralisch die Hände ins Gesicht. »Die Dinger werden ja immer größer! Hilfe!«

»Vor allem dieses Monster ...«, Petra deutete auf meine Gina, »... wächst, da kannste zusehen .«

»Na ja, ich sollte in der nächsten Werbepause vielleicht mal abpumpen.«

»ABPUMPEN?« Petra sah mich an, als wäre ich des Wahnsinns fette Beute. »Klar, mal eben das Korsett ausziehen, dich melken, danach wieder alles fein verpacken – und das alles in einer Werbepause?«

»Ach, lass den Vaddi da mal ran!« Vaddi schubste Petra zur Seite, griff mir beherzt an die Brust und begann, sich mit meinem rechten Busen zu unterhalten: »So, du böses Mädchen! Ab zurück in dein Körbchen!« Seltsamerweise hörte das »böse Mädchen« nicht auf den guten alten Vaddi, obwohl dieser eifrig auf der prallen Gina herumdrückte.

»Vaddi, wenn du weiter da rumfummelst, dann schlägt das Ding gleich leck.«

Geschockt zog Vaddi seine Pfoten zurück und betrachtete ehrfürchtig mein Dekolleté. »Ehrlich?«

»Ehrlich. Hör mal, da sind mindestens 80 Bar Druck drauf. Mach sie weiter heiß, und es gibt 'ne Dusche!«

Ruckartig waren die Flossen verschwunden, und Vaddi starrte nur noch geschockt auf das Corpus Delicti, als wär's eine entsicherte Handgranate.

»Könntet ihr euch bitte mal auf unser Problem hier konzentrieren?« Petra war gereizt. »Also gut, in der nächsten Pause versuchen wir's!«

Und damit war diese Werbepause auch schon wieder vorbei, und ich tappte, mit meinen Stöckeln in der Hand, barfuß in Richtung Arbeitsposition. Keine zehn Meter weiter lief ich Elton in die Arme, der mich keines Blickes würdigte. Jedenfalls mein Gesicht nicht. Völlig hypnotisiert starrte er mir ungeniert auf die Möpse. Männer und Titten! Man könnte ganze Bände damit füllen ...

Doch irgendwie hatte ich den Blick meiner Knutschkugel wohl gründlich fehlinterpretiert. Von Lüsternheit war in seinem Blick keine Spur, mein Dekolleté war wohl im Moment wenig erotisierend, sondern eher schockierend: »Oh, oha, Sonya! Tut das weh?«, kam es besorgt von ihm.

Verdammt, das war kein gutes Zeichen. »Ja, ja, meine Füße bringen mich um!«

So lieb ich Elton auch habe, ich verspürte keine Lust, die Nöte einer stillenden Mutter mit ihm zu teilen. Zügig tappte ich weiter durchs Olympiabad, vorbei an Kablern, Kameramännern, Redakteuren und prominenten Teilnehmern. Der schiefe Charme meiner Hupen blieb nirgendwo unentdeckt. Ja klar, war ich doch einerseits gewohnt, die Duddeln beruflich in die Auslage zu tun, aber langsam wurde mir die Situation trotzdem ziemlich unangenehm. Um ganz ehrlich zu sein: Es war mir schlichtweg peinlich.

Am Fuß der Sprungtürme erwartete mich dann auch noch Fabi, mein Betreuungsredakteur, normalerweise so tiefenentspannt wie ein indischer Guru. Zu der Zeit war Fabi aber sichtlich nervös. »Sonya, geht's dir gut?«

»Wenn du wissen willst, ob es zum Look gehört, dass ich mein Kinn gleich gemütlich auf meiner rechten Brust abstützen kann: NEIN!«

Er konnte sich noch nicht mal ein Lächeln abringen. »Ernsthaft, kann ich irgendwas für dich tun?«

»Fabi, ich werde euch warnen, bevor sie explodiert und wir die Halle räumen müssen.«

Fabi stöhnte. »Brauchst du vielleicht 'ne Pause?«

Pause? Ich? Nur weil ich jetzt eindeutig zur Gattung der Säugetiere gehörte? Verdammt, kaum war man Mama, schon wurde einem nix mehr zugetraut! Aber Fabi, selbst zweifacher Papa, sah mich so besorgt an, dass ich meinen Ärger vergaß.

»Soll ich dir vielleicht ein bisschen Eis besorgen, dann kannst du zwischendurch immer mal kühlen?«

»Zu spät, die Produktion ist schon heißgelaufen.« Doch beim Stichwort »EIS« fiel mir siedend heiß etwas ein. »Fabi, während des nächsten Werbebreaks wird abgepumpt. Halte dich bereit, du musst die kostbare Ware dann unbedingt irgendwo kühlstellen.«

Vielleicht sollte an dieser Stelle für die Nicht-Milchkühe unter meinen Leserinnen kurz erklärt werden: Mamis im Milchgewerbe würden eher drei Liter Blut spenden als einen Tropfen Muttermilch verkommen zu lassen. Daher reiste die hippe stillende Mummy nur noch mit dem ultimativen modischen Must-have einer Kühltasche! Gott sei Dank gab's die mittlerweile auch in Minigröße, dezent in neutralem Schwarz gehalten. Darin wurde dann das Biogut gelagert und quer durch Deutschland geschleppt, um zuhause sofort verfüttert oder für die nächste Abwesenheitsperiode eingefroren zu werden.

»Kein Problem, ich kümmere mich. Achtung, wir sind gleich wieder live drauf!«

Und damit ging es in die nächste Runde. Es dauerte nur etwa zwei Minuten, dann funkte unser Regisseur direkt in meinen Ohrstecker: »Sonya? Alles klar bei dir?«

Ich nickte eifrig in meine Kamera und gab ihm das Taucher-OK-Zeichen. »Mhm ...«, hörte ich ihn in meinem Ohr. »Du, warte kurz, ich bin gleich wieder bei dir.«

Unser Regisseur erkundigte sich während der Live-Sendung nach meinem Befinden? Anscheinend war meine Schieflage sichtlich gravierend. Oder hatte ihm jemand etwas gesteckt?

»Sonya, wir hängen eh brutal und sind schon ewig über der Zeit. Entspann dich ein bisschen, wir überspringen im nächsten Durchgang deine Interviews.«

Okay, jemand hatte gepetzt, dass ich dringend an die Pumpe musste. Egal. Ich hasse Sonderbehandlungen, aber vielleicht war es in diesem Falle ganz gut, mich zu meinem Wohl zu zwingen, bevor live vor laufenden Kameras ein Unglück passierte ...

Also raste ich, eskortiert von Fabi, zu meiner Garderobe, wo Petra und Vaddi schon startklar waren. Die Pumpe war fertig zusammengebaut, der Stecker steckte. Sogar die Muttermilchbeutel waren schon mit Datum und Uhrzeit beschriftet, ein Edding lag bereit, um auch noch die Milliliter-Ausbeute darauf zu notieren. Tupf & Zupf waren fix und fertig ... mit den Nerven.

»Na, das nenn ich doch mal Service!« Ich wollte die Stimmung etwas auflockern, denn die Atmosphäre im Raum war ungefähr so angespannt wie meine Korsage.

»Krausi, das ist die reine Verzweiflung.« Petra schnappte mich und hatte in einer halben Minute das Korsett so weit gelockert, dass Vaddi mit viel Kraft die Stäbchen des Balkons nach vorne klappen und ich die Melkanlage in Startposition bringen konnte. Sekunden später erschallte das süße Pumpgeräusch durch den Raum, und nicht nur ich verspürte eine gewisse Erleichterung.

Was soll ich sagen? Nach einer Viertelstunde waren »die Wogen geglättet«.

Mein Dekolleté hatte rechts zwei, links eine Körbchengröße verloren. Der brav vor der Tür bereitstehende Milchtransporter Fabi bekam die Beutelchen in die Hand gedrückt und war schon auf dem Weg ins Kühlhaus.

Ich wurde wieder fest verschnürt, aufgefrischt und ins Rampenlicht geschickt, wo mich die Stimme unseres Regisseurs mit den Worten: »Wow, das ist ja wirklich beachtlich!« empfing. Eigentlich bin ich ja wenig genant, aber dass ich – Kraus, die Kuh und ihre milchspendenden Dudus – Talk of the team waren, war mir doch hochnotpeinlich. Den Todesstoß versetzte meiner Intimsphäre allerdings der liebe Fabi, der mir stolz berichtete, dass er die kostbare Ware im Kühlschrank des Produktionsbüros untergebracht habe. Selbstverständlich vor hungrigen Teammäulern gesichert, ganz diskret, mit einem großen Zettel versehen: »Achtung: Muttermilch Sonya! Finger weg!« Na gut, es hätte schlimmer kommen können: Er hätte es auch auf Facebook posten können!

Damit wären wir dann auch direkt mitten im nächsten Thema:

UNSERE KLEINE MILCHBAR UND DIE KOSTEN-NUTZEN-BILANZ: WAS FÜR DIE ERÖFFNUNG SPRICHT – UND WAS DAGEGEN

Wahrscheinlich werde ich nach meinem Geständnis bei nächster Gelegenheit von der Leche-Liga öffentlich gesteinigt, denn deren inoffizielles Motto lautet ja bekanntlich »Still oder stirb«. Aber was soll's, es ist nun mal die Wahrheit: Ja, ich bin des Frevels schuldig! Ich hatte doch tatsächlich zunächst nicht vor, mein Baby zu stillen. Ich war sogar wild entschlossen, mich gegen den Trend zu stemmen. Und dafür konnte ich handfeste Gründe ins Feld führen, die der militanten Still-Armee vermutlich gar nicht in den Kram passen. Also, bitte festhalten, der folgende Absatz könnte Glaubenssätze erschüttern:

- **Stillen schützt kein *Stück* vor Allergien und Asthma:** Falls Ihnen gerade der Kiefer runterklappt – so ging's mir auch. Eben dies ist aber eines der Ergebnisse einer ziemlich sorgfältigen und aufwändigen kanadischen Langzeitstudie mit über 1.000 Kindern über einen Zeitraum von sage und schreibe 26 Jahren hinweg. Die Forscher der medizinischen Fakultät der McMaster University in Hamilton, Ontario, hatten untersucht, ob Stillen tatsächlich vor Allergien und Asthma schützt. Genau das wird ja immer wieder gebetsmühlenartig wiederholt – kaum eine Babyseite, auf der es nicht behauptet wird. Tja, und plötzlich ist es nur noch ein Gerücht wie das, dass Spinat viel Eisen enthält.

Dieser Mythos wurde ja auch sehr lange liebevoll gehegt und gepflegt und von den Spinatfreunden nur sehr widerwillig aufgegeben. Also, noch mal zum Mitschreiben: Stillen schützt weder vor dem einen (Allergien) noch vor dem anderen (Asthma). Aber das ist noch nicht alles, jetzt kommt erst der Knaller:

- **Stillen *begünstigt* sehr wahrscheinlich sogar Allergien und Asthma:** Gemäß derselben Studie entwickelten gestillte Kinder nämlich später – zwischen 9 und 26 Jahren – sogar deutlich häufiger Allergien gegen Hausstaub, Pollen und Tiere als ihre nicht gestillten Kumpels. Und ab dem neunten Lebensjahr bekamen die einst gestillten Kinder auch signifikant häufiger Asthma.

So. Wahrscheinlich glauben das die Still-Jünger jetzt sowieso nicht, selbst wenn sie es nachlesen können. Aber für mich passte plötzlich eins zum anderen! Jetzt wunderte mich auch nicht mehr, wieso mein Freund und ich so fit waren: Wir sind, wie viele Kids der Siebziger, nicht gestillt worden. Glück gehabt! So viel also zur Ausgangslage. Und ich freute mich! Wenn ich schon nicht meinen Keller retten würde, sollte wenigstens der Balkon nicht auch noch dran glauben müssen. Ja, meine Titties würden mir in mir bekannter Form und Größe erhalten bleiben. Juhu!

Ich hatte nämlich noch immer die schockierenden Bilder einer TV-Doku übers Stillen im Kopf, in der ein zweieinhalbjähriger Junge seiner Mama mit den Worten »Mama, Milch!« eigenhändig die Bluse aufknöpfte und ihr daraufhin mit Schmackes sein voll entwickeltes Milchzahngebiss in den Busen rammte. Aua! Auch Bilder von Brüsten des Modells »Rollmops«, die man einmal um sich selbst wickeln kann, trugen nicht direkt dazu bei, mich lichterloh für die Still-Liga zu entflammen. Aber wie sagte John Lennon so treffend: Leben ist das, was passiert, während wir damit beschäftigt sind, andere Pläne zu machen.

Und dieses Leben begegnete mir zunächst in Gestalt meiner Freundin Britta. Ich wusste: Britta hatte ihr Baby gestillt. Dabei war sie zum Glück so weit entfernt vom Heimchen am Herd wie Helmut Schmidt von einem Nichtraucher-Club. Mit anderen Worten: Britta war vertrauenswürdig. Und da ich mir nie anmaße, über etwas, das ich nicht selbst ausprobiert habe, abschließend zu urteilen, horchte ich auf, als Britta sagte: »Sonya, vergiss doch mal die Studien übers Stillen. Tu's für dich.« Das zauberte mir große Fragezeichen in die Augen. Stillen für mich? Als egoistisch galten doch vielmehr die Frauen, die nicht stillten oder stillen wollten. Oder hatte ich da was falsch verstanden? Aber dann erklärte Britta mir, wie sie beim Stillen gemerkt habe, wie sich ihr ganzer Bauch, inklusive Gebärmutter, zusammenziehe – als würde ihr der Kleine die Pfunde von den Hüften und alles andere wieder in die alte Position saugen.

Hmmm. Okay, das klang gut. Und eine innere Stimme meldete sich im leicht überheblichen Klugscheißerton: »Sonya, wieso überrascht dich das so? Irgendwas wird sich Mutter Natur schon bei der Sache gedacht haben, sonst hätten wir Frauen von Geburt an Plastikmöpse!« Okay, okay. Ich recherchierte also noch mal. Und kam zu folgenden Ergebnissen:

- **Stillen fördert die Rückbildung:** Und zwar die der Gebärmutter und des Bauches. Da erhält die Aussage »Fett absaugen« eine völlig neue Bedeutung. Mutti kommt so ganz ohne Personal Trainer und Diät viel schneller wieder in Form als ohne.

- **Stillen macht high,** weil es zur Ausschüttung des Hormons Oxytocin führt. Das Zeug wird auch nach einem Orgasmus oder beim Streicheln von Haustieren ausgeschüttet und hat die wunderbare Aufgabe, glücklich zu machen und Bindungen zu stärken.

- **Stillen schützt das Baby vor Infektionen,** indem es das Kind mit mütterlichen Antikörpern versorgt und die kindliche Darmflora positiv programmiert. Ergo: Solange ein Baby gestillt wird (und sogar noch einige Zeit darüber hinaus), wird es nach einer spanischen Studie bis zu 56 Prozent seltener krank als die nicht gestillten Kumpels. (Ich stieß allerdings auch auf eine andere Studie: Kinder, die im ersten Lebensjahr häufiger fiebrige Infekte haben, bekommen nach einer Untersuchung des US-amerikanischen Instituts für Allergien und Infektionskrankheiten später seltener Allergien – vielleicht liegt ja auch hier genau der Grund für eben erwähnten Zusammenhang, dass nicht gestillte Kinder seltener Allergien entwickeln.)

- **Gestillte Kinder werden später seltener ernsthaft krank:** Stillen scheint im späteren Leben vor Diabetes und bestimmten Krebsarten zu schützen. Wer als Baby gestillt wurde, leidet im weiteren Verlauf seines Lebens auch nicht so oft unter Schizophrenie und wird wesentlich seltener zum Alkoholiker. (Wobei es auch immer sein kann, dass der Zusammenhang ein indirekter ist: Frauen mit Diabetes stillen zum Beispiel nachweislich seltener – es könnte also sein, dass sie die Neigung zu Diabetes vererben und das gar nix mit dem Nichtstillen zu tun hat. Für Alkoholikerinnen oder schizophrene Mütter, die möglicherweise Medikamente nehmen müssen, könnte Ähnliches gelten.)

- **Gestillte Kinder werden später seltener übergewichtig:** Vielleicht, weil sie schon als Babys lernen, genau die richtige Menge zu essen?

- **Mütter, die stillen, senken ebenfalls ihr eigenes Krankheitsrisiko:** Sie bekommen später seltener Brustkrebs oder Osteoporose.

Nicht zu vergessen die ganzen praktischen Vorteile: Muttermilch hat man immer in der richtigen Zusammensetzung und Temperatur dabei, und sie kostet nix. Keine Fläschchen, kein Thermometer, kein Hantieren mit Mikrowelle und Wasserbad. Tja. Ich geriet ins Grübeln. Einerseits wollte ich mich nicht von der Still-Mafia verrückt machen lassen, andererseits waren die Vorteile des Molkereibetriebs jedoch nicht von der Hand zu weisen.

So fasste ich einen folgenschweren Entschluss: Ich würde mich zwar weiterhin nicht kirre machen lassen. Aber ich würde die Sache – für mich, wie Britta es so schön formuliert hatte – probieren. Sechs Wochen oder so. Das war mein Plan.

> *Meine Mutter hatte einen Haufen Ärger mit mir,*
> *aber ich glaube, sie hat es genossen.*
> (Mark Twain)

Kaum hatte sich der einzige Gast meines kleinen Lokals bei mir vorgestellt, war es bereits um die Wirtin geschehen – ich war verliebt, und der Ausschank konnte beginnen! Zum ersten Mal in meinem Leben drückte ich einem Kerl, den ich gerade erst kennengelernt hatte, spontan meine nackten Möpse ins Gesicht, noch bevor wir überhaupt ein Wort gewechselt hatten. In den ersten drei Tagen war die Sache noch etwas mühsam, der Milcheinschuss schmerzte, und der kleine Prinz war noch zu müde, um den Überschuss wegzuschlürfen. Doch von Anfang an war ich entzückt darüber, so ein zartes, winziges Wesen wie einen Putzerfisch an mir kleben zu haben. Nun ja, Sie ahnen es: Aus dem einen Monat wurden zwei. Dann drei. Und das hatte Folgen.

💋 DER ERSTE SEX DANACH: LIKE A VIRGIN, HEY, TOUCHED FOR THE VERY FIRST TIME …

Madonnas Oldie war in dieser Zeit mein Song, denn der Fleischeslust hatte ich seit Ewigkeiten entsagt. Selbstverständlich nicht freiwillig! Sie erinnern sich: Zuerst ging in der Schwangerschaft die Libido flöten, und als ich die kleine Diva namens Lust gerade wieder zurückerobert hatte, wurde mir wegen der Gefahr von Frühwehen Verkehrsverbot erteilt. Anschließend war dann die Grundausstattung demoliert – es war wie verhext.

Doch selbst als all das schon eine Weile her war, hatte ich auf Sex noch immer ungefähr so viel Lust wie auf eine gepflegte Blasenentzündung. Mein Doc für die Unterbodeninspektion hatte mir zwar schon Monate zuvor uneingeschränkte Verkehrstauglichkeit bescheinigt, aber was wussten Kerle schon vom Kinderkriegen? Trotzdem war mir klar: Irgendwann musste ich den inneren Schweinehund überwinden. Nur wie? Mir Mut anzutrinken schied ja als Hochleistungskuh im milchproduzierenden Gewerbe leider aus. Mein Baby sollte seinen ersten Schwips nicht schon mit wenigen Wochen bekommen.

Ungedopt blieben mir nur aufmunternde Selbstgespräche und markige Kampfansagen: »Augen zu und durch!«, »Auf ihn mit Gebrüll!« und: »Jetzt oder nie!«

Und tatsächlich, eines Abends konnte ich vermelden: Es war vollbracht! First sex after baby – mission completed. Ich hatte eigentlich so etwas wie ein Massaker oder ein blutiges Gemetzel, jedenfalls nichts weniger als eine totale Katastrophe erwartet. Aber die ganze Nummer ging erstaunlich unkompliziert über die Bühne. Darüber war ich unendlich erleichtert. Außerdem hatte mein Beckenboden-Trainingsgerät anscheinend ganze Arbeit geleistet und gewisse strapazierte Muskelpartien exzellent aufgebaut. Hoffnung auf ein geregeltes Sexualleben in absehbarer Zukunft keimte auf, auch bei meinem tapferen Freund.

Diese optimistische Aufbruchsstimmung musste genutzt werden. Es sprach rein gar nichts dagegen, relativ zeitnah eine weitere Trainingseinheit einzulegen.

Ein paar Tage später startete ich in Runde 2 schon weitaus entspannter. Meine gestresste Psyche wartete nicht mehr unentwegt auf einen schmerzhaften Todesstoß. Es wurde nicht mehr alle zehn Sekunden erschrocken der Atem angehalten, um ängstlich zu horchen, ob das Baby, das neben dem Bett geparkt war, auch brav weiterschlief, sondern nur alle zwei Minuten. Und auch die mir persönlich doch sehr suspekten monströsen Milchmöpse hatten einen neuen Fan gefunden, der tatsächlich mehr als fünf Kilo wog und keinerlei gesteigertes Interesse an Nahrungsaufnahme hatte.

Und sie vögelten glücklich bis an ihr Lebensende? Hoffentlich! Es ist schon eine reife Leistung unseres weiblichen Körpers, nach einer normalen Entbindung den Liebeskanal wieder für den Gegenverkehr passierbar zu machen. Glücklicherweise leidet nicht jede unter einem Totalschaden-Trauma. Trotzdem, irgendetwas – die überschüssigen Kilos, die Schwangerschaftsstreifen auf der welken Bauchdecke oder auch einfach der Kraft- und Schlafmangel – bedrückt meist doch die Psyche, kreiert Selbstzweifel und blockiert die Lust. Auch das unbeschreiblich starke Gefühl der Liebe für das Baby lässt zunächst kaum Raum für Erotik. Frau ist bedient, Mann muss zurückstecken.

Bei stillenden Mädels führt aber auch das milchbildende Hormon Prolaktin zu Libido-Verlust. Die Natur hat's mal wieder schlau eingefädelt: Stillen signalisiert dem Körper: Da ist ein kleines Baby, das seine Mama braucht. Also gibt's erst mal keinen Eisprung und ergo null Bock aufs Poppen! Übrigens ein Grund, warum die adligen Damen früherer Zeiten ihre Babys an Ammen abgegeben haben: Sie wollten möglichst schnell weitere Stammhalter produzieren können. Trotzdem ist das Stillen aber kein sicheres Verhütungsmittel! Denn manchmal kommt es trotz allem zu einem Eisprung. Wer nicht sofort wieder Mama werden will, sollte deshalb unbedingt jetzt Kondome oder ein Diaphragma benutzen.

Aber auch sonst ist man beim Thema »Sex und Stillen« vor keiner Überraschung sicher, wie diese kleine und intime FSK18-Anekdote beweist, die natürlich nicht mir, sondern einer guten Freundin, die auf gar keinen Fall genannt werden möchte, passiert ist. Nennen wir die Gute doch einfach mal ... Susie.

Eine Insel mit zwei Bergen /
und im tiefen weiten Meer /
mit viel Tunnels und Geleisen /
und dem Eisenbahnverkehr …

(Aus dem Lummerland-Lied der Augsburger Puppenkiste,
nach Michael Endes *Jim Knopf und die Wilde 13*)

💬 FEUCHT-HEISSE GEYSIRE
UND IHR EROTISCHER ZAUBER

»Erzähl, wie war's?«, fragte ich neugierig. Susie jauchzte nur:
»Ach, Sonya, guuuut war's!« Unglaublich, gerade mal vier Monate nach der Geburt von Baby Ben hatte sie schon wieder geregel-
ten GV, während ich noch mitten in der Wüste saß. Susie drückte
sich etwas unverblümter aus: »I'm back in the Bums-Business.
Gott sei Dank!« Und wie ihre Rückkehr ins »Business« gelaufen
war, berichtete sie mir nun in allen Details:

Der kleine Boss hatte sich an Susies Busen ins Bubu-Land
verabschiedet und wurde ins Bettchen verfrachtet. Wenn alles
gut lief, hatte sie vier Stunden Zeit, sich mit Big Ben zu vergnü-
gen. Hektisch flog der Still-BH, ein Teil ungefähr so sexy wie
Fußpilz, in den Wäschekorb, und ein neu erstandenes Wäscheset
in schwarzer Spitze wurde ausgepackt. Der neue Halbschalen-
Büstenhalter hatte schwer zu tragen: Doppel D war schon eine
Hausnummer für jemanden, der normalerweise mit einem
durchschnittlichen B-Cup ausgestattet war. Aus statischen
Gründen war das Teil auch noch wattiert, was selbst diesen Du-
del-Dimensionen zu einem atemberaubenden Push-up-Effekt
verhalf. Susie begutachtete sich skeptisch im Badezimmerspie-
gel. »Jetzt noch schnell 'nen Trenchcoat übergeworfen, und du
bist der Verkaufsschlager auf jedem Straßenstrich«, bescheinig-

te sie ihrem Spiegelbild. Vielleicht hätte das Ensemble in Zartrosa doch einen Hauch weniger frivol und nuttig gewirkt? Aber, hey, Sex stand ja nun mal auf dem Programm ...

Eine Stunde später musste sie feststellen, dass zwei Kategorien in der erotischen Welt der Männer einfach nicht existierten: »zu frivol« und »zu groß«.

Der BH hatte spontane Begeisterung ausgelöst und wurde tatsächlich mit einem »Geil!« geadelt. Trotzdem wurde dem Ding nur ein Kurzauftritt zuteil. Nach zwei Minuten hatte Susies Freund den Kampf mit den Verschlusshäkchen gewonnen, ihre Oberweite aus dem Gefängnis befreit und sein Gesicht schlabbernd in Susies Brüsten vergraben, wie ein Hund im Fressnapf: »Arrghhh!«

Susie wunderte sich: Waren das lustvolle Laute oder Erstickungsgeräusche? »Mhmmpf, ahh! Du machst mich so geil!«, kam es undeutlich aus dem Graben ihres Dekolletés.

Gute Nachrichten also! Papa fand die Mama also immer noch heiß. Ohhh, und seine Zunge fand noch viel mehr ... Ja! Ja! Ja! Weitermachen! Langsam kam Susie auf Betriebstemperatur.

Kurz danach gab sie die Amazone und galoppierte rittlings auf ihrem Hengst in Richtung orgasmische Höhen. »Yeah!« Ein wohliges Grunzen entfleuchte ihrer Kehle, während sie bereits auf die Zielgrade einbog. »Wow!«, hörte sie es anerkennend von unten. Wehe, wenn ihr Gaul jetzt schon schlappmachte, sie würde ihn später zum Wallach machen. Susie gab alles, griff ihrem Reittier in die Mähne, warf ihren Kopf zurück und ließ das Becken kreisen.

»Wow, wow, wow!«, kam es wieder von unten.

Aber irgendwie war der Tonfall anders ... Klang das gerade erschrocken? Sie spürte, wie der vorher feste Griff um ihre Hüften sich lockerte und ihr Lover anfing, wild mit den Händen zu wedeln, als wolle er einen Schwarm Fliegen vertreiben. »Susie?«

Susie hatte jetzt keine Zeit für Dirty Talk, schenkte ihrem Partner allerdings ein großzügiges Stöhnen und setzte ihren Endspurt unbeirrt fort. »Susie, wir haben hier ein Problem!«

Problem? Susie hatte gerade so was von gar kein Problem, mal abgesehen von diesem störenden Gelaber!

»Susie! Stopp!« STOPP?? War der bekloppt? Sie war gerade dabei, den multiplen Orgasmus des Jahrhunderts zu bekommen, und ihr Typ wollte aufhören? Schade, dass sie keine Reitgerte zur Hand hatte, sie hätte ihrem Lover gern Manieren beigebracht. Aber auch ohne Peitsche schaffte es Susie ekstatisch zuckend über die Ziellinie. »Jaaaaaaaah!«

Erschöpft ließ sie sich auf ihren restlos verstummten Mann fallen, glücklich, befreit, befriedigt und mit leichten Schuldgefühlen, da sie ihn so ignoriert hatte. Langsam nahm sie ihre Umgebung wieder wahr. Sie lag bäuchlings, völlig verschwitzt und klebrig, auf ihrem Kerl, der immer noch seltsam stumm, starr, aber eindeutig nicht mehr steif dalag. Mit einem genüsslichen »Uff!« rollte sie von ihm runter und öffnete die Augen. Immer noch herrschte absolute Stille, und Susie verspürte das dringende, typisch weibliche Bedürfnis, dieses Schweigen zu beenden.

»Oh, Schnuffel! Das war toll!«

Kurze Pause, dann ein zögerliches »Ähä!«.

Was sollte »Ähä« denn bitte bedeuten? War er überhaupt gekommen? Zeit für ein bisschen auflockernden Smalltalk: »Boah, für mich war's der Hammer! Ich bin total schwitzig!«

Sie schaute zu ihm rüber und sah im Schein der Teelichter, dass er immer noch an die Decke starrte. »Das ist kein Schweiß ...«, kam es monoton von rechts, »... das ist Milch.«

»Was?« Susie verstand die Welt nicht mehr.

»Vielleicht warnst du mich das nächste Mal vor, wenn du mich duschen willst, dann setze ich vorher eine Sonnenbrille auf!«

»Ach du Scheiße«, entfuhr es ihr geschockt.

»Na, so drastisch würde ich das jetzt nicht ausdrücken. Aber eins muss man dir lassen: Du hast da nicht nur ein großes Kaliber, sondern auch 'ne ganz schöne Feuerkraft auf beiden Hupen!«

Jetzt grinste er. »Wollen wir in die Wanne gehen?« Susie wäre lieber im Erdboden versunken. Zur Not tat es aber auch die Badewanne.

Am nächsten Abend fand Big Ben – liebevoll auf sein Kopfkissen dekoriert – überlebenswichtige Sextoys für den Nahkampf mit seiner schießwütigen Freundin: Handtuch, Regencape und Taucherbrille. Zukünftigen multiplen Orgasmen stand also nichts mehr im Wege ...

P.S. Susie hat nach diesem Erlebnis noch zwei Monate weiter gestillt und war dann schließlich froh, ihren Mann beim Sex auch wieder sehen zu können, ohne dass ihr dabei ein vulkanisches Mittelgebirge mit Eruptionsneigung die Sicht versperrte. Und auch ich habe es ein halbes Jahr nach Einweihung der Melkanlage schließlich doch noch mit der Sperrstunde geschafft. Rechtzeitig vor dem ersten Zahn. Im Nachhinein bin ich zwar froh über die Erfahrung, aber ich war auch sehr happy, als ich meinen Körper wieder zurückbekam – und das sogar in mittlerweile wieder einigermaßen undemoliertem Zustand. Hurra!

STILLEN MIT STIL

Um eines habe ich in der Molkereizeit einen Bogen gemacht wie der Teufel ums Weihwasser: Still-BHs. Es gibt ja nichts Abtörnenderes! Mit diesen funktionalen Brustpanzern fühlt man sich sofort als Krankheitsfall – und unglaublich unsexy. Für mich ein Symbol, dass das Ende meiner selbst naht. Darum habe ich mir den Mist auch nicht angetan, sondern stattdessen einfach wattierte BHs in Riesengröße gekauft. Zum Stillen wurde dann einfach das Körbchen runtergeklappt und das Baby angedockt – ging wunderbar und hat auch noch Geld gespart!

ERSTENS KOMMT ES ANDERS, ZWEITENS ALS MAN DENKT: LEBEN AUF DER BAUSTELLE

Da mein Baby ja nun wegen meiner »egoistischen« Stillerei nicht mehr optimal (siehe oben) vor Allergien geschützt war, konnte ich von Glück sagen, dass ich für den Job der Allergie-Vorbeugung bereits eine mehrköpfige Special Task Force zuhause hatte. Wovon ich rede? Nun, vom wunderbaren Thema:

THE BABY AND THE »BEASTS« – WARUM KINDER UND TIERE EIN DREAMTEAM SIND

»Frau Kraus, was machen Sie denn jetzt, wo Sie Ihr erstes Kind bekommen, mit Ihren zwei großen Hunden?«, fragte die Reporterin mir gegenüber mit betroffenem Gouvernanten-Blick.

Seitdem meine Schwangerschaft offiziell war, hatte ich diese Frage schon ein Dutzend Mal gehört und war reichlich genervt. Was glaubten die Leute eigentlich? Dass ich meine heiß geliebten Vierbeiner sofort ins Tierheim steckte, weil ich einen Zweibeiner erwartete?

Aber ich bin ja ein freundlicher Mensch, also antwortete ich auch lieb lächelnd: »Ach, wissen Sie, das Baby bekommt einen gut sitzenden Maulkorb, da wird den Hunden schon nichts passieren.«

Pause. 21, 22, 23 … Immer noch absolutes Schweigen, und dann wurde ich mit einem Blick bedacht, als hätte ich gerade verkündet, mein Baby zu rösten, zu filetieren und an reißende Raubtiere zu verfüttern. Verstand die Dame denn gar keinen Spaß? Nein. Ich musste realisieren: Beim Thema »Kind« sind flapsige Sprüche strengstens verboten. Seriosität ist als werdende Mutter das oberste Gebot. Würg! Das waren ja spaßige Aussichten für die Zukunft ...

Selbstverständlich hatte ich mir auch meine Gedanken gemacht. Meine zwei Wauzis waren nun mal etwas größer dimensioniert. Beim Tierschutz sind »böse« große schwarze Hunde leider echte Ladenhüter, darum landen die gerne bei mir: Romeo ist ein Dobermann-Kalb-Mischling und hat die ersten 18 Monate seines Lebens auf den Straßen Korfus zugebracht. Er ist sauschlau, verfressen, sehr selbstbewusst und auf jeder Hundewiese der Boss. Meine Doggen-Nilpferd-Mischung Franky kam als sehr kranker Welpe zu uns, ist ein Riesenbaby, zart, sanft, trottelig und Romeos größter Fan. Beide wiegen zwischen 50 und 60 Kilo, ein Baby mit 3.000 Gramm wirkt gegen diese geballte Kraft so fragil wie ein Schmetterling. Selbst ich hatte mir beim Raufen und durch stürmische Liebesbekundungen bereits einige Blessuren eingefangen. Einer lieb gemeinten Kopfnuss verdanke ich zum Beispiel meine krumme Nase. Ob zwei Monster dieses Kalibers mit einem Baby zärtlicher umgehen würden? Eher unwahrscheinlich.

Trotzdem! Wenn ich an die schwärzeste Zeit meiner Kindheit zurückdenke, dann gibt es für mich da eigentlich nur einen Lichtblick: Tanja, meinen ersten Hund. Tanja kam zu uns, nachdem mein kleiner Bruder am plötzlichen Kindstod gestorben war. Sie war auch ein großes, grobes Vieh, das dafür sorgte, dass meine Knie niemals ohne Pflaster waren. Trotzdem konnte sie mir so viel nonverbale Wärme geben, wie es meine trauernden Eltern nie geschafft hätten. Mit der Anschaffung eines Hundes hatten sie instinktiv das Richtige getan. Tanja war eine einfühlsame Psychotherapeutin und ihr warmes, weiches Fell besser als die Couch jedes Kinderpsychologen ...

Je trächtiger ich also wurde, umso intensiver wurde ich beschnuppert, mit dem Ergebnis, dass meine Sofawölfe sich immer anhänglicher zeigten. Ich war zunehmend optimistisch, dass die »Bestien« und das Baby unter einem Dach friedlich koexistieren konnten.

Natürlich wollte ich es aber mal wieder ganz genau wissen, deshalb wurde Literatur zum Thema Hund und Kind gewälzt. Schon das Erste, auf das ich in diesem Zusammenhang stieß, war faszinierend: Wieder einmal hatte man viele Jahre lang genau das Falsche gemacht, um Kinder vor Allergien zu »schützen« – und sich damit lauter Mimöschen herangezüchtet. Denn anstatt sie in keimfreier Sagrotan-Umgebung von Allergenen abzuschirmen, sollten Babys speziell im ersten Lebensjahr mit möglichst vielen potenziellen Allergieauslösern in Kontakt kommen. So lernt das Immunsystem der Minis nämlich, zwischen echten Bedrohungen und unechten – den Allergenen – zu unterscheiden:

Gerade Kinder, die im ersten Lebensjahr mit Tieren (und mit schön viel Dreck) in Kontakt kommen, haben eben später ein etwa um die Hälfte geringeres Allergierisiko!

Zu diesem Ergebnis kam zum Beispiel eine US-amerikanische Langzeitstudie aus Detroit. Babys, die in den ersten Lebensmonaten Kontakt zu Hunden oder Katzen hatten, entwickelten nur sehr selten eine Allergie gegen die jeweiligen Tiere. Und ein deutscher Forscher aus Marburg fand heraus, dass Kinder, die auf dem Bauernhof aufwachsen, in den meisten Fällen später quasi rundum allergiefrei bleiben. Noch spannender: Mütter, die in der Schwangerschaft im Kuhstall gearbeitet haben, scheinen den Babys dadurch bereits einen Allergiebasisschutz mitzugeben. Also nichts wie raus auf die Alm!

Aber nicht nur deswegen sind Tiere gut für Kinder.
Kinder, die mit Tieren aufwachsen

- **entwickeln früher Mitgefühl und Respekt** vor anderen Lebewesen und Verantwortungsbewusstsein,

- **kommen mit psychischen Belastungen besser klar,** etwa einer Trennung der Eltern, einem Umzug oder Trauer. Schließlich haben sie immer einen eigenen Tröster zuhause, so wie ich nach dem Tod meines kleinen Bruders.

Okay, vielleicht sollte es trotzdem nicht unbedingt die Boa Constrictor oder ein Skorpion-Gehege im Wohnzimmer sein. Aber fast alle Mitbewohner mit Fell sind super fürs Kind – wenn man gewisse Vorsichtsmaßnahmen einhält. Auf keinen Fall ist es notwendig, Katze, Hund oder Hamster »prophylaktisch« oder – siehe oben – »wegen der Hygiene« abzuschaffen, auch wenn das leicht hysterische Zeitgenossen immer wieder gern propagieren. Das ist ganz großer Quatsch, der weder gut für die Kinder noch für die plötzlich heimatlosen Tiere ist!

Nichtsdestotrotz war aber auch ich angesichts meiner riesigen Hundis zunächst besorgt. Schließlich fanden sich in Zeitungen immer wieder Horrorgeschichten von bissigen Bestien, die Kinder zerfleischen ... Ich ahnte, dass deren Halter etwas falsch gemacht hatten – das durfte mir nicht passieren. Ein Schlachtplan musste her! Vor dem Touchdown habe ich darum nicht nur Bücher und Artikel gewälzt, sondern auch einen Tierpsychologen und Hundetrainer mit Fragen gelöchert. Die Ergebnisse meiner Recherchen:

- **Räumliche Veränderungen schon vor der Geburt** durchführen: Kinderzimmer, Babybettchen und Co. sollen für den Vierbeiner tabu sein? Daran sollte man Tiere bereits vor der Geburt des Nachwuchses gewöhnen. So bringen sie die Ankunft des Babys nicht mit unwillkommenen Neuerungen in Verbindung, die an ihrem Revieranspruch kratzen.

- **Ein Kind bis zum Schulkind-Alter nie mit einem Hund allein lassen**. So gutmütig (oder winzig) der auch sein mag! Man weiß nie, was den Instinkt des Hundes triggert.

- **Katzen nicht allein mit einem Baby im Zimmer lassen**. Die meisten Samtpfoten machen zwar wegen der Geräuschkulisse sowieso einen Bogen um den Neuankömmling, manche wollen ihn aber auch beschützen. Um sicherzugehen, dass sich Katzi nicht mit in die Wiege kuschelt, am besten schon vor der Geburt das Kinderzimmer zur Tabuzone machen, so kommt es auch nicht zu Eifersüchteleien (siehe oben). Clevere Eltern stellen also das Kinderbett schon vor der Geburt auf und verjagen Mieze mit der wassergefüllten Blumenspritze, sobald sie sich neugierig nähert. So was nennt man Konditionierung!

- **Sehr kleine Tiere wie Hamster, Ratten, Mäuse, Meerschweinchen, Vögel oder Kaninchen sind keine optimalen Spielgefährten**. Hier sind allerdings eher die Tiere gefährdet: Die Winzlinge werden von den Kindern nämlich erst einmal als Spielzeug angesehen und können sich gegen eine rabiate Behandlung durch die Mini-Gozillas nicht wehren. Falls bei Geburt des Kindes schon Nager oder Piepmätze da sind: Aufsicht ist auch hier das Zauberwort!

Und last but not least, die wichtigste Info für Hundebesitzer mit Kind:

- **Hunden niemals einen Erziehungsauftrag für das Baby geben!** Viele Leute schärfen ihrem Hund ja beispielsweise immer wieder ein: »Pass schön auf den Kinderwagen auf.« Ganz grober Schnitzer! In dem Moment ist für den Hund nämlich klar: Aha, das ist also auch mein Junges, und ich muss hier erzieherisch tätig werden. Und Hunde erziehen nun mal um einiges drastischer als Menschen – da wird schon mal geknurrt, geschubst und auch gebissen. Weil Babys leider viel fragiler sind als Welpen, kann das schwer in die Hose gehen.

Dem Vierbeiner muss klar sein: Das Baby ist *nicht* mein Welpe, sondern der von Frauchen. Nur Frauchen darf ihn erziehen und beschützen. Die Hunde sollten den Neuankömmling, immer unter Aufsicht, anschauen und beschnuppern dürfen, und das Kind darf sie vorsichtig anfassen. Das war's dann aber!

Gemäß dieser Instruktionen machte auch ich mich ans Werk: Gleich zu Beginn meiner Schwangerschaft wurde die bisherige Schlafkonstellation geändert. Bislang schlief das Kraus-Rudel folgendermaßen: Am Fußende meiner Bettseite logierte Romeo in seinem Körbchen und kontrollierte den Zugang zum Bett. Linker Hand schob Franky in seinem Bettchen Wache, dass keiner das Frauchen klaute. Zu meiner Rechten wurde mein Freund als Verteidiger und Nachtportier der Terrassentür geduldet. Kuschlig war's, wenn auch gelegentlich der Charme einer Bundeswehrstube aufkam: Der eine schnarchte, der andere pupste, der dritte träumte lautstark von Bunnys auf vier bzw. zwei Füßen. Nur, wo sollte da noch ein Babybettchen Platz haben? Ein Umbau tat not: Ich schob das Bett von der Wand weg und baute für Romeo und Franky zwei neue, luxuriöse Hundekörbchen. Diese wurden zwei Meter vom Bett entfernt an die Wand gerückt und auch begeistert angenommen. Das Babydomizil wurde schon Monate vor der Geburt an der Stelle eingerichtet, wo früher mein Nachttischchen stand.

Die Veränderung der Schlafordnung fand so frühzeitig statt, dass bei Einzug des Kronprinzen die Situation bereits völlig etabliert war und die Hunde sich nicht vom Winzling vertrieben fühlten. Der noch leere Kinderwagen wurde mal hierhin, mal dahin gestellt und den Jungs stundenweise der Zutritt zum Schlafzimmer verwehrt.

Tja, und dann war er da, der Kronprinz, dieser hilflose Winzling, noch nicht einmal drei Kilo schwer. Wer hätte gedacht, dass die

Hierarchie meines Herzens so schnell auf den Kopf gestellt werden würde und ein kleines, krähendes Wesen die unangefochtene Spitzenreiterposition kampflos eroberte?

Trotz aller Vorbereitungen war mein Freund panisch. »Sonya, wir dürfen die Hunde wirklich keinen Moment aus den Augen lassen!«, hörte ich im Krankenhaus stündlich vom besorgten Papa. Kaum kam der Arzt zur Visite, ging es schon wieder los: »Herr Doktor, wie ist das denn, wir haben zuhause große Hunde ...?!«

Mein Kerl hatte sich wohl so was wie »Oh Gott, sofort einschläfern!« als Antwort erhofft.

Der Arzt reagierte jedoch völlig anders: »Ja, das ist ja prima, wenn Kinder mit Tieren aufwachsen. Wissen Sie, die gesündesten Kinder kommen vom Bauernhof. Dieser übertriebene Hygienefimmel, den manche Menschen zuhause an den Tag legen, fördert nur Allergien.«

Ich hätte den Mann knutschen können, aber so schnell gab mein Freund nicht auf.

»Um die Sauberkeit mache ich mir weniger Sorgen. Unsere Hunde sind nur riesig und ziemlich wild.« Der Arzt legte den Kopf schräg und antwortete, als wäre sein Gegenüber etwas schwer von Kapee. »Nun, als Babysitter taugen die wohl nicht. Sie dürfen Hunde, egal welcher Größe, mit Babys oder Kleinkindern grundsätzlich nicht alleine lassen. Aber das liegt ja auf der Hand! Oder?«

Damit war die Debatte beendet. Ich grinste in mich hinein, und mein Typ hielt endlich die Klappe.

Als der Kleine nach knapp einer Woche endlich zuhause Einzug hielt, hatten die Jungs von meiner Mutter schon diverse »duftende« Windeln aus dem Krankenhaus mitgebracht bekommen. Neben dem Wickeltisch stand die Leckerlidose, aus der es, bei jedem Windelwechsel, ein Goodie für die Hundis gab. Auch das Baby selbst, gerade mal so groß wie der Kopf meines Doggen-Dickschädels, durfte hemmungslos beschnüffelt werden.

Tja, und dann gab es noch unseren flotten Vierer: Die gemeinsamen Still-Sessions mit Baby und Bestien. Hätte irgendjemand uns beobachtet, Ärger mit dem Jungendamt wäre programmiert gewesen. Das Würmchen und ich lagen aneinandergekuschelt im Bett, eng eingerahmt von den zwei Riesen, die ihre warmen Rücken an uns pressten. Dabei wurde fleißig gekrault, geschmust und jede Minute genossen.

Ich höre schon die Entsetzensschreie: »Hund im Bett? Dreck!«, »Bakterien!«, »Hundehaare!«

So was war mir allerdings im Moment reichlich wurscht, denn die Hunde begriffen schnell: Immer wenn das Baby im Spiel war, passierten nur ganz tolle, wunderbare Dinge. Aber auch für den kleinen Mann waren unsere »flotten Vierer« der Beginn einer großen Liebe. Quälte ihn ein böser Babypups, oder schrie er gerade hysterisch aus unerklärlichen Gründen, wurde das Allheilmittel gerufen: die Boys! War der Weinkrampf besonders schlimm, wurde das Baby auf Franky gesetzt, und der Kleine beruhigte sich in zehn Sekunden. Ich dagegen hätte Stunden singend im Kreis laufen können, und er hätte nicht dran gedacht, mit dem Schreien aufzuhören.

Auf magische Art und Weise entwickelte sich ein echter Zauber zwischen den Wilden und dem Winzling. Sogar beim Gassigehen mit Baby verhielten sich die Hunde völlig anders als sonst: Der Kinderwagen und ich hatten eine Polizeieskorte, die sich höchstens für einen besonders gut duftenden Baum (oder eine besonders gut duftende Hündin) mal etwas weiter entfernte.

Heute, eineinhalb Jahre danach, ist die Situation völlig entspannt. Das zarte Wesen hat sich zu einem beachtlichen Rowdy entwickelt, dem ich ständig klarmachen muss, dass Hundeohren nicht zum Klettern da sind, Wauwaus keine Pferdchen sind und nicht jeder Bissen mit den Staubsaugern auf vier Beinen geteilt werden muss.

Meine Hunde legen im Umgang mit ihrem Baby eine unglaubliche Gelassenheit an den Tag. Egal, ob er ihnen auf den Pfoten herumtrampelt, sich auf ihren Schwanz setzt oder gegen sie fällt – von niemandem lassen sie sich so was bieten, bei ihm aber bleiben sie stoisch entspannt. Denn sie wissen genau, die Erziehung des Welpen ist der Job von Alpha-Hündin Sonya.

Es rührt mich unvorstellbar, wenn sich »Romie« abends (unter meiner Aufsicht) vor dem Gitterbettchen niederlässt, wacht, bis der Kleine ruhig und tief atmet, und dann auf leisen Pfötchen behutsam aus dem Kinderzimmer schleicht. Selbstverständlich lasse ich meine Wölfe noch lange nicht mit dem Rotbäckchen allein, aber der Weg zum Herzen eines Hundes ist kurz. Ein Leben ohne Hunde? Ein Hundeleben!

P.S. Auch wenn ich hier gerade ein flammendes Plädoyer pro Vierbeiner gehalten habe, eine dringende Bitte: Bitte jetzt auf keinen Fall unüberlegt losrennen, um sich noch ein weiteres Familienmitglied anzuschaffen. Falls Sie noch kein Tier haben, sollten Sie es nicht ausgerechnet zur Geburt Ihres Babys zu sich holen, denn dann haben Sie erst einmal genug mit Ihrem neuen menschlichen Mitbewohner zu tun. Genau wie Babys brauchen Tiere Zeit, Zuwendung und Platz. Und nicht zuletzt kosten sie auch Geld: Versicherung, Futter und Tierarzt. Man sollte also vorher ganz genau wissen, ob man sich ums Tier kümmern kann und will. Wenn es da Zweifel gibt: Finger weg, denn es ist ein Lebewesen, kein Umtauschartikel!

DAS MATRATZENMONSTER

Die Erinnerung an damals lässt mich immer noch frösteln: Als ich sechs Jahre alt war, starb mein kleiner Bruder mit neun Monaten am plötzlichen Kindstod. Logisch, dass ich als Mutti nun ganz besonders besorgt war und all die unzähligen Ratschläge beflissen befolgt habe: Die Kleinen sollen nicht zu warm schlafen, nicht auf dem Bauch liegen, nicht zu früh vom Schnuller entwöhnt werden, im Schlafsack ohne Kissen schlafen und so weiter und so fort. Leider liegt weiter im Dunkeln, was nun ganz genau der Auslöser für das Phänomen ist (Tiere sind es jedenfalls nicht).

Bei meiner Trüffelsuche zu diesem Buch bin ich dann aber über etwas Interessantes gestolpert: In letzter Zeit häufen sich die Indizien, dass der plötzliche Kindstod möglicherweise durch eine Kombination von Ausdünstungen verursacht wird: In Babymatratzen enthaltene Chemikalien scheinen eine hinterhältige Liaison mit einem Pilz einzugehen, der in vielen älteren Matratzen zu finden ist. Das würde erklären, dass besonders jüngere Geschwister, die auf einer bereits gebrauchten Unterlage schlafen, betroffen sind – auch mein Brüderchen hatte damals auf meiner alten Babymatratze geschlafen. Eine Freundin wäscht darum die Schaumstoffunterlage ihres Söhnchens immer bei 60 Grad. Eine andere kauft für jedes Kind eine neue Matratze, die frei ist von den problematischen Antimon-, Arsen- oder Phosphor-Verbindungen.

In Neuseeland ist man auf Anraten eines Forschers vor einigen Jahren dazu übergegangen, Eltern das Einschlagen der Babymatratze in eine speziell entwickelte Polyethylen-Hülle zu empfehlen – unter dem Laken. Das soll das Austreten giftiger Dämpfe verhindern und gleichzeitig Feuchtigkeit von der Matratze fernhalten, die ein ideales Pilzklima erzeugen würde. Seit der Kampagne berichtet das neuseeländische Gesundheitsministerium von einem 70-prozentigen Rückgang der Fälle plötzlichen Kindstods (wobei nicht erhoben wurde, welche Babys auf eingewickelter Matratze schliefen und welche nicht). Neuseeländische Selbsthilfegruppen behaupten, dass kein einziges Baby, das auf einer eingewickelten Matratze schlief, gestorben ist.

Das ist noch kein Beweis und sicher kein Grund, alle anderen Tipps in den Wind zu schlagen – aber vielleicht ja doch ein

Hinweis in die richtige Richtung. Eine Zusammenfassung der Faktenlage habe ich auf dieser Seite gefunden:
www.ideen-rund-ums-kind.de/sids-vermeiden-de.html

WAS ICH ALS MUTTI NIEMALS TUN WOLLTE

... und was dann geschah. Früher habe ich manchmal Muttis heimlich mit ihren Sprösslingen beobachtet und war felsenfest überzeugt: Nie, nie, nie mache ich solch komische Sachen, wenn ich mal Kinder habe! Andere Dinge, die alle Mütter in meinem Umfeld plötzlich einstellten, wollte ich dagegen unbedingt beibehalten. Wie das ist, nachdem ich nun auch zur Bevölkerungsgruppe der Mütter gehöre? Formulieren wir's doch neutral: Manche Dinge erschließen sich wirklich erst, wenn man selbst in der Situation steckt. Beispiele gefällig? Gern:

▪ DER GERUCHSTEST

Ich habe sie viele Jahre fassungslos beäugt: die Mamas, die ihr Kind vor den Riechkolben heben, um wie ein Trüffelschwein zu erschnüffeln, ob die Windel etwas Produktives enthält. Für mich stand fest: Das ist eklig, widerlich, unmöglich und überhaupt. Und wobei habe ich mich bereits kurz nach der Geburt meines Söhnchens erwischt? Dabei, dass ich meinen Riesenzinken in der Windel versenkte und tief inhalierte. Was ich früher nicht bedacht habe: Der Geruchstest ist unvergleichlich praktisch. Und die Vorstellung, dass das Kind in der eigenen Scheiße sitzt, ist für jede Mama einfach unerträglich. Also muss man es eben genau wissen, und zwar rechtzeitig, nicht erst, wenn die Pampe schon ... ja, gut, ich muss das nicht weiter ausführen. Es würde mir ja gar nichts ausmachen, aber Ihnen vielleicht. Und, bitte, wie soll man es denn sonst machen? Fühlen, ob es besonders weich ist? Windel auf und wieder zu, bis die Haftstreifen den Geist aufgeben? No chance! Also, liebe Noch-nicht-Mütter: Seid verständnisvoll.

NA, GUCK MAL, DA MACHT DIE MAMI PIPI

Das da, das ist die Mama. Die Mama, die heißt Sonya. Und die Sonya, die hat früher, als sie noch nicht Mama war, immer gedacht, dass niemand mit allen Tassen im Schrank auf die Idee kommen würde, in der dritten Person von sich selbst zu reden. Höchstens Ludwig XIV., Forrest Gump – und, tja, Eltern. Babysprache, das dachte die Sonya da noch, kommt mir nicht ins Haus. Wenn ich mal ein Kind hab, dann lernt das von Anfang an, wie es richtig geht. »Dann geht der Paul* ins Heiabettchen und der Wauwau auch ...« – nein, so wollte die Mama nie reden. Und der Papa auch nicht. Und, guck mal, Paul*, jetzt macht die Mama das doch. Und der Papa auch. Und inzwischen weiß die Mama auch, wieso: Kinder begreifen in den ersten zwei Lebensjahren einfach besser, von wem die Rede ist, wenn man in der dritten Person spricht, weil sie das doch etwas verzwicktere Konzept des »Ich« noch nicht so ganz verstehen. So, jetzt weiß die Leserin das auch. Ei, fein, oder?

(Name geändert)*

> *Die erste Hälfte des Lebens versauen einem die Eltern,*
> *die zweite Hälfte die Kinder.*
> (Quelle unbekannt)

ES STEHT EIN PFERD AUF DEM FLUR

Bei mir ist es schwarz-weiß, kann auf Knopfdruck Galoppgeräusche produzieren und sogar wiehern – ein Geschenk meiner Freundin Steffi für meinen Sohnemann. Fertig gesattelt wartet es darauf, bis der Cowboy groß genug ist, um darauf das Lasso zu schwingen. Und so lange steht es eben rum. Meistens auf dem Flur, mal im Wohnzimmer und mal in der Küche. Dem Pferd leiste(te)n Gesellschaft: der pädagogisch angeblich wertlose (aber sehr beliebte) »Activity Walker«, quietschbunte Kindermöbel, Bobbycar, Bauklötzchen, ein ganzer Zoo diverser Kuscheltiere, ein Taschenrechner in XXL-Format (den Monsieur gottlob bis jetzt als Computerersatz akzeptiert), Bilderbücher, Gummitiere, Kleidungsstücke, Deckchen, Kekse ... Um nur einiges zu nennen.

Kurz: Meine einst mit Bedacht, Geduld, viel Liebe und Geschmack eingerichtete Behausung ist zum Aufbewahrungsraum der Kindshabseligkeiten mutiert. Ich hatte mir früher immer gedacht, dass man das doch »mal eben« aufräumen kann, wenn das Baby pennt. So ein winziges Kind, glaubte ich, kann ja nun nicht so viel Chaos machen. Heute weiß ich: Kann es. Sogar noch viel mehr. Und wenn es pennt, hat man Besseres vor als ausgerechnet aufzuräumen.

Was man da tut? Ganz einfach: Storch spielen und drübersteigen.

Apropos Kindshabseligkeiten: Damals, in meinem anderen Leben, hatte ich mich stets gewundert, wieso Leute mit Kindern immer mindestens so viel Equipment wie für eine Expedition zum Mond dabeihatten und sich an Swimmingpools und auf Picknick-Wiesen breitmachten wie ein Jugendcamp der Pfadfinder, selbst wenn es sich lediglich um eine dreiköpfige Kleinfamilie handelte. Was, zum Teufel, konnte so ein Dreikäsehoch denn schon brauchen?

Ich spule kurz vor:

💬 GEHEN SIE MAL ZUR SEITE, DA KOMMT NOCH MEHR ODER: NEIN, WIR PLANEN KEINE ARKTIS-DURCHQUERUNG, WIESO?

Mein Stammtaxifahrer Hans, ein Ur-Frankfurter, war empört: »Ja willst misch veräppeln!? Hätt isch gewusst, dass de umziehe willst, wär isch mim Transpordär gekomme«, beschwerte er sich.

Nein, ich wollte nicht umziehen, ich wollte verreisen – mit Baby. Beim Blick auf den Gepäckberg konnte ich selbst kaum glauben, dass ich tatsächlich mal mit Handgepäck zwei Wochen nach Thailand geflogen war. Mehr als jeweils fünf Bikinis, Höschen,

Pareos, knitterfreie Sommerkleider und zwei Paar Flip-Flops brauchte ich damals nicht. Jetzt hatte allein unsere Reiseapotheke die Ausmaße einer Mikrowelle, ganz zu schweigen von der Baby-Grundausstattung, die natürlich ebenfalls mitgeschleppt werden musste. Vom Sterilisator über eine ganze Fläschchen-Armada bis hin zu Babykost – alles »Lebensnotwendige« hatte ich in drei XXL-Koffern plus Bordcase verstaut. Kinderwagen und Autositz waren für den kostbaren Minipassagier selbstverständlich auch am Start. Die Operation »Kofferpacken« war mit militärischer Disziplin von langer Hand geplant und ausgeführt worden. Drei Tage hatte ich gepackt, und das will was heißen, denn ich bin nach über zehn Jahren Model-Nomadenlebens die Königin des flinken Kofferpackens.

»Hans, lass uns die Rückbank umklappen, und dann schmeiß einfach rein, was geht«, versuchte ich ihn zu beruhigen.

Hansemann, Mitte sechzig, schaute mich verzweifelt an: »Ei, hosche ma! Un du babst disch dann mit deim Bopo uff mei Schoß, oder was?«

»Nee, meine Mutter muss uns dann eben bringen.« Hans war erleichtert und ich besorgt.

Dieser Winter hatte es nämlich in sich. Es lag Schnee, und gegen Abend wurde es verdammt glatt. Diese Drecks-Kälte war der Hauptgrund, warum wir uns den Kraftakt »Reisen mit Baby« überhaupt antaten. Aber wo konnte man mit einem noch nicht mal sechs Monate alten Baby über Weihnachten und Neujahr überhaupt hin? Berggorilla-Trecking in Ruanda oder Insel-Hopping in Thailand konnten wir wohl für die nächsten Jahre abhaken. Die Destination musste vor allem zwei Kriterien erfüllen: Der Flug durfte nicht zu lang und eine medizinische Versorgung musste gewährleistet sein. Unsere Wahl fiel deshalb in diesem Jahr auf ein Reiseziel, das Shopaholics in orgasmische Ekstase versetzte, mich aber eher zum Gähnen brachte: Dubai! Gut, zumindest konnte man auch im Dezember auf Temperaturen über 20 Grad hoffen. Und das war gerade die Hauptsache.

Während Hans mit Unterstützung meines Freundes sich an der logistischen Meisterleistung des Beladens versuchte, brach ich mal eben gepflegt in Panik aus. Hatte ich wirklich alles Notwendige für den Flug im Handgepäck untergebracht? In meiner Hosentasche kramte ich nach der Wickeltaschen-Liste, denn ohne Listen funktioniert mit Baby gar nichts mehr. Ja, alle 32 Punkte waren brav abgehakt, und wir hatten von Baby-Ersatzklamotten über die Spieluhr bis hin zum Schnuffeltuch alles an Bord. Die Reisegesellschaft konnte sich also entspannt in Richtung Flughafen in Bewegung setzen.

Aufatmend sank ich in die Polster. Puh! Ich wollte gerade zu meinem Freund sagen: »Ist doch eigentlich alles ganz easy« – kam aber gerade nur bis zum »I«. Von dem Augenblick an, als der kleine Mini-Despot in seine Babyschale verfrachtet wurde, bis zum Losschnallen am Terminal ca. 25 Minuten später schrie er, als hätte man ihn auf ein Nagelbrett geschnallt. Wie konnte ein so winziges Wesen nur so viel Lärm machen? Irgendetwas musste mit den Stimmbändern meines Sohnes schiefgelaufen sein. Oder war es vielleicht nur eine subjektive Wahrnehmung?

Es gibt einfach nichts, dass für Eltern stressiger ist als das Schreien des eigenen Babys. Es ist Psycho-Folter pur: Adrenalin wird ausgeschüttet, der Puls steigt, der Blutdruck ebenso, man ist kurz vorm Explodieren und neigt dazu, den Partner als Blitzableiter zu missbrauchen. Selbst meine Mutter, die völlig verschossen in den Dreikäsehoch ist, war froh, ihn nach dieser Vorstellung endlich mal ein paar Tage loszuwerden.

Hier sehen wir ein Baby. Es setzt sich aus einem kahlen Schädel und einem Paar Lungenflügel zusammen.
(Eugene Field)

Der Terminal 1 des Frankfurter Flughafens war überfüllt und überheizt, erschien mir aber nach dem Schrei-Konzert wie eine rettende Oase der Ruhe. Die erste Etappe unserer Odyssee hatten wir gemeistert. Nun versuchte mein Kerl irgendwie, den Kofferstapel auf dem Gepäcktrolley sicher an den Schalter zu manövrieren, während ich den Kleinen im Baby-Björn vor dem Bauch hängen hatte und den mit Handgepäck beladenen Kinderwagen schob.

»Die Auswanderer, Teil 1«, bemerkte mein Freund trocken. »Und das alles braucht er wirklich?«

Gut, dass der Kleine als Airbag zwischen uns hing, ich hätte ihm sonst gern meine Hüfte in die Kronjuwelen gerammt.

Stattdessen musste ich mich auf die Vernichtungskraft meiner Grabesstimme verlassen. »Das nächste Mal kannst gerne DU packen.« Ich schickte noch einen »Du Arschloch!«-Blick hinterher und fühlte mich einigermaßen gerächt.

Unser nächstes Abenteuer bestand im Überlisten der Gepäckwaage beim Check-in.

Meine männliche Begleitung scannte routiniert die Schalter ab und steuerte dann zielstrebig zu einem Counter, an dem eine junge brünette Dame Dienst tat, die auch im vorweihnachtlichen Stress ihre Kundschaft freundlich anlächelte. Nachdem er die Schrankkoffer so mühelos aufs Gepäckband gewuchtet hatte, als wären es Wattebäuschchen, entwendete er mir kommentarlos das Baby, parkte es dekorativ auf dem Counter-Tresen und begann charmant mit der Lady vom Bodenpersonal zu flirten. Für mich galt jetzt: Klappe halten und unauffällig sein! Brav zog ich mich zurück, nestelte am Kinderwagen herum und schob den Trolley zur Seite. Währenddessen beobachtete ich fasziniert, wie der Fuß meines Freundes zum Koffer wanderte, diesen geschickt ein paar Zentimeter anhob und das Gewicht damit drastisch reduzierte.

Nach fünf Minuten war die Show vorbei, unser Übergepäck im Schlund der Gepäckanlage verschwunden und unsere Reisekasse unversehrt.

Der kleine Prinz wanderte zurück zur Mama, und Papa schnappte sich das ebenfalls beachtliche Handgepäck. Auf ging's zur nächsten Station, der Sicherheitskontrolle.

Tatsächlich wurde man mit Kind bevorzugt behandelt und in eine Familienschlange gestellt, die sich leider auch regen Zulaufs erfreute. So standen wir zwischen anderen gestressten Eltern, nutzten die Zeit und legten Schals, Gürtel und Baby Björn schon vorsorglich ab und warteten.

Als wir bereits fast die Kontrolle erreicht hatten, drangen zuerst seltsame Geräusche an mein Ohr, einem leisen Gewittergrollen ähnlich, gefolgt von einem zarten Knurren meines Babys. Noch bevor ein betörender Duft meine Nasenflügel in Alarm versetzen konnte, spürte ich, wie es an meinem rechtem Arm, auf dem der kleine Prinz thronte, warm wurde. Erschrocken wechselte ich das Baby in den linken Arm und parkte es auf meiner Hüfte. Etwa zeitgleich identifizierte ich den sich ausbreitenden Geruch.

»Sonya?« An der seltsam zögerlichen Stimmlage meines Freundes erkannte ich, dass ich mit meiner Erkenntnis nicht mehr alleine war. Ich blickte ihn an und wusste, die Situation war … beschissen. Er zog die Augenbrauen hoch und deutete mit vorsichtiger Zurückhaltung auf meinen rechten Ärmel des hellblauen, locker gewebten Kaschmirpullis, den ich gestern von meiner Mutter als Weihnachtsgeschenk bekommen hatte. Nein! Bitte nicht.

Meine Augen wanderten hinab zu meinem Ärmel, und während ich die solide Schicht gelbbrauner Babykacke, die ins Maschengewebe einzog, analysierte, spürte ich, wie sich eine recht wohlige Wärme von meiner linken Taillenseite Richtung Oberschenkel hin ausbreitete. Ich wollte mich nicht mehr bewegen, einfach nur stehen bleiben und warten, bis mich jemand rettete.

»Sonya?«, fragte mein Freund besorgt. In Zeitlupe – bloß nicht zu viel bewegen – drehte ich mich zur Seite und hob langsam das erleichtert seufzende Baby von meiner Hüfte. »Oh, Shit!«, kam es leise von meinem Kerl. Tja, eine treffende Analyse meines Gesamtzustandes. Mir lief die dünnflüssige Babykacke jetzt auch noch an der Jeans die Hüfte hinab.

»Mama, hier stinkt's!« Ein etwa fünfjähriger Junge hinter mir war wohl mit meinem Eau de Cologne nicht ganz einverstanden.

»Pst, ja, Julian, ist ja gut«, hörte ich die Mutter peinlich berührt zischen, was mir wiederum klarmachte, dass unsere »Situation« auch bei der Nachbarschaft wohl nicht unbemerkt geblieben war.

»Boah! Das stinkt aber so ... mir wird schlecht!«

Nun, Kindermund tut Wahrheit kund. Der junge Mann hatte vollkommen recht.

Was die Übelkeit anbelangte, konnte ich mich ihm durchaus anschließen. Doch es gab für mich und mein tropfendes Baby kein Entrinnen. Hinter uns warteten ungeduldige Massen, und direkt vor uns versperrte die Sicherheitskontrolle den Fluchtweg zur nächsten Toilette.

Mein Freund beschloss, aus der Not eine Tugend zu machen. Unverblümt quatschte er die Leute vor uns in der Schlange an. »Entschuldigung, wir haben hier einen kleinen Notfall!« Erbarmungslos schob er seine vollgeschissene Begleitung (mich) plus das tropfende Baby vor und teilte dabei die Schlange wie Moses das Rote Meer. Mit Lichtgeschwindigkeit hatten wir den Sicherheits-Check erreicht. Dazu sei nur so viel gesagt: Es war der kürzeste Security-Check, den ich je erlebt habe. Sollte ich jemals planen, Illegales an Bord eines Flugzeuges zu schmuggeln, jetzt weiß ich, wie's geht.

Trotzdem kamen mir in meinem Zustand die Sekunden wie Stunden vor. Kaum hatte ich von der Sicherheitsbeamtin das Okay, schnappte ich die Wickeltasche, ließ Handtasche, Laptop, Handy einfach für meinen Freund im Kästchen liegen und wollte gerade als rasende Stinkbombe in Richtung Toiletten abzischen, als mich ein zartes, ungläubiges »Sonya Kraus?« stoppte.

Der Fluchtweg wurde mir von einem baumlangen, schmächtigen Jüngling Anfang zwanzig versperrt, der mich mit knallrotem Gesichtchen und aufgeregt aufgerissenen Augen anstarrte.

Als er realisierte, dass da vor ihm tatsächlich die TV-Tante stand, die ihm seit frühsten Teenie-Jahren sexy aufgehübscht die Fantasie beflügelte, strahlte er mich an, als wäre ich Aurora die Morgenröte. Dass ich gerade etwas gaaaanz anderes als Micromini und Glitzer-Top trug, war ihm noch nicht aufgefallen. Dann folgte das Unvermeidliche: »Können wir vielleicht ein Foto zusammen machen?«

Ich sah ihm einen Moment lang tief und ganz ruhig in die Augen, schaute demonstrativ erst an mir hinab und anschließend auf mein leckgeschlagenes Baby. »Weißt du ...«, ich sah ihn wieder an, »... das ist im Moment vielleicht ein bisschen schlecht ...«

Der große Junge folgte meinem Blick, nahm anscheinend zum ersten Mal das Baby, meine Dekoration und den lieblichen Geruch wahr – und das Lächeln erstarb auf seinem Gesicht.

Tja, da gingen sie hin, all die schönen Fantasien über die sexy Blondine aus dem Fernsehen. Angeekelt schaute er an mir herab, sah mich an wie ein Kind, das eben entdeckt hat, dass es den Weihnachtsmann nicht wirklich gibt, brachte gerade noch ein gequältes »Ehhh ... ja, eh, klar!« heraus, drehte sich um und war verschwunden.

Der Weg war frei, und ich sauste los.

Die Privatsphäre der Behindertentoilette empfing mich wie eine liebevolle Umarmung, und ich atmete tief durch ... was keine gute Idee war. Wer erzählt eigentlich immer, dass Baby-Po nicht stinkt?

Ich klappte den Wickeltisch runter, bedeckte die Unterlage mit Papierhandtüchern und legte den Hosenscheißer darauf. Der schien gut gelaunt und sichtlich befreit von großem Druck.

Zuerst entkleidete ich mein Baby, dann mich. Dem Kleinen konnte ich ja mühelos ein kleines Sitzbad im Waschbecken ermöglichen, bei mir wurde es da schon schwieriger.

Nach zehn Minuten lag der Gülle-Produzent frisch gebadet, gepampert und gedressed auf dem desinfizierten Wickeltisch, während ich immer noch in BH und Höschen dastand. Es gab nämlich ein winziges Problem: Mein Söhnchen verfügte natürlich über zwei Sätze Wechselklamotten, die Muddi hatte die Wahl zwischen »verschissen« und »ehemals verschissen, jetzt klatschnass, aber frisch provisorisch im Waschbecken mit Handseife ausgewaschen«. Beide Möglichkeiten hörten sich wenig verlockend an. Ich beschloss, mich von Unterziehleggings, Top, dicken Socken und Slip zu trennen. Meine Jeans versuchte ich vorsichtig an der Hüfte und am Oberschenkel zu reinigen, was sich schwierig gestaltete, da die ockerfarbene Soße auch in die Hose gesickert war. Meinen neuen Pulli konnte ich einfach nicht wegwerfen. Ich verstopfte den Abfluss, ließ das Waschbecken volllaufen und tauchte mein Weihnachtsgeschenk ein. Mhmm, lecker! Nach dem vierten Waschgang, die Brühe wurde langsam klarer, klopfte es zaghaft an der Toilettentür. »Sonya?«

Vorsichtig öffnete ich einen Spalt breit, drückte dem unbefleckten Papa das saubere Kind in die Hand und kommandierte: »Ich brauch dein Unterhemd, deine Flugzeughose und meine Lederjacke!« Diese hatte sich zum Zeitpunkt des »Vulkanausbruchs« glücklicherweise außerhalb der Gefahrenzone in meiner Tasche befunden. Außerdem bestritt mein Freund ohne seine

Lieblingsjogginghose keinen Flug, der länger als zwei Stunden dauerte. Zuerst guckte er daher leicht säuerlich, überlegte es sich dann aber schnell anders, als er meinen Blick bemerkte. Das Baby jonglierend fing er mitten auf dem Gang des belebten Frankfurter Flughafens an zu strippen, zog sich das Unterhemd vom Leib, kramte kurz in seiner, dann in meiner Tasche und übergab mir dann mein neues Outfit. Ich schloss mich wieder ein, wusch meinen Pulli ein letztes Mal aus, hängte ihn fünf Minuten unter den ohrenbetäubend brummenden Handtrockner und verfrachtete das immer noch klatschnasse Ding zusammen mit meiner ebenso feuchten Jeans in eine Plastiktüte, die mein Freund zwischenzeitlich im Duty Free geschnorrt hatte. Auch ich hatte mich nun einer recht unbefriedigenden Reinigung unterzogen und duftete immer noch irgendwie ... apart?

Ich hielt kurz inne und betrachtete mich im grellen Neonlicht im Spiegel. Da stand ich nackig, stinkend, blass, mit Ringen unter den Augen, frisch angekackt auf einer öffentlichen Behindertentoilette. Das sollten also die berühmten Mutterfreuden sein?

Dann dachte ich an das glücklich glühende Gesichtchen meines Babys, weil es endlich gefühlte drei Liter Darminhalt losgeworden war, und musste schon wieder lachen. Das Leben mit ein paar Monaten war so herrlich simpel: essen, schlafen, schmusen, schreien und eben ... Irgendwie war es schön, in dieser komplizierten, hektischen Welt genau das mitzuerleben. Ich grinste den Schatten meiner selbst im Spiegel an und streckte mir die Zunge raus.

Frisch geerdet hüpfte ich mit nacktem Poppes in die Jogginghose, dankte dem lieben Gott kurz für die schmalen Hüften meines Freundes, schlüpfte barfuß in meine Chucks, presste das Unterhemd über meinen Busen und zog die Lederjacke drüber.

Wow! Das war doch mal ein Imagewechsel, noch ein Cap und 'ne Ladung Goldschmuck, und ich wäre die Queen des Gangsta-Raps. Höchste Zeit, sich in meinem Faschingskostüm zum Gate zu bewegen.

Der Weg zum Flugzeug hielt – wider Erwarten – keine weiteren Überraschungen bereit, dafür war unser Auftritt an Bord filmreif. Wir wollten uns als frischgebackene, gestresste Eltern mal was gönnen, hatten unsere Meilenkonten geplündert und ein Upgrade in die Businessclass ergattert.

Tja, das Erscheinen einer Mutter in meinem Aufzug mit Baby in der Businessclass löste bei den mitreisenden Geschäftsleuten echte Freude aus. Ich fühlte mich in etwa so willkommen wie ein Vegetarier im Steak-Restaurant. Zum Start gab es als Druckausgleich für das Mini-Milch-Monster noch eine Runde »Schmusen mit dem Busen« – selbstverständlich diskret verdeckt durch ein riesiges Seidentuch. Ansonsten baute Junior keinen Mist mehr, machte keinen Mucks und schlief den restlichen Flug wie ein Baby.

Dubai war alles in allem todlangweilig, jedoch unheimlich erholsam. Wir verbrachten nur zwei Abende mit unserem Spross in medizinischen Einrichtungen, was insgesamt ein durchaus guter Schnitt für 14 Tage ist. Einmal war er vom Bett gepurzelt, ein anderes Mal hatte sich ein Sandkorn im Äuglein festgesetzt. Beide »medizinischen Notfälle« lösten selbstverständlich kurzzeitig Großalarm aus.

Meine Urlaubstage verbrachte ich zusammengekauert schlafend im mitgeschleppten Baby-Zelt, das eigentlich den Kleinen vor Wind und Sonne schützen sollte. Die Nachtschicht blieb ja eben doch wieder an mir hängen, meinem Mister X waren leider immer noch keine Brüste gewachsen. Doch mein eigentliches Ziel, meinen kleinen Busenfetischisten im Urlaub auf Entzug zu setzen und abzustillen, gelang mir leider nicht.

Im Gegenteil, ich als Wirtin hatte meine Rechnung ohne den Gast gemacht, und der ist ja bekanntlich König. Oder Kronprinz ... Genau dieser residierte zwei Wochen zwischen Mama und Papa im großen Hotelbett, wo er direkt an der Quelle lag. Die Situation brachte gewisse Vorzüge mit sich, ich erwachte noch nicht einmal mehr, wenn ich angenuckelt wurde. Mein Freund, der das Spektakel amüsiert observierte, kommentierte unseren Urlaub folgendermaßen: »Hat ja super geklappt mit dem Abstillen. Wie nennt sich die Methode? Urlaub all-inclusive mit Flatratesaufen?«

Männer! Und ich hatte jetzt zwei von der Sorte ...

Kinder sind das Einzige,
was in einem modernen Haushalt noch mit der Hand
gewaschen werden muss.
(Quelle unbekannt)

Nachtrag: In Urlaub Nummer 2 mit Kind enterten wir – meine Mutter, mein Freund und ich – mit dem Kinderwagen die sonnige Terrasse unseres hübschen Hotels in Italien. Dort sicherten wir uns zunächst selbstverständlich unsere Sonnenliegen und bauten dann das Kinderzeltchen auf, damit der Kleine auch schön wind- und sonnengeschützt liegen konnte. Anschließend nahm ich nur ganz kurz die Klötzchen, die Mückensalbe, die Döschen mit den Möhren- und Apfelstückchen, die Bio-Dinkelplätzchen, die Fläschchen (Milch, Möhrensaft, Wasser), das Schnuffeltuch, das Sonnenschirmchen, den Kuschelhasen, den Kuschelpinguin, den Extra-Overall, die feuchten Tücher, das Mützchen, die Windeln, die Wundcreme, die Iso-Decke, die Sonnencreme, die Schokoriegel (für mich) und die Duplo-Spieluhr aus meinem mitgebrachten Körbchen, gut: Korb, okay: Riesenkorb, und breitete diese paar Kleinigkeiten auf der Decke um mich herum aus, um an meinen darunter liegenden Notizblock zu kommen, auf dem ich mir Gedanken für dieses Buch notieren wollte ... In genau diesem Moment hörte ich das Geräusch von auf dem Boden kratzenden Sonnenliegen: Zwei Pärchen in unserer unmittelbaren Nähe suchten das Weite! Ts! Ich war ein bisschen empört: Was hatten die denn für ein Problem? Dann stutzte ich, und plötzlich ging mir ein Licht auf. Ich musste mich halb totlachen: Das hätten wir sein können, vor wenigen Jahren. Und dann schrieb ich das Geschichtchen auf, das Sie gerade gelesen haben ...

Kommen wir zum nächsten Phänomen, das ich mir in meinem Leben niemals hätte träumen lassen:

▪ Neid, ich? Niemals! Also fast

Wer mich kennt, der weiß: Ich denke positiv und kann von ganzem Herzen gönnen. Obwohl, na ja, in letzter Zeit macht sich manchmal ein Gefühl breit, mit dem ich bisher nur sehr selten Bekanntschaft gemacht habe: Neid! Wenn ich junge Hüpfer mit aalglatten Bäuchen sehe und nicht ganz doll aufpasse, gibt mir das manchmal schon einen Stich. Nicht missverstehen: Ich gönne den Mädels von Herzen ihre Jugend und Schönheit! Aber so ein winziger Pikser ist da dann doch, und der führt zu den bösen, bösen Vergleichs-Fragen: »Bin ich als Mama eigentlich noch sexy?« Und: »Muss ich meine Microminis jetzt endgültig in die Altkleidersammlung geben?« Ich habe diese Fragen für mich mit »Ja!« und »Höchstens die ganz kurzen« beantwortet. Leichte Abnutzungserscheinungen sind schließlich völlig normal; wo gehobelt wird, da fallen Späne: Ich habe jetzt bestimmt mehr Besenreiser als vorher – aber die hätte ich früher oder später auch ohne Kind. Und ist das wichtig für den Sex-Appeal? Nö! Der ist eine Haltung und kommt von innen. Und für alles andere gibt es ja meine geliebte Mogelkiste (in der findet man beispielsweise auch mein selbst gemixtes Bein-Make-up, das aufmerksame Leserinnen noch aus Baustelle Body kennen ...).

Babys kontrollieren und erziehen ihre Familien
im gleichen Maße
wie sie von ihren Familien kontrolliert werden.
Tatsächlich erzieht eine Familie ein Baby,
indem es von ihm erzogen wird.
(Erik H. Erikson)

▪ Die Sache mit dem ergonomischen Schuhwerk

Nein, ich habe meine wunderbaren High Heels natürlich nicht eingemottet und durch Gesundheitslatschen ersetzt. Ich doch nicht. Würde ich nie tun. Ich habe sie durch meine ultrabequemen Chucks ersetzt, die ich nun täglich im schicken Ensemble mit Jeans und T-Shirt trage. Aber wenn ich die heißen Treter dann doch mal wieder raushole, ist das ein glasklares Zeichen: Jetzt ist Party angesagt. Im ersten Jahr kam das ungefähr ... gar nicht vor. Und augenblicklich trage ich die hohen Hacken immer noch vorwiegend beruflich. Aber die Zeit wird kommen!

Damit wären wir bei meinem festen Vorsatz von vor der Geburt:

▪ Natürlich geh ich noch aus, wenn ich ein Baby habe!

Tja, ich bin normalerweise ein echter Partybooster: Ich bin kommunikativ, aufgedreht, wild und will gute Laune verbreiten. Grundsätzlich hat sich daran nichts geändert. Das Problem: Sobald ich heute die Oberfläche meines Bettes berührt habe, bin ich daran festgepappt wie mit Sekundenkleber. Mein Körper sagt schlicht: STOPP! Letzten Samstag bin ich zum Beispiel von der Arbeit nach Hause gekommen und wollte noch tausend Dinge erledigen – doch erst mal habe ich mich logischerweise um den Kleinen gekümmert. Denn einerseits hatte ich ihn fürchterlich vermisst, andererseits musste ich meine Mama ablösen, die den ganzen Tag Babydienst hatte. Logisch, dass ich da den Ein-Uhr-nachts-Slot nicht abgeben konnte – mein Freund war auch keine Lösung, der befand sich mal wieder auf Geschäftsreise. In genau dieser Situation rief mich nun plötzlich mein bester Freund Julius an, der gerade mit einem meiner Kollegen im Saturday Night Fever unterwegs war und meinte: »Mensch, Sonya, hier ist so eine Superstimmung, komm doch vorbei.« Früher hätte ich innerhalb von fünf Minuten im Auto gesessen. Und heute? Denke ich nur: »Auf! Gar! Keinen! Fall!« So was funktioniert einfach nicht, wenn ich nachts um eins und um fünf und eventuell noch mal zwischendrin den Kleinen beruhigen muss – jedenfalls nicht, wenn ich am nächsten Tag noch einen Termin habe, der über eine OP in Vollnarkose hinausgeht.

Ähnlich ging es mir mit folgender Annahme:

▪ Babys schlafen doch so viel – in der Zeit kann man dann ...

... ein Buch lesen, in der Badewanne entspannen, schnackseln. So in etwa hatte ich mir das früher vorgestellt. Wie ich darauf gekommen bin? Kein Schimmer! Den Floh muss mir irgendjemand ohne Kinder ins Ohr gesetzt haben. Oder jemand wollte mich arglistig täuschen. Nicht einmal im Urlaub habe ich es hinbekommen, in Ruhe auch nur ein Buch zu lesen. Und das sage ich, die Krimi-Mimi par excellence, die früher nächtens je einen Schmöker inhaliert hat, um dann am Strand bräsig in der Sonne zu liegen und den der Literatur geopferten Nachtschlaf nachzuholen.

Richtig müsste es heißen: Wenn das Baby schläft, kann man

- auch endlich mal schlafen
- das gröbste Chaos beseitigen
- arbeiten
- die Steuererklärung machen
- nach drei Tagen endlich mal wieder die Haare waschen
- Nahrung aufnehmen.

Eben alles erledigen, was getan werden muss, wozu man aber nicht kommt, wenn das holde Kindelein die Guckis geöffnet hat. Die Kür (Bücher, Sex, Badewanne) hebt man sich für später auf, wenn man wieder zufällig ganz viel Zeit übrig hat. Denn sonst weiß ich zwar, wer der Mörder in meinem Thriller ist, aber muss mir mit Streichhölzern die Augen aufhalten, und das Finanzamt erhebt Säumniszuschläge, weil die Steuererklärung immer noch nicht eingetrudelt ist ...

Ist Ihnen im vorherigen Absatz was aufgefallen? Genau: »Zufällig ganz viel Zeit übrig« wird man nie haben. Darum ist der folgende Abschnitt vielleicht einer der wichtigsten in diesem Buch.

> *Kinderaugen sind klar wie Bergseen,*
> *auf deren Grund ein Ungeheuer schlummert.*
> (aus Schottland)

MORGENS HALB ZEHN IN DEUTSCHLAND ODER: AUCH AUF EINER BAUSTELLE GIBT'S PAUSEN. WARUM MAMAS GESUNDER EGOISMUS DAS BESTE FÜRS KIND IST

Früher habe ich immer Angst davor gehabt, dass man sich als Mutter nicht mehr »vollständig« fühlt, wenn man mal ohne das Kind ist. Dass man mit der Ankunft des Babys eine unsichtbare Fessel angelegt bekommt. Lebenslang. Zum Glück hat sich herausgestellt: Ganz so ist das dann zum Glück doch nicht! Man kann auch den Moment genießen, ohne pausenlos an den Sprössling zu denken. Manche Momente sogar besonders.

> *Babys brauchen keinen Urlaub,*
> *und trotzdem seh ich sie am Strand –*
> *das geht mir auf die Nerven.*
> *Also geh ich rüber zu einem kleinen Baby und sage:*
> *Hey, was tust du hier? Du hast nicht einen Tag in deinem*
> *Leben gearbeitet!*
> (Steven Wright)

Bis ich das rausfinden durfte, hat es allerdings etwas gedauert. Genauer gesagt: ein ganzes Jahr nach dem Touchdown. Da durfte ich zum ersten Mal Urlaub ohne Baby machen. Drei ganze Tage mit Mann auf Ibiza. Halleluja! Ich habe mich gefreut wie mit fünf auf Weihnachten. Vorher schärfte ich meinem Kerl ein, dass er auf mich aufpassen müsse. Denn ich wusste: Ich würde Alkohol trinken, ich würde mich unanständig benehmen, ich würde auffallen (aber hoffentlich nicht ausfallend werden), und selbstverständlich würde ich, Sie werden es nicht glauben, Sex haben. In Ruhe. Langsam. Wie früher.

Tatsächlich ist dann nichts davon passiert. Zumindest nicht die ersten 24 Stunden, denn da lag ich nur komatös in der Sonne. Süßes Nichtstun, kann ich nur sagen! Ein völlig neuer Glückskick, wenn man sonst rund um die Uhr die Butlerin spielen muss.

Aber anschließend war ich fit genug, um ausgiebig die Tatsache zu feiern, dass ich nicht mehr Milchbäuerin war. Ich konnte endlich wieder essen und trinken, was ich wollte, und nach Hause kommen, wann ich wollte, egal, wie spät ... Egoistisch? Ja! Aber notwendig! Also bitte merken:

▪ GLÜCKSHÄPPCHEN FÜR MAMI SIND WAHNSINNIG WICHTIG IM BABY- UND KINDERSTRESS!

Mein Tipp: Schaufeln Sie sich in Ihrem Leben von Anfang an Raum für sich frei – so egoistisch sich das auch (zunächst) anfühlen mag. Und so schwierig das vielleicht in logistischer Hinsicht ist. Aber: Je früher wir für uns Zeit im Familien-Kalender reservieren, umso weniger wird das später von unseren Lieben in Frage gestellt. Unser Wohlbefinden ist wichtig. Nicht nur für uns selbst:

▪ »MUTTI« IST DER WERTVOLLSTE MITARBEITER UNSERES KLEINEN DIKTATORS.

Wenn wir plötzlich mit Burnout, Überforderungsdepression, Hörsturz oder Bandscheibenvorfall ausfallen, hat keiner was davon – am wenigsten das Kind!

Also, bitte Etappenziele setzen und Zückerchen ausstreuen – Belohnungen, ganz allein für uns, sonst fühlt man sich bei aller Liebe eines Tages nur noch fremdbestimmt und ausgenutzt. So ein Etappenziel kann der erste Mini-Wochenend-Urlaub ohne Baby sein, wie bei mir. Oder ein fauler Wellness-Tag mit Beauty-Behandlung und Dampfbad in der Therme, eine wilde Party, Kino, ein Ausflug mit der besten Freundin oder ein ganzer Tag mit einem guten Buch!

Aber noch wichtiger ist der regelmäßige Ausgleich. Jede Woche ein oder zwei Zückerchen-Termine, die ganz allein uns gehören und uns den Stress der restlichen Zeit durchhalten lassen. Sie haben Probleme, das in Ihrer Familie für sich durchzusetzen? Dann hab ich was für Sie:

STRESSREDUKTION AUF DER BAUSTELLE MIT TIPPS AUS DER FREIEN WIRTSCHAFT

Die New Yorker Journalistinnen Paula Szuchman und Jenny Anderson sind Autorinnen des Ratgebers *Mehr Sex, weniger Abwasch*, dessen englischer Titel *Spousonomics* lautet (*spouse* bedeutet Gatte und -*nomics* kommt von *economics*, also Wirtschaft). Die beiden haben in Interviews und Experimenten mit Hunderten von Paaren festgestellt:

Wer in der Beziehung Wirtschaftsgrundsätze bewusst oder unbewusst anwendet, bewältigt den Alltag verblüffend stressfrei. Außerdem fühlen sich diese Paare glücklicher, haben oft mehr Freizeit, Geld und Sex. Klingt doch bombe, oder? Jetzt hätten Sie noch gern ein Beispiel, frei nach *Mehr Sex, weniger Abwasch?*

Bitte:

Die Situation

Unsere Heldin ist hauptberuflich Mutti von drei Kindern und pausenlos im Einsatz. Kochen, waschen, einkaufen, putzen, Kinderarzt, den Garten machen, chauffieren, Popos abwischen, trösten und wieder von vorn ... Gegen die Schufterei wirkt selbst der Managerposten des Ernährer-Papas plötzlich wie ein easy-peasy Ferienjob – der hat immerhin so was wie Mittagspause. Außerdem ein eigenes Büro, die Kollegen gehen selbständig aufs Klo und schreien in der Regel auch nicht einfach los, wenn ihnen was fehlt. Mit der Überlastung steigt aber der Frust unserer Beispiel-Mama. Sie fühlt sich allein gelassen, beginnt zu nörgeln. Ihr Liebster erkennt immerhin scharfsinnig, dass sie überlastet ist, und hilft hier und da – allerdings planlos, weil er zuhause keine festen Aufgaben hat. Ergebnis: Er kann ihr nichts recht machen. Schlimmstenfalls beginnt die Beziehung zu bröseln ...

Wirtschaftsexperten diagnostizieren: Marktversagen!

Übersetzt bedeutet das nichts anderes als: Die gestresste Mama hat ihre Extra-Leistung – also das, was das Ungleichgewicht im Vergleich zur Arbeit des Partners ausmacht – nicht mit einem konkreten Marktwert versehen. Sie verschenkt, was auf ihrem »Markt« zu haben ist: ihre Arbeitskraft. Früher, Mädels, nannte man so was Sklavenarbeit.

Weil sie keinen konkreten Preis für konkrete Leistungen ansetzt (keinen »Markt« schafft), weiß ihr Partner im Familienunternehmen nicht, was sie da eigentlich täglich genau wuppt und was das wert ist. Vor allem hat er keine Ahnung, wie er helfen kann. Das führt zu noch mehr Frust bei allen Beteiligten. Übrigens auch bei den Kindern, die natürlich mitbekommen, wenn dicke Luft herrscht. Stichwort Luft: Die *Mehr Sex, weniger Abwasch*-Autorinnen vergleichen den Wert der häuslichen (Zuviel-)Arbeit mit dem Wert frischer Luft. Wenn Luft für eine Firma als Ressource umsonst zu haben ist, wird sie – geeeenau! – als unbegrenzt angesehen und verschmutzt. Kostet ja nix. Erst wenn eine Verschmutzungssteuer erhoben wird, wird die Luft zum Wert. Und die Firmen strengen sich an, ihre Emissionen zu verringern.

Die Lösung: Ein Preis ist heiß!

Die gestresste Mama muss sich so genau wie möglich bewusst machen, was genau ihr eigentlich zu viel ist (»alles« gilt nicht). Bis zu welchem Punkt ist die Arbeit akzeptabel, und was ist das, was das Fass zum Überlaufen bringt?

Für dieses Zuviel muss sie sich einen »Preis« überlegen, der sich für sie nach Anerkennung anfühlt. Von der restlichen Familie – vom Partner und von älteren Kindern, die schon mit anpacken können – muss dieses Honorar dann in »Naturalien« bezahlt werden.

Beispiel: Eine Woche für vier Personen kochen, einkaufen und waschen »kostet« einen ganzen Tag im Spa plus einen freien Abend unter der Woche. Zu diesen festen Zeiten müssen dann die anderen Familienmitglieder dafür sorgen, dass die im trauten Heim anfallenden Aufgaben erledigt werden. Entweder persönlich oder indem ein Teil des Familieneinkommens für externe Hilfe abgezweigt wird.

> *Eine Mutter braucht sich nur unter die Dusche zu stellen,*
> *und schon merkt sie,*
> *wie wichtig sie für die ganze Familie ist.*
> (Quelle unbekannt)

Ach, Monsieur gehört heimlich zur Spezies »Macho alter Schule« und findet den aufgerufenen Preis irgendwie überzogen? Hier hilft ein anderes Instrument, das von Arbeitnehmern in der freien Wirtschaft in besonders hartnäckigen Fällen angewendet wird: ein paar Tage gezielter Streik! Wirkt Wunder bei den häuslichen Verhandlungen. Spätestens, wenn er mit ungewaschenem Hemd zur Arbeit muss und es warmes Essen nur noch bei McDoof gibt, wird er anfangen nachzudenken. Garantiert. Und wenn er zu jammern beginnt, jammern Sie zurück: Sie haben es einfach nicht geschafft.

VORSICHT VOR DEM BISSCHEN KIND: GRÜSSE AUS DER ANSTALT

Tja, so ist das also mit Kind. Der Wickeltisch ist heutzutage meine Bühne, und mein Neun-Kilo-Stargast mit der Attitüde einer Diva verlangt meine ungeteilte Aufmerksamkeit.

Wickeln, anziehen, füttern, spielen, spazieren gehen, wickeln, Schlafliedchen singen ... Und während mein Herr und Gebieter schläft, das entstandene Chaos halbwegs beseitigen, die Waschmaschine beladen, die wichtigsten von drei Dutzend neuen E-Mails checken, um dann, beim ersten entrüsteten »MAMA!!!« des Erwachten, wieder als Animateuse Gewehr bei Fuß zu stehen – all das: no problem!

Im Moment gibt es allerdings doch ein winziges Problemchen. Mama hat ja da noch diesen klitzekleinen Nebenjob. Und damit meine ich nicht Faxen vor laufender Kamera zu machen, sondern etwas, das tatsächlich Konzentration, Ruhe und fokussiertes Arbeiten verlangt – Mama will ein Buch schreiben! In sechs Wochen soll (hoffentlich) Bestseller Nummer 4 fertig getippt sein. Die Frage ist nur: Von wem?

Copy-Paste hat ja schon bei Karl Theodor nicht so optimal funktioniert. Es hilft alles nichts, so gern ich meinem Würmchen die Mama mache, Oma & Co. müssen es jetzt mal betüdeln!

Meine Situation ist luxuriös, denn mein Kleiner hat zwei Omas und eine Tante, die ihn am liebsten auffressen würden, einen Opa, der gerne stundenlang mit ihm in den Park geht, und alleinerziehend bin ich ja schließlich auch nicht. Zur Not gibt's dann auch noch eine bezahlte Kinderbetreuerin, die ich mir durchaus leisten kann. Der Plan sollte also machbar sein.

Bin ich ein Fall für Amnesty International?

Als kurz nach acht mein Mini-Monster im Bettchen träumt, hänge ich mich entschlossen und voller Tatendrang ans Telefon. Ergebnis? Die eine Oma hat morgen eine Zahn-OP, die andere Omi, inklusive Opi, ist auf dem Weg in den spontanen Kurzurlaub, bei der Tante ist eine Grippe im Anmarsch, der Papa hat »wichtige Termine« und der Babysitter einen Burnout.

Ach, alles halb so wild, versuche ich mich zu beruhigen, es ist ja noch viel Zeit bis zur Deadline des Buches. Mama wird's schon richten ...

Drei Wochen später ist mir klar, mit Kind ticken die Uhren einfach anders. Weihnachten kommt sofort nach Ostern – die Zeit rast! Mein Buch ist um keine Seite dicker geworden, mein schlechtes Gewissen jedoch um Zentner schwerer.

Verdammt, was ist bloß los? Vor dem Baby konnte ich mit ein paar Dosen rotem Stier nächtelang durchknechten und kam dabei zu extrem kreativen Ergebnissen. Heute fange ich mit dem Doping schon am Nachmittag an, um den Tag koffeinbeschwingt zu meistern.

Versuche, nach 21 Uhr am Manuskript zu arbeiten, endeten meist nach drei Zeilen mit geistigen Ergüssen wie: »... und als es dann Richtung Krankenhaus ging, waren allin shyxypdbdmm« – und einem wunderbaren Nickerchen mit Schlepptop auf dem Bauch. Eigentlich auch nicht weiter verwunderlich: Seit über einem Jahr habe ich nicht mehr als vier Stunden am Stück geschlafen. In Guantanamo gilt Schlafentzug als Folter. Ob Mamas auf den Den Haager Gerichtshof für Menschenrechte oder Amnesty International hoffen können?

Der kleine Mann hat mich wirklich gut abgerichtet. Meine »Nachtruhe« ist actionreich: Zwei- bis dreimal die Nacht hüpfe ich beim kleinsten Pieps aus dem Kinderzimmer wie von der Tarantel gestochen aus dem Bett. In Trance wird das mit Milchpulver vorbereitete Fläschchen gegrapscht, die Thermoskanne aufgedreht,

Wasser ins Fläschchen gegossen, um dann fleißig schüttelnd ins Allerheiligste zu flitzen.

Dort empfängt mich mein Milch-Macho schon lautstark pöbelnd, stehend, die Ärmchen gierig reckend, im Gitterbettchen. Kaum hat er seinen Stoff in den Patschehändchen, lässt sich der kleine Diktator genüsslich grunzend fallen, um mit seiner »Millie« wieder im Land der Träume zu versinken.

Die ganze Aktion dauert im Schnitt nicht länger als ein knappes Minütchen. Egal, die Chancen stehen trotzdem nur fifty-fifty, dass ich es die zehn Meter zurück ins Schlafzimmer schaffe. Meistens ergebe ich mich, bereite mit einem Handgriff den Ausziehsessel vor und breche danieder. Eigentlich ganz sinnvoll, denn durchschnittlich noch zwei weitere Male muss Mama Milch mixen. Zwischendrin wird ungeniert kontrolliert: Das Köpfchen wird kess gereckt und durch die Gitterstäbe des Bettchens gecheckt: Ist mein persönlicher Butler noch da? Fein, dann kann man die Äuglein wieder schließen und noch eine Runde knacken. Sollte der Getränkeservice es jedoch gewagt haben, sich ins eigene Bett zu verziehen, wird Terror geschoben. Ja, ich weiß, höchste Zeit, den Papa zu seiner eigenen Mama auszuquartieren und den ganzen Tag zu schlafen, um nachts Kraft zu haben, die Tipps aus dem Ratgeber *Jedes Kind kann schlafen lernen* umzusetzen. Oder noch besser: Ich quartiere mich aus, und Papa setzt die Tipps um. Leider wird der selbst dann nicht wach, wenn neben ihm ein Düsenjet startet.

Möglicherweise wäre meine ewige Müdigkeit auch ein guter Grund, um mit der geliebten Tradition zu brechen, meine Bücher gemütlich liegend im Bett zu schreiben. Nur, wo dann?

In meinem ehemaligen Arbeitszimmer residiert ja nun der kleine Prinz. Der Kostümfundus wanderte mit Mottenkugeln dekoriert in den Keller, der Schreibtisch zog ins Schlafzimmer. Dort, hinterm Bett, auf üppigen drei Quadratmetern, gut getarnt durch einen Raumteiler, ruht meine Arbeit, und es beginnt das Kraus'sche Katastrophengebiet. Mein Schreibtisch versprüht den Charme der Gauck-Behörde: Von der Schreibtischplatte ist nichts mehr zu sehen, so ausgedehnt stapeln sich die Papiere. Im Wäschekorb links lagern Aktenordner, in den Umzugskartons rechts wartet die Fanpost der letzten Monate auf Bearbeitung, und das Drucker/Scanner/Fax-Kombi-Gerät ist mit einer soliden Staubschicht verziert.

Dort schreiben? Ein Verhörzimmer wäre eine einladendere Alternative.

Nur wohin mit mir?

Seit der Stammhalter läuft, ist von Wohnkultur im Hause Kraus nichts mehr übrig. Früher war ich immer entsetzt, wenn sich bei anderen Leuten buntes Plastikspielzeug zwischen den Designermöbeln tummelte. Heute gibt's in der Casa Kraus kein Zimmer, das nicht deutliche Spuren kindlicher Verwüstung aufweist. In der Diele sind Kinderwagen und Buggy (und das erwähnte Pferd) geparkt, meine Küche wird von trocknenden Fläschchen und Sterilisator verschönert, Autos, Kuscheltiere und Klötzchen sind als schmerzhafte Rutsch- und Tretminen in allen restlichen Zimmern verteilt. Den unbestreitbaren Höhepunkt der Deko bildet jedoch die Moderne Kunst an der Wohnzimmerwand. Dort hat sich Little Picasso in einem unbeobachteten Moment mit einem neongrünen Textmarker verewigt. Aber als Mama lernt man Gelassenheit. Statt aufgeregt meinem Heimwerker-Spleen zu huldigen und das Erstlingswerk meines Sohnes mithilfe von Pinsel und Deckweiß verschwinden zu lassen, sagt man sich: Rentiert sich nicht. Da kommt bestimmt noch einiges an Gekritzel dazu!

Gelassenheit ist oberstes Überlebensprinzip: Ruhe zum Schreiben, kein Platz zum Arbeiten, alles halb so wild – Hauptsache gesund ...

Nur: Gesund war leider gestern.

Der kleine Mann ist eine echte Viren-Schleuder. Egal, was er sich einfängt, den Norovirus, Scharlach, eine Bronchitis oder auch die falsche Maul- und Klauenseuche, mich streckt's ebenfalls nieder. Gott sei Dank sind zumindest Nabelbruch und Pupserei nicht ansteckend! Wenn der Prinz kränkelt, wandert die eben noch gepriesene Gelassenheit schlagartig ab in den Windeleimer. Hysterie liegt in der Luft. Es herrscht Alarmzustand. SOS! Mayday! Wo früher gut sichtbar der Werbezettel des Pizzaexpress hing, prangt nun die Übersicht der Notapotheken. Nicht weiter schlimm, denn Fastfood ist out, Bio ist Pflicht. Statt Gleitgel wartet im Nachttischchen jetzt das digitale Fieberthermometer auf seinen Einsatz. Auch nicht weiter tragisch, denn bei Krankheit wird der Kronprinz sowieso als lebendes Verhüterli zwischen Mama und Papa gebettet. In solchen Nächten verbringt man seine Zeit statt auf oder unterm Partner eh lieber im romantisch-grellen Neonlicht einer Kinderkrankenhaus-Notaufnahme.

Mehr davon? Mehr davon!

Fragt man erfahrene Mehrfach-Mamis zu dieser Phase, versuchen sie, anderen Mut machen. »Ach, du, nach so etwa drei Jahren entspannt sich die Lage …« WAS??? Drei Jahre Ausnahmezustand? Sind die irre?

Nein, *ich* bin es. Ganz offensichtlich. Es mag sich verrückt anhören, aber trotz all dem würde ich am liebsten die Zeit anhalten. Mein Kind verzaubert mich mit einem Blick, pinkelt mich an, spuckt mich voll … und ich? Ich finde es total toll! Das Baby raubt mir meine Zeit, meine Konzentration, meine Leistungsfähigkeit, mein Leben, doch ich verschenke all das von Herzen gern. Und warum? Ganz einfach: Man liebt so heftig, so tief und intensiv wie niemals zuvor. Mit aller Macht muss ich mich bremsen, mein Goldstück nicht ewig abzuknutschen, ihn zu knuddeln und zu verwöhnen.

Ich hatte es ja schon anfangs angedeutet: Kinder sind eben eine heftige Droge, und Menschen ohne Kids ist dieses Sado-Maso-Phänomen schwer zu erklären. Babys machen süchtig, sogar hörig, alles dreht sich nur um sie. Sie lassen uns über uns hinauswachsen, bewirken, dass wir Raubbau am eigenen Körper betreiben, machen uns fix und fertig.

Aber stellen Sie sich einfach vor, dauerverliebt zu sein. So ein kleines Terroristchen zu nehmen und ganz zart am weichen Hals zu knutschen, das ist ein purer Tropfen Glück. Nichts anderes. Schmelzen Sie bei Babykatzen oder Welpen dahin? Verzehnfachen, ach, verhundertfachen Sie dieses Gefühl, dann haben Sie eine ungefähre Ahnung, was für ein emotionaler Katalysator ein Baby ist. Das Windelwechseln, das Aufstehen nachts, die Müdigkeit, der ganze Nervkram verpufft ganz einfach in einem Moment der Liebe.

Kindererziehung ist ein Beruf,
wo man Zeit zu verlieren verstehen muss,
um Zeit zu gewinnen.
(Jean-Jacques Rousseau)

Die Zeit nach dem Aufwachen, wenn er noch so verpennt ist und das Köpfchen an mich schmiegt, oder wenn er abends vorm Schlafengehen das Mäulchen aufreißt, um einen Kuss nachzumachen – das ist einfach großartig. Die Momente also, in denen er noch nicht am Telefon alle Knöpfchen drücken oder den Mehrfachstecker wissenschaftlich untersuchen will oder laut krakeelend und headbangend klarmacht, dass er nicht schmusen will, sondern am Händchen durch die Wohnung rennen will, während dem Begleitpersonal (mir) die Bandscheibe rausspringt, die entschädigen für alles.

Voller Selbstüberschätzung muss ich gestehen: Ja, ich wünsche mir noch so einen Plagegeist! Und da aller guten Dinge ja bekanntlich drei sind ...

Tja, realistisch dürfte das Mindesthaltbarkeitsdatum meiner Eizellen bis zum Jahr 2020 abgelaufen sein. Ob da zwei weitere Schwangerschaften inklusive happy Touchdown noch machbar sind? Hätte ich vielleicht doch früher mit der Baustelle Baby loslegen sollen?

Den perfekten Zeitpunkt für ein Baby gibt es selten. Bei mir lockte die Karriere, und mein Leben schmeckte mir genau so, wie es war. Auch ohne Baby wäre ich sicher glücklich gewesen bzw. geworden. Dann habe ich jedoch von der Baby-Droge genascht und weiß deshalb, was ich ohne Kind alles verpasst hätte.

Es ist um mich geschehen, und ich will – wie alle Süchtigen – einfach mehr!

Also keine Müdigkeit vorschützen, in die schwarze Spitzenwäsche springen und danach auf den Papa!

Ladys, drückt mir die Daumen ...

Mit Kindern vergehen die Jahre wie im Flug.
Doch Augenblicke werden zu Ewigkeiten.
(Quelle unbekannt)

STATT EINES NACHWORTS – EIN TAGEBUCHEINTRAG

Khao Lak, Thailand, 27. Dezember 2011, 1:30 Uhr

Ich liege wach. Rechts von mir schläft mein Freund, tief und fest. Links atmet endlich auch mein Sonnenschein in seinem Kinderbettchen ganz regelmäßig. Nur ich finde keinen Schlaf. Das mag am Jetlag liegen, vielleicht aber auch daran, dass heute ein besonderer Tag ist.

Die letzte Woche war ernüchternd. Es hat sich herausgestellt, dass ich meine ewige Müdigkeit nicht nur dem Dasein als Mama mit Job in die Schuhe schieben kann. Eine Blutuntersuchung ergab, dass meine Schilddrüse sich teilweise in die Frührente verabschiedet hat und ich an einer Unterfunktion leide. Nicht schön, aber mit ein paar Tablettchen pro Tag kann das Schicksal, fortan als lebende Schlaftablette darben zu müssen, von mir abgewendet werden.

Mein Gynäkologe hat mir dann aber den wirklichen Tiefschlag versetzt: Durch den Mangel an Schilddrüsenhormon stehen meine Chancen sehr schlecht, erneut schwanger zu werden, da eine befruchtete Eizelle sich nicht einnisten kann. Außerdem fehle bei mir fast zur Gänze ein Hormon, das bewirke, dass Frau überhaupt einen Eisprung bekomme. Ein Termin beim Hormondoktor und Fertilitätsspezialisten sei also sehr empfehlenswert …

Sensationelle Aussichten, wenn man sich zum kleinen Tyrannen noch eine zickige Diva wünscht. (Einen zweiten Mini-Mann würde ich natürlich aber auch sofort nehmen.)

Das erste Mal in meinem Leben kann ich nachfühlen, welche Ängste Frauen erleiden, bei denen es mit dem Schwangerwerden einfach nicht klappen will. Was wäre ich bereit, für ein zweites Baby auf mich zu nehmen? Keine Ahnung …

Ich weiß nur eins: Auch wenn Italiens Rockröhre Gianna Nannini mit 54 ein Kind bekommen hat – ich habe mit 38 keine Zeit zu verlieren. Also rufe ich kurz nach dem Gyn-Besuch den mir empfohlenen Babymacher-Doc an. Tatatataaa: Schon Ende März, in läppischen drei Monaten, werde ich zur Audienz vorgelassen. Sind die irre? Alles in allem eine schöne Bescherung so kurz vor dem Weihnachtsfest.

Berechenbar ist das Leben nicht – und ich leider auch nicht: Mein Zyklus schwankt von Monat zu Monat wie ein Volltrunkener. Fast hat es den Anschein, als ob der eine Eierstock ein Raver auf Speed ist und der andere ein träger Kiffer, der regelmäßig einen beruhigenden Zug aus einer Tüte nimmt. Im Moment ist der Raver am Drücker, und der lässt sich untypisch viel Zeit.

Gestern reisten wir in unseren Thailand-Urlaub und mussten in Bangkok den Flieger wechseln. Im Transitbereich kamen wir an einer Apotheke vorbei, und obwohl mir rational völlig klar war, dass eigentlich keine Chance besteht, schwanger zu sein, habe ich heimlich in der Apotheke einen Test gekauft.

Ja, ich weiß! Das war dumm! Negative Ergebnisse, wenn man auf eine frohe Botschaft hofft, sind frustrierend und Gift für mein Lebensmotto *Think Pink*. Trotzdem, die Hoffnung stirbt eben zuletzt.

Heute Morgen, meine Männer sind beim Frühstück, pinkle ich also über die Spitze des Schwangerschaftstests.

Während ich auf das Ergebnis warte und auf die Uhr schaue, kommt mir urplötzlich ein Gedanke:

Exakt heute vor sieben Jahren wurde mir ein Leben geschenkt: meins! Ich hatte das große Glück, den Tsunami in Thailand, etwa hundert Kilometer südlich von hier, zu überleben. Und mir wird klar, egal, was der Test ergeben wird, heute ist ein guter Tag ...

Es ist sogar ein sehr guter Tag gewesen. Manchmal ist das Leben schon verrückt!

MEINE LESELISTE

Fürs Überleben als Mama

Stephanie Schneider: »Warum Mama eine rosa Handtasche braucht«, Goldmann 2008

Katja Kessler: »Das Mami-Buch«, Coppenrath 2008

Paula Szuchman und Jenny Anderson: »Mehr Sex, weniger Abwasch«, Goldmann 2012

Fruchtbarkeit

Robert Jansen: »Overcoming Infertility, W.H. Freeman 1998

Mary Kittel und Deborah Metzger: »Stay Fertile Longer«, Rodale 2006

Bioidentische Hormone:
Dr. med. Annelie Scheuernstuhl, Heilpraktikerin Anne Hild: »Natürliche Hormontherapie«, Aurum 2010

Dr. Jonathan Wright, Dr. Lane Lenard: »Bioidentische Hormone – Alles, was Sie wissen müssen«, VAK 2012

Schwangerschaft

Maria Fangerau: »Mächtig trächtig. Schwangerschaft – die ganze Wahrheit«, Lübbe 2011

Dr. Maggie Blott et al.: »Alles über meine Schwangerschaft Tag für Tag«, Dorling Kindersley, 2009

Geburtsvorbereitung mal anders

Brahmadev Marcel Anders-Hoepgen und Lalita Lisa Anders-Hoepgen: »Hebammenyoga«; Systemed 2011

Kinderbetreuung und Wiedereinstieg in den Job

Lieselotte Ahnert: »Wieviel Mutter braucht ein Kind?«, Spektrum, 2010

US-Studie des NICHD zur frühen Kinderbetreuung
mit Booklet zum Herunterladen:
http://www.nichd.nih.gov/research/supported/seccyd.cfm

Kinder und Tiere

Dieter Krowatschek: »Tiere machen Kinder stark - Wie Tiere die kindliche Entwicklung fördern«, Patmos 2011

Männer

M. Gary Neuman: »The Truth about Cheating: Why Men Stray and What You Can Do to Prevent It«, John Wiley & Sons 2008

Gutes Geschenk für werdende Väter:
Louis und Joe Borgenicht: »Das Baby. Inbetriebnahme, Wartung und Instandhaltung«, Sanssouci 2004

Register

Sonya's Secrets – alles rund um das Drama mit der verflixten Schönheit!

Sonya Kraus
BAUSTELLE BODY

Sonya's Secrets
320 Seiten
mit zahlreichen
Abbildungen
ISBN 978-3-404-60637-5

Sonya Kraus kennt alle geheimen Tricks des Showbiz, wenn es darum geht, Uschi Unscheinbar auf Grace Glamour zu tunen. Schonungslos ehrlich und mit viel Humor erzählt das Ex-Model spektakuläre Anekdoten von Schlauchbootlippen bis Lockeneisenbranding. Ihre erfolgreiche Beauty-Bibel verrät, wie Sie sich wirkungsvoll aufbretzeln. Zur Nachahmung dringend empfohlen!

»Wie ein Plauderstündchen mit der besten Freundin.«
BILD
»Natürlich im typischen Kraus-Stil: frech und mit Augenzwinkern.«
GLAMOUR

Bastei Lübbe Taschenbuch